领导力开发
经典案例

李永瑞 著

Classic Cases of
Leadership Development

北京师范大学出版集团
BEIJING NORMAL UNIVERSITY PUBLISHING GROUP
北京师范大学出版社

图书在版编目(CIP)数据

领导力开发经典案例/李永瑞著. —北京：北京师范大学出版社，2018.6

ISBN 978-7-303-23074-7

Ⅰ. ①领⋯ Ⅱ. ①李⋯ Ⅲ. ①领导学—案例 Ⅳ. ①C933

中国版本图书馆 CIP 数据核字(2017)第 291078 号

营销中心电话	010-62978190　62979006
北师大出版社科技与经管分社	www.jswsbook.com
电 子 信 箱	jswsbook@163.com

LINGDAOLI KAIFA JINGDIAN ANLI

出版发行：北京师范大学出版社　www.bnup.com
　　　　　北京市海淀区新街口外大街 19 号
　　　　　邮政编码：100875

印　　刷：三河市东兴印刷有限公司
经　　销：全国新华书店
开　　本：787 mm×980 mm　1/16
印　　张：15.5
字　　数：202 千字
版　　次：2018 年 6 月第 1 版
印　　次：2018 年 6 月第 1 次印刷
定　　价：42.80 元

策划编辑：陈仕云　　　　　责任编辑：陈仕云
美术编辑：刘　超　　　　　装帧设计：刘　超
责任校对：赵非非　黄　华　责任印制：赵非非

前　言
Preface

　　人的一生总充满诸多奇缘，我在大学里为不同类型的学生，以及各种在职培训班学员讲授领导力主题相关课程，也可称得上是一段奇缘。我本科阶段所学专业是化学教育，学得不错，是班里唯一解除定向合同的毕业生，虽有此殊荣，但当时我其实没有其他地方可以选择，最终回到了我的家乡——中国西部一个国家级贫困县的一所中学担任化学教师。

　　初登讲台，我便暗下决心，要认真准备，在知识的传授、思想的启迪等方面一定要给学生耳目一新的感觉。为此我尝试从一场古代战争的胜负分析来导入所要讲授的内容，没想到很受学生欢迎，其中不少学生因为这种方法的诱导，学习兴趣大增，潜能得到了充分激发，后来竟然超水平发挥考入了名牌大学，如今功成名就者不少，且大多与我成了朋友。

　　初为人师这一成功并快乐的体验，慢慢地就演变成我所倡导的一种领导学的教学模式：通过案例来建构理论，用案例来解释、验证并修正理论。本书的内容是近年来我为各级各类学生，以及各种在职培训班学员讲授领导力相关课程时反复使用的案例。其中有的已经公开发表，有的还未发表，但都是经过实践检验，很受学生欢迎，且与领导力相关主题完美契合的教学案例。

　　本书共十一章，绝大部分内容来自于我自编且经过多轮教学实践的课堂教学案例与讲义，部分内容取材于本人已经发表或出版的相关研究成果。各章内容概况如下：

　　第一章　融贯中西古今智慧，破解领导研究难题　聚焦中国本土领导智慧的总结和提炼及其与创新型组织管理之间的关系，主要取材于我发表在 2010 年《北京师范大学学报（社会科学版）》和 2015 年发表在《管理学家》杂志上的 2 篇文章，以及 2004 年 11 月在敦煌文艺出版社出版的《领导科学与艺术》一书中的部分相关内容。

　　第二章　厘清理论发展脉络，把脉研究范式创新　聚焦中西古今领导力及其融合之研究源流考，主要取材于领导力经典教科书及我 2005—2013 年在《软件工程师》和《中国卫生人才》杂志上开设的管理与领导力专栏文章。

　　第三章　对比中日发展历程，校准组织变革路径　聚焦中日两国国家变革路径之间的对比，主要取材于我在《软件工程师》发表的专栏文章及《领导科学与艺术》一书中的部分内容。

第四章　深化改革三商共进，财智并兴圆梦中国　从新中国成立以来中国国家领导人与历史事件交互角度总结提炼本土领导智慧，主要取材于《领导科学与艺术》一书中的相关内容及我为全国第四批干部培训撰写的学习教材《领导力与领导艺术》的部分内容。

第五章　愿景驱动内圣外王，解析联想创立做强　以本土企业联想集团的创立及成功进入世界500强的发展历程为例，深入解读了本土领导智慧与高科技企业员工管理，主要取材于《领导科学与艺术》一书中的部分内容。

第六章　英特尔之华丽转身，格鲁夫偏执加理性　以格鲁夫的自传体《只有偏执狂才能生存》一书及相关学者对英特尔的战略转型解读为基础，对高科技企业的转型与管理进行深入解析。

第七章　施振荣无为无不为，王安电脑欲聚则全散　对宏碁集团和王安电脑两家由华人创办的高科技企业的创业与传承进行定性对比，试图解构决定华人企业成败的关键因素。

第八章　技术先进市场无情，铱星陨落血泪献身　全景回顾了铱星计划的诞生、运营与陨落过程，深入解析了高科技企业失败的原因。

第九章　解构组织成长基因，香港科大经典范本　以香港科技大学（简称"香港科大"）借力制度文明而翘楚学林的过程为主线，全面解析了创新型组织的创立与管理。

第十章　西楚霸王唯我独尊，高祖刘邦聚智增慧　以楚汉相争中项羽和刘邦的此起彼伏作为对比，全面解析了领导者个性特征与组织管理有效性之间的关系，其中部分内容已在《软件工程师》和《中国卫生人才》杂志上公开发表。

第十一章　解谜约瑟管理变革，求问学森思维创新　聚焦于体系、制度变革与组织管理创新之间的关系，主要取材于我在《软件工程师》发表的《"李约瑟之谜"和"钱学森之问"成因之我见》一文，全文被刘川生主编的《辉煌历程与基本经验——北京师范大学纪念中国共产党成立90周年论文集》（第307—317页，北京师范大学出版社，2011）收录。

上述案例自2001年以来在北京师范大学、中央财经大学、对外经济贸易大学、北京大学、清华大学、浙江大学、厦门大学、中国科学院心理学研究所等高校的MBA、EMBA课程班，以及中央组织部、国家行政学院、中国农业银行、国家电网、三一重工、同煤集团、海螺集团等著名企事业单位举办的各种类型的领导力培训班中多次使用，其中一些案例得到了受训学员建设性的反馈，在此一并致谢。

本书所选案例为便于教学和利于读者学习参考，凡涉及当事人的均采用真实姓名，若有不妥之处，敬请谅解，并希望函告著者正确或认可的表述方式。预致谢意！

李永瑞

目录
Contents

第一章

融贯中西古今智慧，破解领导研究难题

【导入问题】

1. 如何界定领导和领导力？当前领导研究的理论供给与领导实践需求之间存在什么样的反差？未来的出路何在？

2. 著名华人学者许倬云说："在管理与领导力这个领域，我们通常是从现在的公司案例中推导出可以学习的经验和一般原则。然而，法人公司的历史尚不足200年，而我们有2 000年的数据躺在那里无人问津。我们为什么不使用那个更庞大、更复杂，而且有着更明显的革命与变革的轨迹的数据库呢？那会帮助我们更好地理解领导力与组织的种种现象。"那如何从浩瀚的中国历史数据中建构契合当下领导实践需求的本土领导理论？

3. 中国本土领导理论的建构，对于提升中华文化自信，丰富和完善全球领导知识体系，都有哪些特别的时代价值和现实指导意义？

领导活动作为以领导者效应的发挥为轴心，以组织绩效提升为出发点和逻辑归宿的多元主体互动的社会现象，自人类社会诞生以来就与之相伴相随。但领导学从哲学等学科中分化出来成为一门独立的学科，若从托马斯·卡莱尔（Thomas Carlyle，1795—1881）于1840年出版的《论英雄、英雄崇拜和历史

上的英雄业绩》这一具有里程碑意义的领导学专著算起，迄今仅 170 余年。

在过去的 170 余年中，领导学研究的道路并不平坦，进展也很有限，原因在于人们对领导学的核心概念——领导力动态演进、多元耦合的复杂本质的认识不够深入和全面（Rumsey，2013）。在汇聚全球领导力专家智慧于一体的《牛津领导力手册》（*The Oxford Handbook of Leadership*）（2013 版）中，对领导力研究的现状和未来进行了描述与展望：领导力研究要取得新的突破，继续沿着传统研究范式，通过量的积累来促成质的飞跃的取向似乎指望不大，而创新研究范式，尤其是在一些如经济全球化引发的组织成员多样性的有效管理等新兴领域，这种取向已不可或缺，因为既有的领导理论，不论是广度和深度，都不能有效解释这些新兴的组织现象的形成和发展，所以迫切需要建构新的研究范式来为丰富和完善领导学知识提供新的洞见。

领导力研究亟须创新研究范式点，这是近年来学界的普遍共识。2014 年，美国领导力大师沃伦·本尼斯（Warren G. Bennis）逝世，《经济学家》（*The Economist*）杂志对这位大师的领导力思想进行了"盖棺定论"性的总结：本尼斯坚信在如今这人人平等的时代，有效的领导力需要另辟蹊径。在这样的时代，领导者的定位是追随者心智改善的导师和教练，而不是只会发号施令，信奉胡萝卜加大棒就是一切的军士长。在这样的时代背景下，自上而下的领导风格不仅会使得人心离散，还有意漠视知识这一当今组织中最为宝贵的资源。在这样的时代，作为领导者，如果你不愿意也不会有效激发你的知识型员工们去创造性地使用他们的知识来为组织的价值增值服务，那么在领导职责的履行上，你就是一个不得要领的门外汉！

因此，为了更好地理解领导力与组织的种种现象，著名华人学者，美国匹兹堡大学终身教授许倬云先生建言：一是要从现在的公司案例中推导出可以学习的经验和一般原则；二是要用好用活至今无人问津，但有着更明显的变革轨迹的人类两千年来的活动数据，也就是要通过案例，从历史的视角去探究领导力的真知灼见（刘澜，2011）。

第一节　发掘中国历史智慧，重塑民族文化自信

以中华传统文化为核心的中华文明，是世界上自诞生以来唯一不曾消亡，也是迄今为止存续时间最长的人类文明，按照许倬云的观点，自然应当在领导学研究上多有自己的真知灼见，但自领导学研究开启以来的170余年间，中国传统文化对领导学理论的贡献，与中华文明的辉煌和中华民族悠久的历史极不相称，也与日渐崛起的中国经济和国际地位很不相符。笔者认为，原因有以下两个。

1. 中华民族文化自信渐遭践踏后，迄今还没有得到有效重建

领导学研究肇始之际，中国正值鸦片战争爆发，随后遭受多次外敌入侵，其标志就是中华民族两千多年来习以为常的"按照传统朝贡体制建筑以自我为中心的天下体系"遭受到了来自"西方列强，尤其是英国扩张的殖民体系"的严峻挑战，且多以前者臣服为终。中华民族的文化自信心因此屡受打击和践踏，在不得已的情况下开始盲目崇拜外来文化，并在此过程中渐渐淡忘了自己的根本。虽然此间不少仁人志士也曾呼吁并试图重建中华民族的文化自信，但很长时间以来，这种力量和声音并没有得到普遍认同，更没有唤起一致的行动。在这样的背景下，"如何处理人与自然、人与人、国与国、心与物之间关系"的中华优秀传统文化基因就难以在领导学研究的公众视野得到应有的展现了。

2. 既有研究对历史的当代价值发掘和凸显不足

历史作为传统文化的主要承载形式，当有"国民之明镜，爱国心之源泉"（梁启超）之效。梅贻琦在《大学一解》中指出，教育之最大目的，古今中外，亘古未变，简而言之，就是"修己安人"。所谓"修己"，乃格物、致知、诚意、正心、修身，属大学之"明明德"；而"安人"则是齐家、治国、平天下，属大

学之"新民"。梅师认为，学子要"明明德"继而能达"新民"之期，以能"祛孤陋，增闻见，而辅仁进德"的古人为友来"督励"自己是必修功夫。用今天的话来说，鉴史镜人是领导者领导力自我提升必不可少的有效方法。

很可惜的是，梅师指出，虽"有志者自犹可于古人中求之。然求之又若不易。"其中最为根本的原因是史学读本多不重视历史与现实人生的因果关系发掘，缺乏鲜活的生命和灵魂。"专考史学之人，又往往用纯粹物观之态度以事研究，驯至古人之言行举措，其所累积之典章制度，成为一堆毫无生气之古物，与古生物学家所研究之化石骨殖无殊。此种研究之态度，非无其甚大之价值，然设过于偏注，则史学之与人生将不复有所联系"。因此，历史本应有的"如对古人""以人鉴人"的督励作用就被无端湮没了。

由此看来，发掘历史的当代价值，凸显历史与现实人生等相关变量之间的因果关系，不仅事关中华传统文化在领导学研究本真地位的应然回归，也是当前我国各级各类学校和培训机构培养既能"修己"，又能"安人"人才的必然选择。

那么，如何才能有效发掘中国历史智慧，凸显历史与现实人生等相关变量之间的因果关系呢？既然是历史智慧，相关研究就应当与现实问题充分回应，采用适宜的研究方法，选择正确的研究主线，从历史数据中进行归纳、总结和提炼。

第二节　聚焦精英人物得失，求索三角互证数据

利用历史数据构建领导理论具有三个独到的优势（Dean，2003）：一是历史数据来自"真实的世界"，并不会产生难以推广的实验室效应（Webb，1981），外部效度能得到有效保证。二是历史数据记载了不同文化背景、不同历史时期人类行为的海量信息，为创建跨文化和超越历史的领导学领域的公

共知识提供了可能，因此基于历史数据建构的理论更具有普适性（Sales，1972；Martindale，1973）。三是历史数据更具有现实仿真性，能满足研究所需的基本伦理要求。比如，对人类暴力的研究，任何试图通过实验方法来验证这一问题的研究都会招致强烈的道德谴责并被迫终止，而通过收集历史资料，研究者可以通过对过去真实发生的暴力事件进行回溯和分析，从而使研究过程和研究结果同现实充分契合。

但历史数据或历史记忆本质上是观念（价值系统）和社会行动的互动过程（整体和片断）的记录。一方面，人在某种观念支配下参与或记录社会行动，形成历史记忆。凡是成为某种普遍公共历史记忆的，必定是和某一人群（国家、民族、族群）共同经历的相关事件，特别是人们在普遍观念支配下参与的事件。另一方面，人的行动特别是社会行动一旦发生，会反过来改变（或强化）人们参与该行动时的初始观念。当某一重大事件成为某一群体刻骨铭心难以忘怀的过去时，该记忆常常会重塑人们原有的价值系统，进而形成新的普遍观念，从而影响到下一步的社会行动。也就是说，构成真实历史记忆核心的是由该观念转化为社会行动，社会行动的结果反过来改变或强化某种观念的互为因果链（金观涛、刘钦云，2007）。

因此，从历史数据中构建领导理论所要做的一项关键性工作，是寻找支配历史事件背后的观念，把历史记录还原成观念支配下发生的社会行动。要达到这一目标，按照法国存在主义哲学家让-保罗·萨特（Jean-Paul Sartre）的观点，需用"前进与逆溯"的方法。所谓"前进"，就是从一定时代的生产力和生产关系矛盾出发，从经济状况、阶级斗争和意识形态领域的冲突出发，去分析并说明某个具体的历史人物，是从历史背景分析历史人物的价值和行为系统的必然性。所谓"逆溯"，就是反过来从某个具体的历史人物出发，再现他和周围环境之间的一切复杂的关系，并进一步从这些关系回溯到该时代的经济状况，特别是生产力和生产关系的矛盾中去，是从历史人物的价值和行为系统中透射历史背景。比如，要研究和评价历史人物，就应当把历史人物的传记研究和其作品研究结合起来，还原其真实历史现象，显露出历史人物所具有的特殊的"微分"或"变数"。要发现这些"微分"，就要既着眼于历史人物的大的方面，还要着眼于他身上许多隐蔽的、偶然的、转瞬即逝的特征。这也是历史学家周兴樑（2004）竭力提倡的"从史事中求史实，从史实中求史是"的研究方法。因此，"前进与逆溯"的方法重在考证时代和历史人物之间丰富的矛盾关系，试图揭示历史人物的多样性、能动性和创造性（简桐，1987）。

历史数据是一个庞大的数据库，鉴于领导学所要研究的是领导者、追随者和领导环境等要素之间的互动关系及其对组织绩效的影响，因此，要凸显历史与现实人生等相关变量的因果关系，历史人物的研究和评价是一个关键的突破口。这是因为"历史、现实、未来是相通的""历史是过去的现实，现实是未来的历史"，历史离不开人；而历史镜像中的人，自然离不开对其功过善恶的价值评判（瞿林东，1997）。"其恶可以诫世，其善可以示后"（《史通·人物》）。"富贵而功德不著者，未必声名于后；贫贱而道德全者，未必不煊赫于无穷。"①因此，历史的核心和主体是历史人物，所以历史的当代价值的展现，必然要通过历史人物的研究和评价来完成。鉴于中国历史总体是一个精英主导型的社会，精英人物对历史的推动（或阻碍）作用就更为突出，"一言可以兴邦，一言可以丧邦"（左双文，2014；徐国利、李天星，2012）。因此，历史人物的研究与评价必然以历史上的精英人物为主体。

综上所述，中国历史智慧的发掘，以对中国历史上的精英人才的研究和评价为主线，按照上述历史数据的三角互证要求，其本质上在于激活历史数据并特别强调各种数据之间的交互验证。具体来说，在研究和评价中国历史上的精英人物时，历史数据来源不仅要包括背景（如时代背景，所处时代的主要阶级矛盾、面临的主要社会问题等）、他说（如评传，后人对其的经典研究等）、自说（如个人自传、文集、诏书等）、说他（如对其他重要人物的评价、

---

① 李翱：《答皇甫书》，见《全唐文》卷635。

撰写的碑文，及其对当时的国际国内形势、社会矛盾和社会问题的看法及所采取的行动等)和史说(如官方正史如何评价等)等多个通道和途径，且需特别关注各种来源的数据之间是否能得到彼此的交互验证，必要时还需要对相关存疑和矛盾之处进行专门考证。

第三节　遵循案例研究路径，回应现实领导问题

要发掘并凸显历史人物研究与评价的当代价值，展现其鲜活的生命力和灵魂，需要基于现实问题导向，采用规范的案例研究方法，对相关历史人物进行对比研究与评价，继而回应现实问题并提炼相应的本土领导法则。

案例研究是一种运用历史数据、档案材料、访谈、观察等方法收集数据，并运用可靠技术对一个事件进行分析从而得到具有普遍性结论的研究方法。当研究的问题是"如何?""为什么?"时，调查者不能控制事件的发生或进程；而研究的问题是现实生活背景下的当代现象时，案例研究就有明显的优势。所以，案例研究更贴近管理问题情境，更能直接说明因果关系。依照规范的案例研究的方法和程序，在具体操作上可分为问题驱动与理论回溯、案例选择与数据分析、理论回应与管理启示三个部分。

1. 问题驱动与理论回溯

驱动案例研究的问题，要么是现有理论研究中存在观点冲突的"矛盾"问题，要么是现有的理论忽略了某些重点变量的"空白"问题。比如，组织领导者的个体人力资本积累和社会资本积累与组织绩效之间存在什么样的关系？现有研究中，有的研究认为两者之间存在正相关关系，有的认为两者之间存在负相关关系，有的认为两者之间并没有明确的相关关系，这就是一个典型的"矛盾"问题。那么，在这些"矛盾"背后是否存在更为重要的变量中介或调节这些变量之间的关系呢？这就是一个很有价值的理论"空白"问题。

2. 案例选择与数据分析

案例选择的原因或是因为它们非同寻常的启发性，或是极端的范例，或是难得的研究机会。鉴于案例研究的深度和对案例背景了解的程度不是由案例的个数决定，而是由案例研究的方法决定，同时考虑到所能研究的案例数目通常有限，那么就有理由去选择那些极端情境和极端类型的案例进行对比研究。在这些案例中，我们感兴趣的过程被"清晰透明地观察到"，以便启发全新理论的创建或原有理论改进。而其中一个非常重要的理论抽样方法就是"两极模式"：即抽取极端的案例（如绩效非常高与非常低的情况），以便更容易地发现数据中对立的模式，这种抽样方法更能够清楚识别所研究对象中的核心概念、关系和逻辑的模式。

比如，同是创业身份的刘邦和项羽，刘邦平民出生且武功平平，而项羽贵族出生且神勇无敌。项羽的人力资本积累和社会资本积累水平都远远高于刘邦，那为何两者的结局却与常识的预期截然不同，项羽高开低走而刘邦低开高走？刘邦和项羽的人力资本和社会资本的积累与他们的人生结局（组织绩效）的对比就是典型的"两极模式"。

在案例的数据分析上，由于案例研究采用"分析性概括"，而非"统计性概括"的方法，案例研究的有效性更多地依赖于理论指导下的资料分析。所以不论是没有明确命题或假设的探索性案例研究，还是有明确命题或假设的验证性案例研究，在进行数据分析时，都要根据所要研究的问题确定一些类别或维度，使用结构化和多样化的视角来实施案例内和案例间的数据分析。以对比案例研究为例，前者是把对比案例中或正或反的案例按照既定的理论框架看成独立的整体进行全面分析，后者是在前者的基础上对正反两个案例进行对比的抽象和归纳，进而得出更精辟的描述和更有力的解释。

在刘邦和项羽的对比案例研究中，基于《史记》等史料和相关研究文献，我们最后决定从刘邦和项羽的人力资本、社会资本、心理资本、起义动机、起义目标、部属目标、认知人性、本真情绪、一致行为、成员进退、团队演进、结局对比等维度来进行对比分析。

3. 理论回应与管理启示

由案例研究构建理论就是通过案例数据、形成的理论及现有文献三者之间的反复循环进行的。虽然由案例构建的理论常常看似"很主观"，但成功的案例理论却往往令人惊讶的"客观"，因为其与数据的唇齿相依而使得研究者保持"坦诚"。这些数据对理论的约束，与数学在正式的分析模型中的作用有异曲同工之妙。

案例研究涌现的理论，只有凌驾于案例的特殊性之上才会变得更有价值和意义，因此案例研究应帮助读者以一个崭新的视角来了解世界并充分回应现实问题。在由案例构建理论的研究中，将研究结论和现有理论联系起来尤为重要，因为所得结论常常是基于数量有限的案例，此举有助于提高由案例研究构建理论的内部效度、普适性和理论水平。

理论的回应是为管理启示服务的，管理启示就是对案例研究启动时的现实问题的回应，这种回应可能是某种模型的提出，也可能是某种概念的创新，或者兼而有之。在刘邦和项羽的案例对比研究中，我们在已有文献的基础上，提出了领导者心智模式的概念——是经先天遗传和后天成长经历熔铸而成，是决定行为主体反射式的情绪表现和一贯性的行为风格的行为主体内隐的认知图式。并从领导者心智模式与高层管理团队（Top Management Team，TMT）成员进退互动角度将领导者的心智模式区分为聚智增慧（如刘邦，人力资本和社会资本水平低，但心理资本水平高，对应的 TMT 成员走势是低开高走）与唯我独尊（如项羽，人力资本和社会资本水平高，但心理资本水平低，对应 TMT 成员走势是高开低走）两种极端类型。进而构建了领导者心智模式、TMT 管理绩效和组织绩效之间关系的模型图。

综上所述，以历史人物的对比为主线，采用规范案例研究方法来构建本土领导理论的流程、内容及每个部分的主要工作见表 1-1。

表 1-1　基于历史人物对比的规范案例研究建构本土领导理论的流程

步骤	1	2	3	4	5	6	7	8
	问题驱动与理论回溯			案例选择与数据分析			理论回应与管理启示	
	问题提出	文献回顾	工具准备	案例选择	数据分析	命题建构	文献回应	对策建议
主要研究内容	结合现实需求，提炼研究问题	对拟研究问题相关主题进行文献回顾，发现理论空白	澄清参照职群岗位核心职责，提炼对应关键胜任特征	兼顾典型性、代表性和可比性原则，理论抽样确定研究样本	基于传主文集、诏书或奏章，官方正史，多版本的传主传记，后人对传主的权威研究等三角互证资料来进行质性编码、量化评分	初步提出解决所研究问题的理论模型	将提出的理论模型与相关文献进行对比，修正并完善理论模型	对如何提升研究职群领导力提供相关对策建议

　　众所周知，当今人类正面临天人关系中的生态危机、国际关系中的战争危机、南北关系中的单方面发展与贫困危机、不同文化圈之间的文明冲突危机、西方文明中万能工具理性与狭隘价值理性之间的矛盾造成的价值观念危机五大危机，要破解当前人类共同面临的这些危机，自当从中华传统文化中天人合一的宇宙观、仁者爱人的主体观、阴阳交合的发展观、兼容并包的文化观、义利统一和为贵的价值观中去寻找答案（王东，2003）。早在 1988 年，75 位诺贝尔奖获得者在日内瓦聚会时就发表了一个共同宣言：如果人类 21 世纪要生存，就必须回到两千多年前中国孔夫子的思想方法上去。随后于 1997 年 10 月在俄罗斯举办的"中国·中华文明与世界——历史·现在·未来"的学术研讨会上，与会学者一致呼吁，"中国文明和文化对全球文明和文化当作出自己应有的贡献。"

　　不仅如此，当前我国面临的诸多问题，也需要在领导和管理领域有自己的独到创见。"对于中国这样一个历史悠久、人口众多、农民占大多数、经济不够发达的国家，在走向现代化的过程中，不可能照搬西方国家的经验，只有从理论与实践的结合中寻求自己的发展道路。"（成思危，2001）对中国古代精英人物的研究和评价，其出发点和归宿都应关注和展示历史人物的"当代价值"，也就是将历史作为一种对现实的勘探，通过揭示历史人物和历史事件背后的真相，驱使真理认识与价值目标的统一，展示其社会价值，以警示、教育和激励世人。然而，符合这一标准的研究目前并不多见（梅贻琦，1941；周兴樑，2004；杜君立，2013），亟须进一步发掘和提升。

一个国家、一个民族的强盛，总是以文化兴盛为支撑的，中华民族的伟大复兴需要以中华文化的发展繁荣为条件。国无德不兴，人无德不立。借鉴规范的案例研究方法，以中国古代历史人物的对比为研究主线，进而澄清中华优秀传统文化的历史渊源、发展脉络、基本走向，深入挖掘和阐发中华优秀传统文化讲仁爱、重民本、守诚信、崇正义、尚和合、求大同的时代价值，构建中华文化的独特创造、价值理念、鲜明特色，增强文化自信和价值观自信。这不仅是弘扬中华传统文化之必然，也是破解人类共同难题的应然选择。

通过对中国历史数据的研究和分析来凸显中国历史人物的当代价值，发掘中国传统文化的智慧，重塑中华文明在领导学研究中的应有地位，就需要激活历史数据、借助人物对比，采用规范案例研究来建构本土领导理论，主动回应世界难题，并提供切实可行、简单有效的解决之道，中华民族的文化自信就有望得到快速提升。

第四节　鉴史镜人清正同一，知行并举有为不为

"以铜为镜，可正衣冠；以史为镜，可知兴替；以人为镜，可明得失。"按照约翰·P. 科特与丹·S. 科恩合著的《变革之心》的基本观点，有效的组织变革流程依序为目睹（see）—感受（feel）—变革（change），而不是人们所想象的分析（analysis）—思考（think）—变革（change），由于这种观点很好地契合了人类的认知和信息处理过程，所以一经提出就得到了人们的普遍赞同。这里的

目睹就是"通过戏剧性的情境、引人入胜的方式，引起人们对问题的注意"；感受是"目睹让人们认识到变革的必然性，产生积极的感受"；变革是"人们开始为实现组织的变革愿景努力"。所以，人们要在行动上产生积极的、有效的变革，通常靠感觉而不是靠分析。

本书书名为《领导力开发经典案例》，顾名思义，就是通过随手可及的经典案例的教学或自学来提升学员的领导力，是从组织管理有效性角度探究领导者领导力提升的方法和路径的一本著作。

一、领导管理各有其责，方向执行主动补位

领导者的领导职能与管理者的管理职能并不相同（见表1-2），前者面对的是通过有效的变革来促进组织的未来发展，始终如一的目标是要确保变革方向的正确性（做正确的事），具体可分为确定愿景、优化组织、激励人心、引领变革和创造需求五个部分；而后者面对的是将无序变得有序，从有序变得更加精益（正确地做事），具体由制订计划、管理预算、调配人员、控制局面和满足需求五个部分组成。

表1-2　领导与管理职能的差异[①]

领导者的职能	管理者的职能
确定愿景	制订计划
优化组织	管理预算
激励人心	调配人员
引领变革	控制局面
创造需求	满足需求
做正确的事情	正确地做事

领导者的首要职责是确定组织（企业、地方经济、学校等）的发展愿景，这可能源于长时间的调研，也可能是领导者多年观察和思考后的自然涌现，

---

①　王益：《变革时代领导力》，北京，清华大学出版社，2003。

还可能是两者的有机统一。但不论何种情况，组织愿景的确定，通常是以组织发展史上的里程碑事件为标志。比如 1985 年，海尔（时称青岛电冰箱总厂）张瑞敏当众砸了 76 台有质量缺陷的冰箱，向全体职工郑重宣誓，有缺陷的产品就是废品。在接下来的一个多月里，海尔上下围绕"如何从我做起，提高产品质量"，功夫不负有心人，三年后，海尔人捧回了我国冰箱行业的第一块国家质量金奖。海尔由此在中国家电行业率先走上了一条靠质量取胜的名牌战略之路。

由于愿景主要是描述未来的存在，所以是宏观的、模糊的，而影响未来愿景的很多突发事件是计划和愿景无法预测的，如 1997 年亚洲金融危机的爆发，2001 年恐怖分子袭击美国的"9·11"事件，2003 年北京等地 SARS 的爆发，2008 年中国汶川大地震等。因此，愿景在细节上往往是不确定的。如果说领导描述的是一种趋势性的积分曲线，那管理则是微分曲线，它强调微观层面，强调对风险的规避，所以，管理是为今后一段时间设立目标，并为实现这些具体目标制订详细的实施步骤。

目标确定后，领导者就要着手对组织进行优化了，领导需要富有前瞻性思维对组织结构进行优化。为了适应靠质量取胜的名牌战略需要，海尔集团在张瑞敏的强力推动了建立了"职责明确、权利高度集中、严格控制"的单一产品线的直线职能制。与领导所要推动变革的组织优化相比，管理则强调对现有组织的结构和秩序的维护，所采取的各种措施是为了提高组织的运作效率，减少组织内部的摩擦与内耗。为配合名牌战略发展的需要，海尔集团在企业内部贯彻执行"OEC 管理法"，要求企业员工在工作上做到"日事日毕，日清日高"，在管理上做到"人人有事管，事事有人管"，为此，制定了质量价值券考核制度，主要考核员工是否遵章守法，实行员工的收入与工作质量挂钩。

愿景明晰了，组织优化了，领导接下来的任务就是激励人心，成功领导的一项重要特质是能客观认识人性及相关的组织行为并能有针对性地对其进行激励，因此，成功领导总有办法调动每个人内在的工作积极性、主动性和创造性，激发他们固有的热情和力量，为共同的目标而努力。管理的核心就是对人力资源进行有效配置。根据人事匹配、团队性向诊断及组织功能优化的基本理论，领导的任务就是对组织进行优化，以确保优化后的团队能实现组织未来的愿景。从财务评价角度来看，某项具体的组织目标，如果需要5只狮子和20只兔子来完成的话（团队性向诊断），那领导者就要学会精准识别目前的团队中究竟有多少只狮子和多少只兔子？如果是狮子或兔子多了，那按照组织功能优化的基本准则，都得请走；如果是少了，那得想方设法或引进或培养；如果是错位了，如狮子去干兔子的活或者反过来，那也需要转换过来。

接下来领导者所要关注的就是要引起变革。由于任何人或组织对未来的变革都存在程度不等的忧虑和恐惧，所以管理者此时关注的应该是局面的控制问题。因此，公共安全等部门作为一种公共产品，当然必须由政府直接来管辖；又如，当前的国有企业混合所有制改革，就是一场很大的变革，为了中国的发展，这是必须得做的一件大事，但这涉及上千万人利益的重新分割，作为管理者，控制局面尤为重要。

经济转型、国企改制，全面深化变革搞得轰轰烈烈，富余的人员如何安置？新常态下的产业升级和结构调整，要淘汰的产业如果解决余留问题？面对这样的问题，领导者所要关注的就是问题的思路，创造就业的需求，而管理者则是把思路转化为现实。比如，某市决定对产业结构进行调整，由传统的制造型为主转变为高科技电子产品的设计开发为主，转型本身是领导所要解决的问题，而具体如何转型则是管理者要重点考虑的问题，领导者创造了新的需求，而管理者则要想方设法满足这种需求，如人才的引进、市属地方高校招生专业目录的调整、优质生源的吸引，等等。

简而言之，领导者主要关注方向和战略层面，其所要关注的是自己所做的事情是正确的，能带领下属及自己所领导的组织走向光明的未来。而管理者主要关注执行与战术层面，其所要关注的是自己是在正确地做事，能确保领导者所规划的蓝图在期望的时间内成功转化为现实。

二、中西古今大道犹存，绩效无边以人为本

"全面深化改革的总目标是完善和发展中国特色社会主义制度，推进国家治理体系和治理能力现代化。必须更加注重改革的系统性、整体性、协同性，加快发展社会主义市场经济、民主政治、先进文化、和谐社会、生态文明，让一切劳动、知识、技术、管理、资本的活力竞相迸发，让一切创造社会财富的源泉充分涌流，让发展成果更多更公平惠及全体人民。"这一总目标在全体国民日常行为与国家组织行为上得以践行和实施，是当前我国提升国家核心竞争力之必由之路，在我国历史上可谓源远流长。

1. 我国历史上曾经的辉煌，都是统治集团自觉遵从并践行以人为本的民众治理思想的必然结果

提起我国历史上曾经的辉煌，莫过于大唐盛世。即便是安史之乱后日显颓相的大唐帝国，在当时世界诸国精英们的眼里，依然是令人神往的地方。

中国高度发展的文化，使来到中国的各国人民，大多数以成为中国人为荣。他们来到中国之后——西洋人多为经商，东洋人多为求学，便不想再返回，千方百计地要留下。各国派到中国的使节，也往往不肯返回他的本国，就在长安定居，有些使节到中国已四十年之久，娶妻生子，成家立业，从语言到文字，全盘华化，但法律上他们仍是外国使节。8世纪后期，这种只来不去的使节，就达4 000余人……782年，宰相李泌命他们选择，或仍保持他们的国籍，那就得早日回国；或放弃他们的身份，成为中国国民。结果全部归化为中国国民（柏杨，2008）。

大唐盛世之成因，史家一致认为是唐朝政府实施了不过多干预百姓，任其提高生产力的本能得到自然释放的结果（许倬云，2006）。而要做到这点，在皇帝意志高于一切的儒法国家体系下，对统治集团提出了两项近乎苛刻的

要求：一是君主虚心纳谏、任人唯贤、知人善用；二是君主率先垂范，克制个人欲望、厉行节约，积极推行以民为本的治理策略，使载舟之水永保平静。有此两点，整个社会的精英阶层就会被吸纳进入统治集团，他们的智慧就会顺理成章地成为治理天下的智慧，百姓创造财富的积极性和主动性就会得到本能性的释放，国家就有可能兴旺发达。而在这两个方面，唐太宗李世民都可堪称典范。

朕遐想千载，旁观九流，详求布政之方，莫若荐贤之典。是以元凯就列，仄微可以立帝功；管隰为臣，中人可以成霸业。朕缅怀囊烈，虚己英奇。断断之士，必升于廊庙；九九之术，不弃于闾阎（蒋廷黻，2006）。

朕闻尧舜之君，自愚而益圣；桀纣之暴，独智以添愚。故异逆顺于忠言，则殊荣辱于帝道。朕登蹑宇内，字育黔黎，恐一德之或亏，惧小瑕之有累，侯忠良之献替，想英俊之徽猷。而谏鼓空悬，逆耳之言罕进；谤木徒设，悸心之论无闻。昔惟魏徵，每显余过。自其逝也。虽过莫彰……自斯以后，各悉乃诚，若有是非，直言无隐（胡抗美、柯美成，2001）。

求贤之切，纳谏之诚，在唐太宗李世民明示天下的诏书中昭然可见。难能可贵的是，他不仅是这样说的，而且也是这样做的。因此，"天下英雄尽入吾彀中"，朋友们变得更加忠诚，中立者变为朋友，即使是势不两立的敌人，也会被逐渐软化而中立，并最终转化成朋友。魏徵、尉迟敬德等人的加盟并终身肝胆相照，就是很好的佐证。

不仅如此，李世民还非常注意克制自己的欲望，率先垂范，厉行节约，积极推行以民为本的治国方略。"民，水也；君，舟也。水能载舟，亦能覆舟。"太宗即位之初，下令轻徭薄赋，让老百姓休养生息。李世民爱惜民力，从不轻易征发徭役。他患有气疾，不适合居住在潮湿的旧宫殿，但他一直在隋朝的旧宫殿里住了很久。他还下令合并州县，革除"民少吏多"的弊利，有利于减轻人民负担。《旧唐书》《新唐书》中相关的实证例子很多，在此不一一列举。

如果再把视野放大到整个中国历史背景下，不论是百花齐放、百家争鸣的先秦哲学，还是尊武重农灭六国而统一中国的嬴氏集团在武力上的迅速崛起，不论是汉初的全面繁荣，还是宋代发达的文化和科技，都能从当时的统治集团施政纲领中找到对应的民本思想。相反，历代的祸乱和政权的衰亡，祸乱之源必是强权剥夺了民本。

2. 国家之间的竞争，本质上就是全体国民对国家和民族忠诚度及对应的工作积极性、主动性和创造性之间的竞争

国与国之间的竞争，表面上是经济之间的竞争，实际上是国民对国家和民族的忠诚度及其对应的工作积极性、主动性和创造性之间的竞争。对此，蒋廷黻先生曾有很好的描述：西洋在中古的政治局面很像中国的春秋，文艺复兴以后的局面很像我们的战国时代。在列强争雄的生活中，西洋人养成了热烈的爱国心，深刻的民族观念。我们则死守着家庭观念和家乡观念。所以在 19 世纪初年，西洋的国家虽小，然团结有如铁石之固；我们的国家虽大，然如一盘散沙，毫无力量（蒋廷黻，2006）。

一国之民，如果没有胸怀大局、祖国利益高于一切的爱国心与民族复兴观念，那么他工作的积极性和主动性就得不到应有的释放，如此就难以创造性地工作了，如此不尽心也不尽力的孱弱国民，哪还有什么能力去面对真正的竞争对手？向松祚先生在对明治维新之所以取得巨大成功，而同治中兴之所以惨败收场进行比较时，深有感触地写道：

精神为一切制度和事业之根基，原本是中国文化最高理念。《中庸》曰："为政在人，取人以身，修身以道，修道以仁。"清楚明白，毫不含糊。武士道精神之核心，是对民族、对国家的极端忠诚。舍生忘死以拯救民族，赴汤蹈火以强盛国家，实乃武士道最基本之信念。当然，保卫国家之使命，绝不是单纯等到战场上去冲锋厮杀，它首先体现为国民必须在每一个具体领域（政治、经济、军事、文化、科技）顽强奋斗，以立于世界民族之林，如此才能从根本意义上保证国家不受外来列强之欺凌和掠夺。

反观同治中兴时代之中国，民族精神之衰落早已惨不忍睹。应付鸦片战争之朝廷命官，其见识思维毫无过人之处，对世界大势懵懂无知，事过之后亦无奋起学习之热情。太平军事起，曾国藩惊呼：无兵不足以痛苦，无饷不足以深忧，惟欲求一耿耿忠愤血性之士而不可得，此则足以堪忧也。同治中兴之领导阶层，除了极少数例外，绝大多数都无法摆脱小圈子利益之怪圈，国家兴亡、民族存亡终究退居其次（吕理州，2014）。

由于民族大义、爱国精神的缺失，"有所匿其力者"的出工不出力的现象就成为国民工作的一种普遍行为。一位亲眼目睹中日甲午海战的外国人曾经这样描述：中日甲午海战时，清朝水兵的体能并不比日本兵差，但单位时间内日本水兵可以往炮膛里面装6发炮弹，而清朝水兵只能装5发。大清末年的东亚病夫不是病在肉体，而是病在精神，病在没有国家和民族的大义！（理纯，2008）由此看来，国民对国家和民族的忠诚度决定了国民工作的积极性、主动性和创造性，并进而决定了国家的核心竞争力。

3. 近代以来我国在各个领域从领先向落后的迅速逆转，以及当前各领域普遍存在的"量大质劣"现象，根源在于整个国家治理体系上以人为本治理逻辑的根本性缺失或局部性缺失

"当中国使用铁犁的时候，欧洲还在使用木犁；但当欧洲使用钢犁的时候，中国还在使用铁犁。"（林毅夫，2008）

"中国生产力水平，相对于西方世界来说，长期处于衰退之中。……到发现落后的时候，中国已经不是只落后了一点点，而是落后了许多，足足落后了二三百年。"（李永瑞，2004）如果按照1990年的物价标准，公元1年，中国人均年收入为450美元，而1950年仅为439美元（丁学良，2007）。改革开放以来，"中国经济虽然总量名列世界前茅，但经济比重不高，质量也处中等偏下，与世界大国相比，经济效率相差100年，经济结构和经济水平的差距也同样，而且绝对速度相差15倍。特别是拿2001年GDP和GNP在世界上的比重来看为4%，和1960年差不多，排名也没有怎么变化。还有，以2000年

为例，中国人均 GDP 与美国的差距扩大了 793 美元，和日本更是扩大了 914 美元。"（唐津一，2006）

在其他领域，情况同样不容乐观，以科技人员数量及其有效产出为例，2006 年我国科技人力资源总量约为 3 800 万人，居世界第一位，发表的 SCI、EI 和 ISTP 论文数达到 17.2 万篇，仅次于美国。但这些数量庞大的"研究成果"，属于自主创新的高水平成果极为有限。如果以 SCI 收录文献引用率作为自主创新能力的窗口性指标来进行观测，1997—2006 年 22 个学科文献被引用前 250 名的作者共 6 097 人，其中署名美国的 4 016 人，占总人数的 65.87%，中国大陆仅有 4 人，占总数的 0.066%，仅为美国的 1/1 004（乌云其其格等，2009）。

我国经济、文化、科教等领域当前普遍存在的"量大质劣"的海市蜃楼般的繁华景象，好似当年的"李约瑟之谜"，引起了诸多关注中国未来前途命运的学者们的浓厚兴趣，纷纷提出了自己的观点来对这种现象加以解释。归纳起来，主要有以下三种。

（1）国民素质决定论。这种观点认为中国人认知系统和行为系统有偏差，普遍缺乏自律意识和合作意识，自私，普遍缺乏报效国家和民族的自觉意识。光绪元年（1875 年），李鸿章因台湾事变筹划海防的奏折中写道：

"近时拘谨之儒，多以交涉洋务为浼人之具；取巧之士，又以引避洋务为自便之图。若非朝廷力开风气，破拘挛之故习，求制胜之实际，天下危局，终不可支。日后乏才，且有甚于今日者，以中国之大，而无自强自立之时，非惟可忧，抑亦可耻。"（梁启超，2008）

后来中日甲午海战，中国三十年洋务运动精髓瞬间灰飞烟灭。

"西报有论者曰：日本非与中国战，实与李鸿章一人战耳。其言虽稍过，然亦近之。不见乎各省大吏，徒知画疆自守，视此事若专为直隶满洲之私事者然，其有筹一饷出一旅以相急难者乎？即有之，亦空言而已。乃至最可笑者，刘公岛降舰之役，当事者致书日军，求放还广丙一舰，书中谓此舰系属广东，此次战役，与广东无涉云云。各国闻者，莫不笑之，而不知此语实代表各省疆臣之思想者也。若是乎，日本果真与李鸿章一人战也。以一人而战一国，合肥合肥，虽败亦豪哉！"（梁启超，2008）

中日甲午海战的硝烟已散去百年有余，我国的改革开放已度过了40个春秋，在这紧要的历史关头，我国国民素质不仅没有进步，还在不断退步。据2014年9月3日，瑞士洛桑国际管理开发研究院发表的《国际竞争力报告》显示，中国的国民素质、科学技术在世界的排名连续下滑：国民素质由1998年的第24位滑至第28位，科学技术由1998年的第13位滑至2015年的20名开外。（理纯，2008）

（2）民族文化决定论。这种观点认为儒家思想所要求的安定团结与近代化要求的变革之间存在着冲突。费正清等人认为，中国的传统很重集体（指家族而非国家），强调服从权威，不能培养独立自主的人格。海根（E. Hagen）用一个社会可否培养出创造性人格来分析一个国家的经济是不是能够发展，他认为，在一个保守的社会中培养创造型的人格是相当困难的，而没有这样的人，社会发展也就无从谈起。韦伯（Weber）从宗教角度对儒家思想提出了尖锐的批评，他认为儒家伦理缺乏自然与神、伦理要求与人性弱点、罪恶感与追求超脱、世俗行为与超俗的补偿以及宗教责任和社会现实之间的紧张状态，因此没有杠杆作用使人内在的力量超脱传统。与儒家理论相反，基督教尤其是清教徒的相信原罪而又力求克服原罪的观念，使得他们发展出了一套克服内在罪孽的宗教修养功夫。这种功夫扩展到规范、习俗与权威之上，使人不会一味盲从，而是去思考改进的方法（侯玉波，2008）。因此，这种观点认为儒家文化背景下培育出来的人才缺乏现代化所需的科学精神和民主精神，做事不专注，思想保守、对新事物没有好奇心，抵制变革和创新，而没有全民性的科学意识和民主意识的普遍觉醒，国家现代化、高科技的产出只能是有名无实的表面文章。

（3）创新体系与创新动力缺失论。技术的不断创新、升级是经济可持续发展的基础。在前现代社会，技术的发明与创新源自农民、工匠的经验，中国人多，农民、工匠多，所以在技术发明与创新上有优势。随着工业革命的兴起，创新成为一种国家和政府的组织行为，这就需要有组织、系统性的创新体系来激发全民创新动力并使之保持高度的创新热情，且在整个教育体系中特别强化对数学和可控制实验等技术发明与创新必需的后天能力的训练，完善专利保护制度等激励体系。而中国由于科举制度所产生的激励机制妨碍了中国人对数学和可控制实验这种后天能力的学习，使得科学革命无法在中国产生，因此也就无法自发地从以经验为主的技术变迁方式向以科学为指导的实验方式进行转变。在西方完成了这个转变以后，中国的科技与经济发展水平和国际地位也就迅速地从领先变为落后（林毅夫，2008）。

上述三种观点各有侧重，彼此之间相互交融，可能都有其不尽客观的一面，但对近代以来中国经济、文化、科教等诸多领域的快速逆转，以及改革开放 40 年来满布我国各领域"量大质劣"的畸形现状，还是具有相当解释力的。新中国成立前，由于受科举制度及官本位思想的影响，加上自鸦片战争以来持续百余年的内忧外患，我国的全民教育基础、文化的开放与包容程度，以及创新促进与保障体系的根本性缺失，从而导致全民创新的动力明显不足，以致到了新中国成立初期，人均 GDP 还不及公元 1 年西汉时期的水平，与同期美国的人均差距更是扩大 22 倍（李永瑞，2004）。改革开放以来，虽然我国的全民教育基础得到了不断夯实，有利于全面创新的文化也在不断形成，国家创新促进与保障体系也得到了初步构建，但由于在创新制度的设计与创新文化的建设上，缺乏系统性的思考，整个国家治理体系上以人为本的思想未尽落实。可喜的是，近年来学界对此进行了认真的自我反省，政府职能部门也正在积极规划和牵引。在这样的背景下，以人为本的科学发展观的提出可谓让人震撼和激动。

4. 以人为本，加大自主创新培育力度，不断提升我国的国家核心竞争力

"自主创新能力是国家竞争力的核心，是我国应对未来挑战的重大选择，是统领我国未来科技发展的战略主线，是实现建设创新型国家的根本途径（中央深入学习实践科学发展观活动试点工作领导小组办公室，2008）"，"建设创新型国家，就是把增强自主创新能力作为国家战略，贯穿现代化建设的各个方面，激发全民族创新精神，培养高水平创新人才，形成有利于自主创新的体制机制，大力推进理论创新、制度创新、科技创新，不断巩固和发展中国特色社会主义伟大事业（中央深入学习实践科学发展观活动试点工作领导小组办公室，2008）"。

"发展中不平衡、不协调、不可持续问题依然突出，科技创新能力不强，产业结构不合理，发展方式依然粗放……解决这些问题，关键在于深化改革。理论创新对实践创新具有重大先导作用，全面深化改革必须以理论创新为先导。"[1]

"实施创新驱动发展战略决定着中华民族前途命运……科技兴则民族兴，科技强则国家强……物质资源必然越用越少，而科技和人才却会越用越多……要深化教育改革，推进素质教育，创新教育方法，提高人才培养质量，努力形成有利于创新人才成长的育人环境。"[2]

"在激烈的国际竞争中，惟创新者进，惟创新者强，惟创新者胜。……综合国力竞争说到底是人才竞争。谁能培养和吸引更多优秀人才，谁就能在竞争中占据优势。""'致天下之治者在人才。'人才是衡量一个国家综合国力的重要指标。没有一支宏大的高素质人才队伍，全面建成小康社会的奋斗目标和中华民族伟大复兴的中国梦就难以顺利实现。"[3]

由此看来，国家间竞争，就是在培养、吸引并使用创新人才的组织能力间的竞争。国家富强、民族振兴、人民幸福的"中国梦"能否实现，关键看我们能否培养足够数量的创新人才！

---

[1] 习近平：2013 年 11 月 9 日，《关于〈中共中央关于全面深化改革若干重大问题的决定〉的说明》。

[2] 习近平：2013 年 10 月 2 日，《在中共中央政治局第九次集体学习时的讲话》。

[3] 习近平：2013 年 10 月 21 日，《在欧美同学会成立 100 周年庆祝大会上的讲话》。

要提高国家的核心竞争力，有利于全民自主创新的制度建设是关键。制度作为一套由人制定出来的、用以规范人们互动行为的规则，可分成正式制度和非正式制度。前者通常经过政府或者权威机构制定公布，例如国家专利保护条例；后者由社会成员自发产生，但对组织成员行为具有决定性的调控作用，更多属于伦理道德和民族文化范畴。所以，要有效提升全民族的创新能力，显性的制度设计和隐性的文化建设同等重要。

（1）要充分尊重人性并有效激发其创新精神。人性是组织治理的逻辑基础，所以，要对组织进行有效的治理，就必须对人性有所了解并充分尊重。人性是什么？"性犹湍水也，决诸东方则东流，决诸西方则西流。"（先秦告子）可见人性本身并无善恶。"一项好的制度能把坏人变成好人，一项不好的制度能把好人变成坏人"。（邓小平）

尊重人性并有效激发其创新精神，核心就是以人为本，这就需要组织的民众治理体系不论从显性的制度设计，还是隐性的组织文化的牵引上，都要切实体现发展为了人民、发展依靠人民、发展成果由人民来共享。《史记》中汉高祖与其下属的一场精彩对话，很好地说明了这个道理：

高祖置酒洛阳南宫。高祖曰："列侯诸将无敢隐朕，皆言其情。吾所以有天下者何？项氏所以失天下者何？"高起、王陵对曰："陛下慢而侮人，项羽仁而爱人。然陛下使人攻城略地，所降下者因以予之，与天下同利也。项王妒贤嫉能，有功者害之，贤者疑之，战胜而不予人功，得地而不予人利，此所以失天下也。"高祖曰："公知其一，未知其二。夫运筹策帷幄之中，决胜于千里之外，吾不如子房；镇国家，抚百姓，给馈饷，不绝粮道，吾不如萧何；连百万之军，战必胜，攻必取，吾不如韩信。此三人者，皆人杰也，吾能用之，此吾所以取天下也。项羽有一范增而不能用，此其所以为我擒也。"

由此看来，刘邦集团之所以能够以弱克强战胜项羽集团而问鼎中原，成功之道有两点：一是其组织自上而下的生存和发展压力传递系统与其自下而上的绩效肯定系统既通畅又对称，项羽集团则不然。二是刘邦集团拥有一个人尽其才、才尽其用的人力资源管理与组织文化体系，在这样的体系下，人人都会积极、主动、创造性地为组织目标的实现自动自发地工作。而项羽集团则缺乏这样的体系。想想看，作为一国之君，刘邦向天下人心存感激地宣称自己的下属或合作伙伴是天下第一，当局者张良、韩信和萧何等人，焉有不拼命工作之理？所以，全世界伟大组织的共性是：管理者对人性有一种形而上的信仰和信心，能够在信息不对称、权力不对称的情况下，作出这关键的"黑暗中的一跳"（a leap in the dark），主动去尊重、信任、关怀组织成员，与组织成员分享组织的成功。反过来，组织得到的是组织成员对组织无怨无悔、全心全意的忠诚和奉献①。

（2）要对全体国民的个体行为、企事业单位与国家政府职能部门的组织行为实施积极的影响，确保其行为目标与中华民族伟大复兴之目标完美契合。

当前，我国正处于建设中国特色社会主义、实现中华民族伟大复兴中国梦的关键历史时期。中华民族伟大复兴之目标，基于国际国内形势和我国发展条件的综合分析，在中国共产党十九大报告中从 2020 年到 21 世纪中叶进行了两个阶段的规划：

第一个阶段，从 2020 年到 2035 年，在全面建成小康社会的基础上，再奋斗十五年，基本实现社会主义现代化。到那时，我国经济实力、科技实力将大幅跃升，跻身创新型国家前列；人民平等参与、平等发展权利得到充分保障，法治国家、法治政府、法治社会基本建成，各方面制度更加完善，国家治理体系和治理能力现代化基本实现；社会文明程度达到新的高度，国家文化软实力显著增强，中华文化影响更加广泛深入；人民生活更为宽裕，中等收入群体比例明显提高，城乡区域发展差距和居民生活水平差距显著缩小，

---

① 肖知兴：《纸上谈兵说管理》，北京，机械工业出版社，2006。

基本公共服务均等化基本实现，全体人民共同富裕迈出坚实步伐；现代社会治理格局基本形成，社会充满活力又和谐有序；生态环境根本好转，美丽中国目标基本实现。

第二个阶段，从 2035 年到 21 世纪中叶，在基本实现现代化的基础上，再奋斗十五年，把我国建成富强民主文明和谐美丽的社会主义现代化强国。到那时，我国物质文明、政治文明、精神文明、社会文明、生态文明将全面提升，实现国家治理体系和治理能力现代化，成为综合国力和国际影响力领先的国家，全体人民共同富裕基本实现，我国人民将享有更加幸福安康的生活，中华民族将以更加昂扬的姿态屹立于世界民族之林。

新中国成立以来，特别是改革开放 40 年来，由于内源性体制的成功改革，我国国民工作积极性和创造财富的主动性得到了相当程度的激发和保护，加上对环境资源的过度使用、劳动力的低成本与人口需求的拉动等因素，我国经济建设取得了举世瞩目的成绩。但近年来，由于全民爱国主义文化建设在体系上和力度上还显不足、制度创新步伐相对滞后，我国的自主创新能力明显不足，加上原有的低廉人力成本等相对竞争优势已经消失或正在弱化，迫切需要对我国经济的又好又快和可持续发展进行理论创新，并用于指导国民和政府的组织行为，彻底改变目前我国的经济质量不够好以及在文化、科教等诸多领域差强人意的现状。所以，国家富强、民族振兴、人民幸福的中国的提出是顺应中国时代发展之必然，在各级各类社会群体中推行、内化并切实引导其个体及组织行为，使之与建设富强民主文明和谐美丽的社会主义现代化强国所期望的保持一致，不仅正当其时，更是紧急所需。

【思考题】

1. 解构梅贻琦《大学一解》一文，定义领导者的三种基本素质并解析对应的影响因素及彼此之间的交互作用关系。

2. 选取一位你感兴趣的历史人物，阅读相关史料和文献，采用三角互证的研究方法建构其领导力模型。

3. 结合个人所学专业或研究方向，简要阐述在中国特色社会主义的新时代，当代青年应当如何有效提升个人的领导力。

【阅读文献】

1. 柏杨. 中国人史纲[M]. 太原：山西人民出版社，2008.

2. 许倬云. 从历史看组织[M]. 上海：上海人民出版社，2006.

3. 胡抗美，柯美成. 中国古代用人智慧[M]. 北京：华夏出版社，2001.

4. 蒋廷黻. 中国近代史[M]. 北京：团结出版社，2006.

5. 理纯. 国力方程[M]. 北京：中国商业出版社，2008.

6. 林毅夫. 中国经济专题[M]. 北京：北京大学出版社，2008.

7. 丁学良. 中国经济再崛起——国际比较的视野[M]. 北京：北京大学出版社，2007.

8. 乌云其其格，潘云涛，赵俊杰，赵伟，胡红亮，武夷山. 我国高层次科技人才回归不足现象及原因分析[J]. 新华文摘，2009(4).

9. 梁启超. 李鸿章传[M]. 天津：百花文艺出版社，2008.

10. 侯玉波. 社会心理学[M]. 北京：北京大学出版社，2008.

11. 中央深入学习实践科学发展观活动试点工作领导小组办公室. 科学发展观重要论述摘编[M]. 北京：中央文献出版社/党建读物出版社，2008.

12. 司马迁. 史记[M]. 北京：中华书局，2006.

13. 肖知兴. 纸上谈兵说管理[M]. 北京：机械工业出版社，2006.

14. [日]陈舜臣. 大唐帝国：隋乱唐盛三百年[M]. 廖为智，译. 北京：新星出版社，2007.

15. [日]依田憙家. 近代日本的历史问题[M]. 雷慧英，等译. 上海：上海远东出版社，2004.

16. 李永瑞. 领导科学与艺术[M]. 兰州：敦煌文艺出版社，2004.

17. 何炳棣. 读史阅世六十年[M]. 2版. 南宁：广西师范大学出版社，2009.

18. 熊丙奇. 日本屡拿诺贝尔奖的学术启示[N]. 东方早报，2008-10-11.

19. http://finance. sina. com. cn/world/gjjj/20100817109178494555. shtml.

第二章

厘清理论发展脉络，把脉研究范式创新

【导入问题】

1. 领导者的领导力与组织绩效之间存在什么样的关系？领导特质论、行为论、权变论在其理论逻辑假设上有何本质区别？

2. 如何定义有效领导？它与无效领导之间有何本质区别？领导者优劣四分法的理论依据是什么？

3. 影响领导理论形成和发展的因素有哪些？为什么当前世界各国相关领域的研究人员，都很关注中国本土领导理论的建构？

如果说管理理论的演进是人类对自然的认识、工具的使用，以及生产工具的组合等诸多因素之间相互策动的综合表征，那么对于与管理理论既彼此包容，又相互独立的领导理论来说，其演进历程就是随着组织环境的变化、科学技术的进步、人们心理需求和行为方式的变化，个体和组织为了更好地适应社会发展，在日趋激烈的竞争中不断获得并保持主动权的理论诠释的推陈出新。

第一节 准确定义领导内涵，以效定绩优劣自现

人类社会及其历史发展证明，人类认识和改造自然、组织和社会的能力，不断由自发走向自觉，由被动走向主动，由自在走向自为。在这个过程中，个体和组织所处环境、科技发展水平、具有解释力的理论的可及性，以及行为主体的主导需求一直处于动态发展之中，因此领导被不断赋予了新的内涵。迄今为止，人类对领导内涵的探究依然是仁者见仁、智者见智，诚如沃伦·本尼斯（Warren Bennis）和巴特·兰斯（Burt Nanus）（1997）所说，领导就像可恶的"雪人"，到处都能看见他的脚印，可就是哪儿都找不见他。因此，"领导是地球上见得最多却对之认识最少的现象之一。"①

一、领导的内涵及本质

"领导"一词，既是名词，又是动词。作为名词，强调的是领导者是什么。对此，伯纳德·巴斯（Bernard Bass，1990）认为：（1）领导是团队工作的核心；（2）领导是个人品质及其产生的效力；（3）领导是一种活动或行为；（4）领导是实现目标的手段；（5）领导是相互作用产生的一种效果；（6）领导是一种与众不同的角色；（7）领导是组织结构的创建者；（8）领导是一种诱使他人服从的艺术；（9）领导是施加影响的过程；（10）领导是劝说的一种形式；（11）领导是一种权力关系。

"领导"作为动词，强调的是领导者做什么，即领导者如何引导被领导者去实现组织目标。艾伯特·墨菲（Albert Murphy，1941）认为，领导是个人与形势之间相互作用的函数，其中形势包括被领导者及其面临的困境。领导（L）

---

① 詹姆斯·麦格雷戈·伯恩斯：《领袖》，北京，中国人民大学出版社，2016。

$=f$［（个人）（团队）（形势）］，因此领导是一种社会现象而非心理现象。弗雷德·费德勒（Fred Fiedler，1996）认为，"团队与组织的领导是个人与社会环境、任务环境之间高度复杂的相互作用"。斯蒂芬·罗宾斯（Stephen P. Robbins，2007）则直接将领导定义为"影响一个群体实现愿景或目标"。

很显然，作为名词的"领导"，强调领导者个人特质在组织绩效中的重要作用，试图用领导者的特质差异来解释组织绩效之不同。而作为动词的领导，强调领导者个人行为及其与被领导者和组织环境互动的关系在组织绩效中的重要作用，试图从领导者行为倾向和权变策略的差异来寻找组织绩效差距的成因。细细品味，这两种观点都把影响组织绩效的某些重要前因变量或中介变量进行了恒定化的处理，在学理上都有其局限性和片面性。因此，同时考虑领导的动词性和名词性，同时强调领（确定方向）和导（引导下属）及其彼此之间的交互作用，以及领导活动作为一个整体与环境的交互作用，对于理解领导的内涵及其本质，无疑是更为全面和综合的视角。基于这样的分析，本书将领导界定为：

领导就是行为主体规划个人或组织发展方向，有针对性地整合资源、内化资源，并积极影响相关人员的决策和行为，从而实现个人价值或组织效益最大化的行为和过程。

在上述概念中，首先，用行为和过程来定义领导，将"领导者"泛化为"行为主体"，旨在强调领导现象及与之对应的领导力的普适性，即人人都是领导，人人都需要领导力。其次，领导的目标是"实现个人价值或组织效益最大化"。要达到这一目标，有三个既并列、又具演进关系的逻辑要素：一是规划方向。对于个体来说，就是正确规划个人的职业生涯发展方向；对于组织的领导者来说，就是正确规划组织发展方向。二是整合资源。方向细化就是目标，目标再细化就是计划，计划再细化就是行动。从系统论的观点来看，个体和组织的成长历程，也就是个体和组织与环境之间能量不断交换的过程，但领导行为和领导过程尤其强调这种能量交换对应的资源整合的主动性和针对性。三是影响行为。对于个体来说，影响行为既包括自我管理，也包括作为社会中的个体如何适应社会环境并积极引导与个人目标实现相关的组织成员的行为；对于组织的领导者来说，影响行为既包括组织内部成员行为目标同一性的积极引领，重在最大程度降低组织的内部交易成本，提高组织的内部效率，也包括组织外部成员的行为目标同聚性的积极引领，重在整合组织发展关联资源使之为我所用，最大限度地增加组织的核心竞争力。

二、领导要素及功能

领导活动作为一系列行为的耦合过程，其基本要素包括领导者、追随者（或被领导者）、领导目标和领导环境，这些要素通过领导过程紧密连接（见图 2-1）。

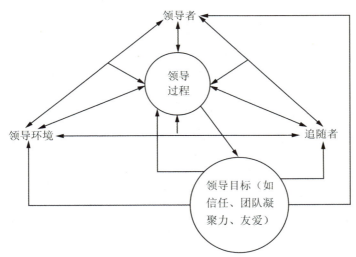

图 2-1 领导活动的要素

（一）领导者

领导者是指在组织中担任一定领导职务、履行特定领导职能、掌握一定权力、肩负某种领导责任的个人或集体。领导者是领导活动中的重要因素，是社会组织顺利展开组织运作的重要条件。首先，领导者是领导活动的主体，在领导活动中起主导作用，居中心地位。其次，领导者在领导活动中起发动作用。领导者根据特定社会群体的利益和需求，进行组织决策，制定组织目标，使领导活动处于动态状况。最后，领导者在领导活动中起统率作用。领导者根据目标任务需要设置组织机构，调配人员以更好地推行实施既定计划，并在领导活动过程中，视情况的变化，协调各种关系，不断修正和完善决策。

（二）追随者

追随者也称被领导者，指在领导活动中执行领导决策，完成领导交给的任务，实现领导目标，并在此过程中使个人需求得到满足的人员。追随者因划分标准不一而分为不同类型。首先，根据追随者是否属于领导者所在的组织，可分为内部追随者（下属）和外部追随者（联盟者）。能成大业的领导者，既要有坚定的内部追随者，又要有高质量的外部联盟者。其次，根据追随领导者时间的长短，可分为长期追随者和短期追随者。一般来说，长期追随者与领导者多具有共同的利益基础和价值取向。再次，根据追随者所追随的目的，可分为信仰追随者和利益追随者。最后，根据追随者在领导活动中所起的作用，可分为重要追随者和一般追随者。前者是领导者的"心腹""左膀右臂""肱股大臣"，他们或独当一面，或与领导者共同运筹帷幄，主持大局；而后者仅仅为获取自身利益而追随领导者。

（三）领导目标

从宏观角度，可用组织绩效或领导有效性来界定领导目标，它是指领导活动所要达到的预期结果。领导活动是人类有意识、有目的地改造世界的活动。作为构成领导活动的两大行为主体，领导者和被领导者由于在价值取向、权力配置、信息的对称性和对信息的敏感性、行使权力的能力和意识等方面的差异，致使两者对领导活动预期结果对应的组织绩效内涵的理解就会有所不同，甚至背道而驰，这必然导致领导活动行使的领导目标与预期目标有差距。因此，领导者和被领导者对领导目标的明确程度，以及彼此之间目标的同一性，直接决定了领导的有效性。

（四）领导环境

领导环境是指制约和推动领导活动开展的各类自然要素和社会要素的总和。任何领导活动都是在一定的自然和社会环境中展开的，领导活动不仅受到广泛的、外围的社会大环境的影响和制约，还受到具体的、内部的组织小环境的影响和制约。所以领导环境可分为微观环境和宏观环境两种：微观环境是指领导者所处的具体工作环境，诸如群体组织、人际关系、物质条件、人员素质等；宏观环境是指领导者所处的自然状况、时代特征和社会环境，诸如地质地理、天文气象、政治、经济、文化、教育、科技、思想、道德、制度、传统、习俗等。任何领导活动都同客观存在的物质世界乃至精神世界发生各种各样的联系，并受其影响和制约。

（五）领导过程

领导者、追随者、领导目标和领导环境之间通过领导过程紧密连接，这些要素之间或互为因果，或某一要素对其他两个要素之间的因果关系具有强弱不等的调节作用，由此决定了领导有效性影响变量及其关系的复杂性和动态性。

三、领导者优劣四分法

鉴于领导活动中领导者与被领导者期望的目标之间可能存在的差异，从领导活动的事实性结果来看，存在四种极端类型的领导和领导者：一是领导者的预期目标(领导者在组织中的晋升速度或个人的人生目标,界定为个人之绩)和被领导者的预期目标(被领导者满意程度和承诺程度,界定为组织之效)都已达到,组织的预期目标自然也就达到了,这种类型为绩效两全型领导;二是领导者的预期目标没有实现,但被领导者的预期目标得到实现,组织目标总体上也实现了,这种类型为有效无绩型领导;三是领导者的预期目标已经实现,但被领导者的预期目标不仅没有得到实现,而且领导者个人目标的实现往往以牺牲组织的可持续发展为代价,这种类型为有绩无效型领导;四是领导者和被领导者的预期目标都没有实现,组织还因领导者错误的领导已然毁灭或加速了毁灭的进程,这种类型为无绩无效型领导。下面从领导者个人之绩与领导有效性或组织绩效角度,采用案例形式对这四种领导类型的领导和领导者作一解析。

(一)绩效两全型领导者

一般来说,绩效两全型领导者,多是有人生大格局和担当精神之人。人生格局其实是一种宏大的组织责任感。只有个人责任感而没有团队责任感的,必是自私之人;只有团队责任感而没有国家和民族责任感的,必是褊狭之人;唯具国家和民族责任感的,方可称为有人生大格局之人。特别重要的是,行胜于言,人生格局重要的体现是要有真实的行为和效果。左宗棠的知和行都定位于整个国家和民族的长远利益之上,堪称有人生格局之社会精英的知行典范。一个人只有有了国家和民族利益高于一切的人生格局,才会不畏生死,才会在国家和民族需要时挺身而出。这种类型的领导者不仅个人的人生目标得以实现,其丰功伟绩对后世社会治理和社会发展还产生了程度不等的积极影响,如管仲、秦始皇、刘邦、鲁肃、李世民、魏徵、苏轼、曾国藩、左宗棠等就是这样的范例。

案例 2-1　左宗棠：绩效两全的楷模

左宗棠虽然天资聪颖，但 21 岁中举后屡试不第。在科举几乎是平民通往仕途唯一通道的清朝，左宗棠的一生似乎注定就是一个普普通通的"湘上农人"。但太平军蜂拥而起，西方列强恣意妄为，俄国人傲慢无礼，凡此种种，左宗棠看在眼里，急在心里。由于英国人和俄国人的幕后操纵或直接插手，新疆大部分领土事实上已经独立或沦陷。此时国内有了"海防"和"塞防"之争。前者以权倾朝野的李鸿章为首，认为："新疆化外之地，茫茫沙漠，赤地千里，土地瘠薄，人烟稀少。乾隆年间平定新疆，倾全国之力，徒然收数千里旷地，增加千百万开支，实在得不偿失。依臣看，新疆不复，与肢体之元气无伤，收回伊犁，更是不如不收回为好。"认为海防、塞防"力难兼顾"，主张放弃塞防，将"停撤之饷，即匀作海防之饷"。

左宗棠闻听此言，拍案而起，"天山南北两路粮产丰富，瓜果累累，牛羊遍野，牧马成群。煤、铁、金、银、玉石藏量极为丰富。所谓千里荒漠，实为聚宝之盆。""我朝定鼎燕都，蒙部环卫北方，百数十年无烽燧之警……是故重新疆者所以保蒙古，保蒙古者所以卫京师……若新疆不固，则蒙部不安，匪特陕、甘、山西各边时虞侵轶，防不胜防，即直北关山，亦将无晏眠之日。而况今之与昔，事势攸殊。俄人拓境日广，由西向东万余里，与我北境相连，仅中段有蒙部为之遮阂。徙薪宜远，曲突宜先，尤不可不豫为绸缪者也。""若此时即拟停兵节饷，自撤樊篱，则我退寸而寇进尺"，收复新疆，势在必行。

经过一番你来我往的廷议之后，慈安太后和慈禧太后最终拍板决定，任命左宗棠为收复新疆的钦差大臣。左宗棠受命之时，已经 64 岁了，此后他亲率大军，抬棺出关，历尽千辛万苦，终将新疆重新纳入我中华版图。由此可见，关键人物在关键时刻表现出来的人生格局对后世的影响往往极为深远。

左宗棠的人生目标，从他14岁考中童子试第一名后的自勉对联"身无半文，心忧天下；手释万卷，神交古人"中已昭然可见，其一生之卓著政绩有：入幕府协助张亮基、组建楚军协助曾国藩平定太平天国、任闽浙总督、创建福州船政、平定陕甘回民叛乱以及抬棺出关收复新疆等，可比肩尧舜。2000年，美国《新闻周刊》评选出的最近1 000年影响全世界的40位智慧名人中，左宗棠、成吉思汗和毛泽东成为其中仅有的三个中国人。由此看来，从个人之绩角度，左宗棠的一生，堪称成功的领导者。

再从领导有效性角度来审视左宗棠的功绩对当时及后世的影响。1881年年初，收复新疆后的左宗棠应诏从新疆进京任军机大臣兼总理衙门行走，管理兵部事务。《左宗棠年谱》（以下简称《年谱》）中这样描述他离开的场景："在甘肃所有的城镇，甚至在最偏远的村庄，他的离去成为那些日子里人们唯一的话题……他离开兰州的那一天，所有商铺歇业，全城人都出来告别这个他们已经学会了去畏惧、去信任、去尊敬的人。"据《年谱》记述，50多千米长的路上排列着百姓，当他经过时向他磕头。在沿途的每座镇子和每座城市，人们都跑出来迎接这个给大西北带来和平、秩序和繁荣的人①。由此看来，从组织之效角度，左宗棠让曾经的敌人对他也很钦佩和仰慕，是一个地地道道的有效领导者。

（二）有效无绩型领导者

这种类型的领导者之功绩对后世社会治理和社会发展也有不同程度的积极影响，但个人因为领导风格或个性过于刚烈等方面的原因，要么人生目标没有得到全面实现，要么就是死后不得安宁。如商鞅和张居正大体属于此种类型，其中尤以商鞅最为典型。

---

① ［美］W. L. 贝尔斯著，王纪卿译：《左宗棠传》，南京，江苏文艺出版社，2011。

案例2-2 商鞅：有效无绩的典型代表

从组织之效，《史记》真实记录了商鞅本人及其变法对秦国的影响："（商鞅变法）行之十年，秦民大悦，道不拾遗，山无盗贼，家给人足。民勇于公战，怯于私斗，乡邑大治。"①一千五百多年过后，明代的洪迈在《容斋随笔》中认为"与秦谋国以开霸业者，卫人公孙鞅也。"

但个人之绩，商鞅的个性特征和行为风格，司马迁的评价可谓精准"商君，其天资刻薄人也。迹其欲干孝公以帝王术，挟持浮说，非其质矣。且所因由嬖臣，及得用，刑公子虔，欺魏将印，不师赵良之言，亦足发明商君之少恩矣。余尝读商君开塞耕战书，与其人行事相类。卒受恶名于秦，有以也夫！"②于是，待孝公西去，商鞅就杖亡身灭，结局甚是悲凉——"及孝公卒，太子立，宗室多怨鞅，鞅亡，因以为反，而卒车裂以徇秦国。"③

（三）有绩无效型领导者

这种类型的领导者的人生目标得以实现，但在个人人生目标实现的同时对组织往往具有破坏性的作用。如项羽就是很好的例子。

案例2-3 项羽：有绩无效的破坏领导

对于项羽的人生目标，即他起兵反秦的目标，就是要报家仇族恨，因为他的爷爷项燕为秦国大将李信所杀，他年幼就随叔叔项梁远走他乡隐姓埋名一直为复仇做各种准备。可以想见，项羽自小接受的就是复仇教育，

---

① 《史记·商君列传》。
② 《史记·商君列传》。
③ 《史记·秦本纪第五》。

他冷血的个性一天天得到加强，加上他天生神力，自己的人生目标很快就实现了："羽非有尺寸，乘势起陇亩之中，三年，遂将五诸侯灭秦，分裂天下，而封王侯，政由羽出，号为'霸王'，位虽不终，近古以来未尝有也。"①

可悲的是，成也武力，败也武力，"自矜功伐，奋其私智而不师古，谓霸王之业，欲以力征经营天下，五年卒亡其国，身死东城，尚不觉寤而不自责，过矣。乃引'天亡我，非用兵之罪也'，岂不谬哉！"②对于项羽对组织的破坏性作用，"惟观于项王之坑降卒，杀子婴，弑义帝，种种不道，死有余辜，彼自以为非战之罪，罪固不在战，而在残暴也。"③

（四）无绩无效型领导者

这种类型的领导者不仅个人的人生目标没有得到实现且往往不得善终，其一生之所作所为对后世社会治理和社会发展往往有破坏作用。这种类型的领导者，对组织管理多有线性的热情，但要么因为天生的人格缺陷，要么就是本身缺乏容人的心胸，最终要么是知而不行、化友为敌（王安石），要么"以一人之智掩一洲之才，以个人之力抗天下之士"（诸葛亮）。如王安石就是很好的例子。

案例2-4　王安石：无绩无效的悲剧领导

《宋史》中朱熹是这样评价王安石的："以文章节行高一世，而尤以道德经济为己任。被遇神宗，致位宰相，世方仰其有为，庶几复见二帝三王

---

① 《史记·项羽本纪》。
② 《史记·项羽本纪》。
③ 蔡东藩：《前汉演义》，北京，知识出版社，2013。

之盛。而安石乃汲汲以财利兵革为先务，引用凶邪，排摈忠直，躁迫强戾，使天下之人，嚣然丧其乐生之心。卒之群奸嗣虐，流毒四海，至于崇宁、宣和之际，而祸乱极矣。"的确，诚如朱熹所言，在实现组织目标对应的队伍建设上，王安石确实见地独到，他在《上仁宗皇帝言事书》中写道："所谓察之者，非专用耳目之聪明，而私听于一人之口也。欲审知其德，问以行；欲审知其才，问以言。得其言行，则试之以事。所谓察之者，试之以事是也。"很可惜的是，王安石知而不行，结果是化友为敌，凄然出局，令人很是惋惜。《宋史》对此有精准的总结："昔神宗欲命相，问韩琦曰：'安石何如？'对曰：'安石为翰林学士则有余，处辅弼之地则不可。'神宗不听，遂相安石。呜呼！此虽宋氏之不幸，亦安石之不幸也。"

　　归纳起来，有效无绩和绩效两全者属于有效型领导者，有绩无效和无绩无效者属于破坏型领导者，为后人留下的教训多于经验。

第二节　百年演进主客换位，交互日炽更赖本真

　　有效领导是一项艰巨的挑战，是一个巨大的机会，也是一项严肃的责任。和以往任何时候相比，今天的组织，更需要有效的领导者，因为他们懂得不断变化着的全球环境的复杂性，智慧而敏锐，有激发他们的追随者努力达到卓越所必备的素质和能力。领导者是全部人类历史文明的"关注点"，他们与历史荣辱与共。只要我们是通过一个集体或组织去完成一项任务，就有领导者和下属。整个人类历史，数百万人的命运取决于作为领导者的领导素质，以及他们为获得成功所表现出的领导能力。在大多数国家，孩子们很早就从

神话故事中懂得人的幸福和痛苦取决于领导者的善和恶。①

　　基于前述领导内涵及其本质，领导力就是行为主体正确规划个体或组织发展方向，有针对性地整合资源、内化资源，并积极影响相关人员决策和行为，从而实现个体价值或组织效益最大化的能力。与之对应，领导学作为研究个体或组织如何获取相对竞争优势并将其成功转化为现实核心竞争力，从而有效增加个体或组织的相对价值存量的知识、技能等积极因素体系之总和的一个门类的知识体系，在人类主动认识并探求其中规律时早已存在。在远古时期，人类既要时刻面临着虎、豹、狮子等大型肉食动物的侵扰，又要时刻面临气候变化等因素导致食物短缺的威胁。为了成功抵御在体力和奔跑速度上比自己强得多的种群的侵扰，人类必然选择体格强壮者作为其部族的首领，领导者的雏形自此而生。为了有效应对自然或竞争性因素导致的食物短缺的威胁，种群之间需要通过协同来共同抵御这种威胁，领导行为和领导过程也随之而出，但在这个阶段，人类对领导现象及其规律的认识，多处于经验积累的蒙昧状态。

　　人类究竟在这个没有窗户的黑屋子中待了多久，目前尚无定论。人类对领导现象及其规律的认识，自文字出现以来就开始日渐光亮。但在蒸汽机、电报和电话的出现以前，人类的活动范围并没有质的飞跃，依然限于自然力的作用范围。哥伦布依靠海风的作用洞开了美洲大陆，但他并没有足够强大的武器将当地的印第安人赶尽杀绝。成吉思汗兵团虽然借助蒙古高原骏马的脚力拓土两千多万平方千米，但很快就因为控制力的减弱而支离破碎，治理重心不得不重回前朝的版图范围。蒸汽机、电报和电话出现前后的历史，前者好比安流的平川，上面的舟楫默运潜移，远看仿佛静止；后者却好比奔流的湍濑，顺流的舟楫扬帆飞驶，顷刻之间，已过了峰岭千重。论世变的剧繁，

---

　　① ［美］安弗莎妮·纳哈雯蒂（Afsaneh Nahavandi）著，王新译：《领导力》（第 2 版），北京，机械工业出版社，2003。

后者的十年可以抵得过前者的一个世纪。此后人类对个体或组织成功的领导现象及其规律的认识，日显迫切，于是特质论呼之欲出。但特质论对影响组织绩效的变量进行了最大程度的简化，只考虑领导者的特质而对其他变量完全忽视，自然随着被领导者群体性特征的日渐凸显，组织方式的变化，被强调不同群体需要不同的领导风格的行为论所淹灭。行为论虽然较特质论对影响组织绩效的变量有了更为周全的考虑，但它对行为主体的主观能动性及其个性和环境的差异性并没有真正重视，很快又被强调追随者和组织环境变化而调适领导风格的权变论所取代。此后又随着电子邮件、视频电话、微博、微信等实时通信工具的出现和日渐普及，领导行为和领导过程所依赖的信息的不对称性遭到了前所未有的冲击，人类的本性与组织绩效之间的关系又重回人们的视野，加上经济全球化和信息同步化大背景下各地区、各民族之间的客观差异，领导力理论进入了强调领导者能力、素质和本性的丛林时代，这一时期也可称之为新领导理论时期。

接下来我们就从社会发展与组织环境的变化、科学和技术的进步、行为主体的主导需求和基本的行为方式、具有解释力的理论体系的可及性等角度，围绕"为什么"和"是什么"两条路径来对领导理论的演进过程进行回溯，并对未来的趋势做出预测。

一、"伟人定天下"的特质论

在整个农耕文明时期，部族和国家之间的争战夺伐此起彼伏，在这样的背景下，谁能振臂高呼继而成为一呼百应、留名青史的翘楚？春秋五霸的余音还未散去，战国七雄之间的相互征伐已然如火如荼，楚河汉界山雨欲来、剑拔弩张。那齐桓公的出现究竟是必然还是偶然？秦灭六国而统一中国究竟是秦皇的意念主导还是历史发展的顺势而为？草根出身的刘邦缘何能由弱变强最终击败了"诸侯莫敢仰视"的无敌上将军项羽？这样的问题，虽然能从官方的正史、虚实交相的野史和逸事、说书人口中的话本传奇中找寻到些许蛛丝马迹，但直到近代，很少有人对隐藏在这些现象背后的规律进行理论性的总结和提升。

19世纪末20世纪初，英国等少数资本主义国家正在荡涤千年农耕文明的泥土气息，电报技术虽已成熟，但汽车、火车还是一种奢侈品，限于空间的阻隔，跨地区、跨地域组织数量正处于萌芽状态，机械化大生产正在起步，心理学刚从哲学门中脱胎而来，医学出身的弗洛伊德正尝试采用宣泄疗法、催眠术和自由联想疗法来诊治各种心理疾患，他渐进创立的自我分析疗法还在完善之中。为了提高工人单位时间内的有效产出，科学管理之父泰勒正试图不断优化工人的动作路线。为了有效提高组织管理的有效性，欧洲大陆的大哲们基于"人是不可改变的，且天生特质决定了后天绩效"的假设，已然感受到很有必要对历史上与里程碑事件相伴相生的伟大人物如拿破仑、林肯、俾斯麦等的特质进行理论上的归纳和总结，以期揭示什么样的人能引领组织的未来。于是，对后世影响至深的两本专著横空出世，一是遗传学奠基人高尔顿（Francis Galton）于1869年出版的《遗传的作用》；二是心理学的奠基人之一詹姆斯（Willam James）于1880年出版的《历史上伟大的男人》。这两本专著从不同角度探究了领导者的个体特质对组织绩效的影响，大有"伟人定天下"的口吻，被视为领导特质论的经典之作。

领导特质论也被称为"伟人理论"（Great man Theory）。该理论认为，不管在什么样的情境下，领导者都具有相同的特质，而且这些特质在很大程度上是先天的、与生俱来的，不具备这些先天特质的人是不能成为领导者的。斯托格蒂尔（Ralph M. Stogdill，1948）把领导者的素质归纳为5项体质特征、16项个性特征、6项工作特征和9项社会性特征。包莫尔（W. J. Baumol）提出了企业领导者应当具备的10项特质：合作精神、决策能力、组织能力、精于授权、善于应变、敢于求新、勇于负责、敢担风险、尊重他人、品德高尚。

很显然，特质论是从领导者单一视角来考究影响组织绩效的前因变量，该理论的基本假设建立在被领导者、领导环境、领导目标等变量的完全恒定的基础上，这在现实中几乎不存在，所以特质论解释力也就极为有限。虽然领导者具备某些特质的确可以提高领导效率，但没有一种特质可以保证领导的有效性。特质论的研究强调领导者的品质、特性、价值系统和生活方式，并且认为某些特质的高水平就对应着领导的高水平，但并没有雄辩的理由说明两者之间可验证性的因果关系。斯托格蒂尔(1948)在回顾了120多个这样的特质研究后指出，特质本身并不能决定领导力，试图甄别出一个可靠而统一的模式是不可能做到的。

尽管如此，特质论并非一无是处，一些研究表明个人特质与领导有效性之间确实存在着相互联系。如一些研究表明，领导者的才智、广泛的社会兴趣、强烈的成就感及对员工的关心和尊重，确实与领导有效性有很大关系。此外，现代领导特质理论从领导者的职责出发，系统分析了领导者应具备的条件，向领导者提出了要求和希望，这对于选拔、培养和评价领导者也是有帮助的。

二、"风格即绩效"的行为论

20世纪40年代后期，伴随着两次世界大战对人类物质文明致命摧毁和精神文明无情亵渎的同时，战争本身对科学技术的促进作用也得到了充分体现，以动机和行为作为研究对象的心理学已然进入了行为主义阶段，华生、斯金纳从动物身上总结出来的刺激—反应规律在人类身上大多得到了验证，心理学成功用于士兵的选拔就此蜚声渐起，霍桑等人在西屋电气的研究取得了突破性的进展，电报、电话、火车、汽车随处可见，飞机已开始步入商业运营，整个世界的时空距离开始缩小，这个时候人类天生遗传的特质已经难以解释后天成就的巨大差异，于是领导学顺应了现实的需求，在心理学和管理学新近成果的推动下，步入了行为论时期。

行为论发端于勒温(Kurt Lewin)提出的领导风格理论，俄亥俄州立大学和密歇根州立大学两个研究小组独立地按照不同视角将其进一步细化，在此基础上，得克萨斯州立大学莫顿等人将其总结性细化为管理方格理论。行为论较特质论的主要区别在于，它对领导者和被领导者的可变性都有了更为深刻的认识，并试图进行分类，很显然，行为论依然试图用机械的理论体系去诠释有机且灵动的领导活动，为新的理论体系所取代，只是时间的问题。

（一）勒温的领导风格理论

勒温以权力定位为基本变量，通过各种试验，把领导者在领导过程中表现出来的工作作风分为专制作风、民主作风、放任自流作风三种基本类型。

1. 专制作风

专制作风（Autocratic styles）是指靠权力和强制命令让人服从的领导作风，其把权力定位于领导者个人，主要行为特点如下。

（1）独断专横，从不考虑别人的意见，决策皆由己出；

（2）亲自设计工作计划，指定工作内容和进行人事安排，从不把任何消息告诉下属；

（3）主要靠行政命令、纪律约束、训斥和惩罚来管理，奖励只是偶尔为之；

（4）很少参加群体活动，与下属没有感情交流，与之始终保持一定的心理距离。

2. 民主作风

民主作风（Democratic styles）是指以理服人、以身作则的领导作风，其把权力定位于群体，主要行为特点如下。

（1）所有的决策都是在领导者的鼓励和引导下由群体讨论做出的；

（2）分配工作时尽量照顾到组织成员的能力和兴趣，对下属的工作安排并不面面俱到，下属有较大自主性和灵活性；

（3）主要以非正式的权力和权威而不是靠职位权力和命令使人服从，谈话时多使用商量、建议和请求的口气；

（4）积极参与团体活动，与下属打成一片，几无心理距离。

3. 放任自流作风

放任自流作风（Laissez-faire styles）是指工作上事先无布置，事后无检查，权力定位于组织中的每一个成员，一切悉听尊便的领导作风，实行的是无政府管理。

有关研究证明，专制型领导虽然通过严格的管理能达到工作目标，但追随者没有责任感，情绪消极，士气低落，争吵较多；民主型领导工作效率最高，不但能完成工作目标，而且组织成员之间关系融洽，工作积极主动，有创造性；放任自流型领导工作效率最低，能达到社交目标但工作目标很难实现。因此，最佳的领导行为风格是民主型领导。

很显然，专制型领导强调领导者的意志和权威，它与特质论者所持的领导风格是一脉相承，即使组织目标实现，但被领导者的满意度并不高，与此前的"有绩无效"型领导相对应，往往声名不佳。民主型领导同时强调领导者和被领导者的意愿和实际行为的可能性，与此前的"绩效两全"型领导相对应，在诸多场景下颇受好评。放任自流型领导有些生不逢时，勒温所处的时代，工作群体的自主性、创新性对组织绩效的贡献还不是主导因素，因此也常受诟病。

（二）俄亥俄州立大学的研究

20世纪40—50年代，俄亥俄州立大学教授斯托格蒂尔等人试图确定领导行为的独立维度，他们从最初收集的1 000多个维度中，得出领导行为的两种基本维度：结构维度和关怀维度。结构维度（Initiating Structure）意指领导者为了实现组织目标而对自己与下属的角色、下属工作内容、工作关系和工作目标进行界定和构建的程度。"向下属分配具体工作""期望达到明确的绩效标准""强调工作的最后期限"常被视为高结构维度领导者的典型行为。关怀维度（Consideration Structure）意指领导者尊重和关心下属的看法与情感、建立相互信任的工作关系的程度。高关怀的领导者关心下属的生活、幸福、地位、满意度等问题，这两种维度构成了四种类型的领导行为（见图 2-2），这就是领导行为的四分理论。研究发现，高结构—高关怀的领导者，通常情况下比其他三种类型的领导更有效，下属的满意度更高。

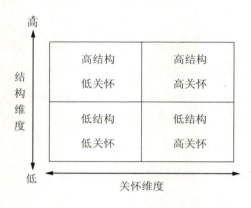

图 2-2 领导四分理论

显然，领导行为的四分论中的结构维度重在回答被领导者做什么、如何做、做到什么程度的问题，属于"理"层面的问题；而关怀维度重在回答从领导者角度哪些因素会影响被领导者工作的积极性、主动性和创造性，继而影响组织绩效和组织目标的实现，属于"情"层面的问题。由此看来，俄亥俄州立大学的研究中，对被领导者的情感需求已经引起了足够的重视，与同时期心理学中人际关系学派和行为学派的内涵和精髓遥相呼应。

（三）密歇根大学的研究

与俄亥俄州立大学研究同时期，密歇根大学的研究小组从领导有效性角度将领导行为划分成重视人际关系、考虑下属的个人兴趣、承认个体差异的"员工导向"（Employee-oriented）和强调工作的技术或任务的完成情况，将员工视为达到目标的手段的"生产导向"（Production-oriented）维度。密歇根大学的研究者认为员工导向的领导者比起生产导向的领导者更有效，员工导向型领导者的下属的生产率和工作满意度更高。

显然，密歇根大学的研究主要在本国本土开展，此时美国由于其积极的人才战略和从两次世界大战中所获的巨额收益，已然成为世界第一强国，重视个人兴趣和个体差异已经形成一种共识，精神的力量甚至超过了非精神的力量，所以他恩的研究得出了员工导向的领导比生产导向的领导更有效，自然就不足为怪了，但这一结果即使在今天，全球范围内的可推广性依然很有限。否则类似富士康在中国大陆工厂的员工频频跳楼的现象在世界各地就不会时有发生，2013 年 4 月 24 日上午 9 时左右发生在孟加拉国首都达卡郊区萨瓦尔镇楼房倒塌事故就不会瞬间夺去千余人制衣工人的生命。

（四）布莱克和莫顿的管理方格理论

在俄亥俄州立大学和密歇根大学研究的基础上，得克萨斯州立大学心理学教授布莱克（Robert R. Blake）和莫顿（Jane S. Mouton）从领导有效性角度将领导者"关心员工"和"关心生产"维度从 4 分扩展到 81 分，这就是著名的管理方格理论（见图 2-3），横轴表示领导者对生产的关心，纵轴表示领导者对员工的关心，每个坐标轴划分出 9 个等级，从而对应 81 种领导类型的细分位置。

在这个 9×9 方格表中，处于方格的四个角（1.1、1.9、9.1、9.9）和方格的中心（5.5）对应的领导行为最为典型：一是对员工和生产都不关心的贫乏型领导（1.1），这种类型的领导信奉的原则是不扰人、不强迫、视而不见、闻所未闻、放任自流；二是关心员工但不关心生产的俱乐部型领导（1.9），这种类型的领导认为员工的心理需求满足重于工作任务的完成；三是关心生产但不关心员工的任务型领导（9.1），这种类型的领导认为"生产不存，人将焉附"，个人心理需求应该服务并服从于生产的需求；四是既关心员工又关心生产的团队型领导（9.9），这样的领导者信奉"生产为人，人为生产"的基本信条，力求两者之间的和谐共赢；五是中间型领导（5.5），这种类型的领导奉行折中主义，他们认为走极端就会激起矛盾，欲速则不达。

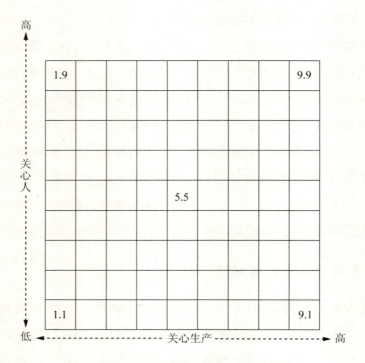

图 2-3　管理方格论

行为论试图从领导行为风格角度来解释组织绩效，但这种假设在实证上的支持并不乐观。在特质论与行为论盛行的时代，研究人员一直试图寻找"最佳"的领导风格。但事实上，并没有哪种领导风格普适于所有情境，所以不久就被强调因情境而变的权变论所取代。

三、"一切皆可变"的权变论

20 世纪 70 年代，电报、电话在发达国家已经得到普及，飞机、火车已是四通八达，跨国公司作为一种新型的企业组织形式遍布世界各地，经济全球化进程逐步加快，不同地区和民族的时间、空间距离大大拉近，员工多元化在跨国公司中已是一种普遍现象，影响组织管理有效性的前因变量越发变得繁复和混杂，心理学中行为主义发展的迅猛势头渐归平息，诸多来自实验心理学、儿童心理学的研究反复证明，虽然遗传不是影响后天绩效的唯一因素，但至少也是重要的影响因素，所以人们开始怀念遗传的重要性，心理学开始进入人本主义时期，德鲁克、明茨伯格等人的学说开始普及流行，知识型员工、有效管理者、管理者而非 MBA 等相关主题的书籍随处可见，领导特质论和领导行为论在解释领导有效性方面越显苍白，于是领导力理论就进入了领导权变论时期。

随着领导行为论研究的逐步深入，越来越多的研究人员发现某一具体的领导方式多不具普适性。直觉、经验和有关的研究结果也表明：在不同的环境下，相同的领导行为甚至会产生截然不同的领导绩效。有效的领导行为应当随着被领导者的特点和环境的变化而变化，即

$$E = f(L \cdot F \cdot S)$$

其中，E 代表领导有效性，L 代表领导者，F 代表被领导者，S 代表环境。

于是，自 20 世纪 60 年代起，强调在不同环境条件下采取不同领导行为模式的领导权变论应运而生。

权变理论脱胎于特质论和行为论，它不是对前两者的全面否定，而是对前两者进行有针对性的继承和发展。由于各派代表人物所关注的重心和重点有所不同，权何而变什么就存在本质区别，因此权变理论呈现出百花齐放、百家争鸣之态势。限于篇幅，在此择其精要介绍其中较有影响的几种。

（一）费德勒的权变模型

为什么在特定的情境中，具有相同领导风格的不同领导者的领导有效性不同？为什么秉持特定领导风格的领导者在某些领导情境中有效而在其他情境中却无效？为了深入探究这些问题，费德勒的权变模型（Fiedler Contingency Model，又称费德勒的权变理论）认为领导者有效性取决于领导风格和领导者所处情境的合理匹配，他将领导风格分为关系导向型和任务导向型。

为了测度不同领导风格，费德勒专门设计了最难共事者问卷（Least Preferred Coworker Questionnaire，LPC问卷）。LPC问卷由16组对照形容词构成（如快乐—不快乐、高效—低效、开放—防备、助人—敌意等）。费德勒让作答者回想自己共事过的同事，找出一个最难共事者，在16组形容词中按1～8等级对他或她进行评估。关系导向型的领导（也被称为高LPC领导者）以相对积极的词汇描述最难共事者，对他们的品质有积极肯定倾向。相反，任务导向型的领导者（也被称为低LPC领导者）用相对消极的词汇描述最难共事者，他们对工作效率更关心，对他们品质的评价兴趣不大。

费德勒认为个体的领导风格是稳定不变的，因此，提高领导有效性的途径只有两条：一是替换领导者以适应领导情境；二是改变领导情境以适应领导者。费德勒将领导情境界定为领导者—被领导者关系的疏密度（领导者得到被领导者拥护和支持的程度，即领导者是否受下属的喜爱、尊敬和信任，是否能吸引并使下属愿意追随他）、任务结构的清晰度（下属所从事的工作或任务的明确性）以及职位权力的强弱度（指组织赋予领导者职权的大小）。费德勒将这三个环境变量组合成8种典型的领导情境，对1 200个团队进行了考察，收集了领导风格与工作环境之间的数据，得出了在各种不同情境下的有效领导方式，其结果见表2-1。

表2-1　费德勒的权变模型

情境类型	1	2	3	4	5	6	7	8
领导—被领导关系	好	好	好	好	差	差	差	差
任务结构	明确	明确	不明确	不明确	明确	明确	不明确	不明确
职位权力	强	弱	强	弱	强	弱	强	弱
有效领导方式	任务导向	任务导向	任务导向	关系导向	关系导向	不明确	不明确	任务导向

费德勒的研究结果表明：根据领导情境，采取适当的领导方式可以提高

组织绩效。当情境非常有利或非常不利时，采取工作导向型领导风格更为合适；但在情境有利程度适中时，关系导向的领导风格更为有效。

为什么任务导向的领导者在非常有利或非常不利的领导情境中更有效，而关系导向的领导者在中等有利的领导情境中更加有效呢？因为任务导向的领导者的首要任务是完成工作，其次是与下属搞好关系。费德勒指出，无论是领导者还是被领导者，通常在面对压力的时候，他们都专注于首要职责。在非常不利的情境下，任务导向型领导者也会将组织任务的完成作为首要任务，因而领导更为有效。在非常有利的情境中，领导者不需要花更多的时间和精力进行人际关系的维护，因为领导与下属关系本身就很好，职位权力又足够，没有必要过多关注人际关系，因此越专注于工作任务完成，绩效就越高。在中等有利的情境中，关系导向的领导者能够既关注人际关系又关注任务的完成，因此更有效。

（二）豪斯的路径—目标理论

路径—目标模型（Path-Goal Model，又称路径—目标理论）最早由伊万斯（W. G. Evans）提出，继而由罗伯特·豪斯（Robert House）改进而成。该理论认为，有效的领导者要澄清下属的工作期望并用他们所期望的东西去激励他们，使之与组织目标保持动态的一致性。与之对应，豪斯提出了四种领导类型：一是指示型领导，该类型领导者明确下属任务并给予具体指导，明确每个下属的绩效期望和所扮演的角色；二是支持型领导，该类型领导者关注下属的需求、想法和建议，并给予实质性的支持；三是参与型领导，该类型领导者在决策前征求下属的意见和建议，鼓励下属积极参与决策；四是成就导向型领导，该类型领导者为下属设定有挑战性的目标，信任下属，并期望下属发挥最佳水平。

与费德勒的权变观点不同，豪斯认为领导者是灵活的，同一领导者可以根据不同的领导情境调整自己的领导风格。领导者采用何种领导风格，因环境因素和下属特征不同而有所不同（见图 2-4）。

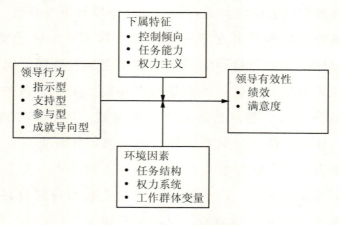

图 2-4　路径—目标理论

（三）弗鲁姆和耶顿的决策树领导理论

随着组织经营的内外部动态性日渐凸显，"让能听到炮声的人参与决策"被反复证明是正确的决策模式，于是顺应时代需求，在 20 世纪 70 年代，维克多·弗鲁姆（Victor Vroom）和菲利普·耶顿（Phillip Yetton）提出了决策树领导理论（Decision Tree Leadership Theory）。因为该理论不同程度地强调了一线员工参与决策，所以也被称为领导者—参与模型（Leader-Participation Model），该模型认为有效的领导者应根据不同的情况让员工不同程度地参与决策，他们根据下属参与决策程度的不同而将领导者划分为独裁Ⅰ（领导者使用现成资料独立解决问题或做出决策）、独裁Ⅱ（领导者从下属那里获得必要的信息，然后独自做出决策）、磋商Ⅰ（领导者与有关的下属进行个别讨论，收集他们的意见和建议。领导者所做出的决策可能受到或不受下属的影响）、磋商Ⅱ（领导者与下属们集体讨论有关问题，集体提出意见和建议。最后领导者所做出的决策可能受到或不受下属的影响）和群体决策（领导者与下属们集体讨论问题，鼓励提出不同的解决方案，一起评估可行性方案，并试图获得一致的解决办法)五种类型。

弗鲁姆和耶顿认为，领导者采用何种领导决策风格，可以根据对表 2-2 中所列的七个问题的回答是"是"或"否"来判别。前三个问题主要针对如何确保决策的质量，后四个问题强调下属对决策的可接受程度。该理论认为，对这七个问题的不同回答可以组合成不同情境，继而选用适宜的领导决策方式。

表 2-2 决策的情境变量

序号	问题内容	提问方式
1	决策质量的重要性	为了保证决策质量，是否有更为合理的决策方式？
2	领导者决策所掌握的信息和技能的程度	已掌握的信息和技能是否足以保证决策的高质量？
3	问题的结构性	待解决问题是否有结构及结构性程度如何？
4	下属是否有效执行决策的关键	是不是只有下属所接受的决策才能有效执行？
5	领导自行决策被下属接受的可能性	如果领导自行决策，是否肯定能为下属所接受？
6	下属目标与组织目标的一致性	下属是否把所要达到的组织目标当成自己的目标？
7	下属对最优方案可能产生的意见和冲突	下属对于选择何种最佳解决方案是否可能发生冲突？

(四)格里奥的领导—成员交换理论

权变理论认为有效的领导方式要因下属和环境的变化而变化，其中领导者与下属之间的互动关系对于领导有效性的影响自然也是最为重要的关系变量，顺应此需求，乔治·格里奥（George Graeo）提出了领导—成员交换理论（Leader-member Exchange Theory，LMX）。该理论认为领导者和下属之间存在两种不同的关系：一种是领导者与下属中少部分人建立的特殊关系，这少部分人称为圈内人士（In-group），他们彼此信任，领导者给予的特权、受到的关照更多。另一种是领导者与下属的关系是建立在正式的组织结构之上的，少有特权，很少受到关照的关系，这部分人称为圈外人士（Out-group）。

领导—成员交换理论认为，在领导者与下属相互作用的初期就将其暗自划入圈内或圈外，并且这种关系会相对稳固，不随时间的推移而发生重大变化。来自跨文化的一些实证研究表明，领导者将某人划入圈内或圈外因为文化背景和价值取向的不同而有所不同，但到目前为止，少有定论。已有研究表明，与圈外人士相比，圈内人士表现出更低的离职率和更高的顾客满意度。该理论警醒领导者应该具有"博爱"精神，要尽可能多的与下属建立良好的关系，尽量增加圈内人士、减少圈外人士。

(五)赫塞和布查兰德的情境领导理论

权变理论对于被领导者的执行能力对应的成熟度都有乐观的假设，而事实并非如此，于是经科曼首先提出，继而由保罗·赫塞(Paul Hersey)和肯·布查兰德(Ken Blanchard)进一步发展而成的情境领导理论(Situational Leadership Theory)应运而生。该理论认为，领导的有效性有赖于领导者根据下属的成熟度所选择的合适的领导方式。成熟度(Maturity)可分为下属完成特定工作对应的知识、技能和经验的任务成熟度(Job Maturity)和不需外部激励就能自动自发地去完成特定工作的心理成熟度(Psychological Maturity)。

领导的有效性通过下属的活动来得以实施和体现，情境理论认为，随着下属从不成熟走向成熟，领导者对领导活动的控制和对下属的帮助要随之减少，这种关系好似家长作为监护人与自己孩子一样：当孩子越来越成熟并能独自承担责任时，家长需要逐渐放松管制，因此该理论也被称为领导生命周期理论(Situational Leadership Theory, SLT)。在下属成熟度方面，赫塞和布查兰德将其划分为不成熟、无能力、无意愿(M1，下属对工作任务缺乏接受的意愿和承担的能力，既不胜任工作又不被信任)；初步成熟、无能力、有意愿(M2，下属愿意承担工作任务，但缺乏足够的能力，他们有积极性，却没有完成任务所需要的技能)；比较成熟、有能力、无意愿(M3，下属有能力完成工作任务，但却没有动机，不愿去做)和成熟、有能力、有意愿(M4，下属既有能力，又愿意去做领导者分配给自己的任务)四个等级。依照下属成熟度及对应的所需领导者对下属任务行为的指导程度，赫塞和布查兰德将领导方式划分为四类：一是高任务、低关系的命令式（S1，领导者定义角色，告诉下属做什么、怎么做以及何时何地去做，强调领导对下属的直接指挥）；二是高任务、高关系的说服式（S2，领导者同时提供指导性行为与支持性行为）；三是低任务、高关系的参与式（S3，领导者与下属共同决策，领导者的主要角色是提供便利条件与沟通）；四是低任务、低关系的授权式（S4，领导者提供极少的指导或支持）。如上四种不同情境对应的领导类型详见图 2-5。

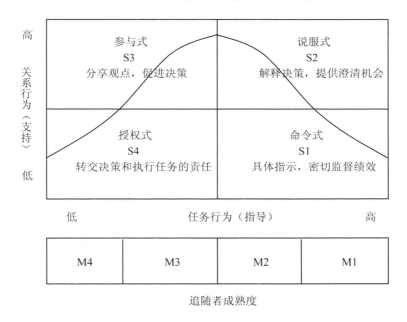

图 2-5 情境领导理论

情境领导理论在直觉上很有感染力，但实证效度并不乐观，可能的原因是：该模型的内在模糊性和不一致性，以及有关理论检验的研究方法论的问题。

总的来说，权变论否认存在任何固定不变、具有普适价值的领导方式，认为任何领导方式只要与环境相匹配，都可能是最有效的领导方式。鉴于其对领导行为研究的继承和发展，权变论几乎可以被看作升级版的领导行为理论。从理论上讲，领导权变理论强调领导者根据环境因素的变化而适当调整自己的领导风格和领导行为，以期达到预期的组织绩效。在变革成为当今经济与管理活动常态的今天，这些模型的理论根基尽管显得有些摇摆不定，其解释力还是值得期待的，但对于影响领导有效性变量的选择及其动态变化，以及这些变量及其发展趋势之间关系的探究，目前已有的研究都有些太过于化繁为简，所以解释力极为有限。

四、"英雄问本真"的丛林论

20世纪80年代以来，随着经济全球化、雇员多元化、沟通信息化的浪潮向社会各个领域的深入渗透，领导者与组织绩效之间最重要的两个调节或中介变量——领导环境和追随者都发生了重大变化。日本经济的崛起，特别是在汽车、电子等领域所向披靡，向世界证实了组织文化对于组织绩效的重要性，组织文化随之成为领导环境的核心关键词；同时跨国公司为了在成本控制和持续利润之间取得恰当平衡，纷纷在全球寻求最佳资源配置，互联网等通信技术的普及使之成为可能，例如一家公司总部在纽约，研发在北京，工厂在曼谷，销售在柏林，配方在悉尼的情况随处可见，以及纽约的制度在北京、曼谷、柏林、悉尼的分支结构中得如何"内方外圆"地推行。这些都是组织的领导者必须面临的问题，领导的有效性必须因客户所需、雇员心理需求特征、工作环境而变，领导理论自此进入了丛林论阶段。

细品这些领导理论，不难发现一个很有趣的现象，似乎是百年之后，特质论又被人们螺旋式上升后重新提起，魅力型领导、变革型领导、仆从型领导、愿景型领导、本真领导、家长式领导等领导类型，都从不同角度强调领导者品质和品行的重要性，当然，这些新理论的提出，不免有些应景性或区域性的痕迹。比如安然公司的轰然倒塌，两百多年历史的巴林银行被新加坡的一个小小的交易员投机性的冒险给搞垮了，人类开始渴望领导者本真的品质和品行对组织绩效的重要影响，于是伦理型领导、本真领导、破坏性领导的论文就频现顶尖学术杂志。究其原因，大抵是知识型员工的日渐普及，互联网技术在工作场所的广泛应用，同步视频和音频几乎可以免费使用，等等，此前有效领导者借以实施其影响力的信息的不对称性已荡然无存，唯有人类本性的东西经得起人们的检验，虽然这种本性往往并不如我们期望的那样纯洁和美好，但这一点也不影响人们假设本真人格对于组织绩效的影响，领导理论进入了一个呼唤本真的丛林期，以下几种理论可堪称丛林中的参天大树。

（一）魅力型领导理论

约翰·肯尼迪、马丁·路德金、罗纳德·里根、比尔·克林顿……这些具有领袖魅力的领导者有何共同之处？豪斯于 1977 年率先提出魅力型领导理论（Charismatic Leadership Theory），该理论认为，当下属观察到某些特定的行为时，会把它们归因为英雄主义的或者超乎寻常的领导能力。魅力型领导理论是特质论的延伸，魅力是一个人所特有的品质、气质、知识和能力在社会和群体中释放出来的感召力、吸引力和凝聚力。有人将魅力形象地比喻为点燃追随者的精力和承诺的"一把火"。

大量研究都在寻找魅力型领导者的个人特质，豪斯（1977）用支配性的、强烈感染的、充满自信的、具有强烈的个人道德观感来定义魅力型领导。Conger & Kanungo（1998）认为魅力型领导具有五个特点：一是极富吸引力的愿景并且能清晰阐述愿景、激励下属；二是自信、意志坚定，为了实现愿景敢于冒险甚至自我牺牲；三是对环境和下属的需求十分敏感，能对环境的约束和变革的机会做出客观的评价；四是对他人的能力有深刻的见解，并对他人的需求和情感做出及时回应；五是反传统的行为，新奇的作风，可见，魅力型领导影响下属的权力主要源于个人特质和魅力而非其他。

每个组织都渴盼魅力型领导，为了吸引这些人，组织往往给予他们前所未有的自主权和资源。然而，遗憾的是，魅力型领导未必会按组织的最高利益行事。这些领导者经常会混淆个人利益与组织利益的边界。此外，领导魅力在工作场所之外的影响对于组织绩效的提升并不一定都是积极促进的。因

此，魅力型领导在组织管理上并不总是有效的（Stephen P. Robbins &
Timothy A. Judge，2008）。

（二）交易型和变革型领导理论

"火车跑得快，全靠车头带。"但如今的现实是，"火车跑不快，只靠车头
带"，而"动车跑得快，自动加他带"，也就是动车除了火车头有动力，后面的
车厢中还有动力，如此比喻，从组织绩效的动力系统角度看，交易型领导类
似传统的火车，而变革型领导则类似如今的动车。

所谓领导，就是领向（确定正确的方向）导人（积极地引导他人）。随着经
济全球化、沟通信息化、员工多元化等日渐成为组织环境的重要特征，组织
的领导者为了达到预期的个人和组织目标、确定正确的方向、有针对性地整
合并内化资源，并积极引导相关人员决策和行为的领向导人的领导活动遭遇
到了前所未有的挑战和考验。这种环境的变化深刻地刺激了政治学家们的中
枢神经，他们很希望弄清历史上是什么样的人能保持众人皆睡、唯我独醒，
以及他们是如何唤醒大众共同创造新世界的，于是，美国政治学家伯恩斯
（James MacGregor Burns）的经典著作《领袖论》应运而生。

伯恩斯对罗斯福、甘地、列宁、毛泽东和马丁·路德·金等数位对现存
社会秩序产生深远影响的政治领袖进行了深入的研究，并基于多案例归纳的
方法提出了交易型领导和变革型领导。伯恩斯认为传统的领导可视为一种契
约式领导，即在一定的体制和制度框架内，领导者对被领导者的资源奖励（包
括有形资源奖励和无形资源奖励）是以被领导者对领导者的服从作为交换的条
件的，双方在一种"默契契约"的约束下完成工作并获得各自的需求满足。整
个过程类似于一场交易，所以传统领导也被称为交易型领导（Transactional
Leadership）。交易型领导是领导者认为追随者的个人利益诉求要得到满足，
必须以对领导者的顺从为前提，他们并不重视追随者内心热情的激发，因此
追随者的内在动力是有限的。交易型领导的特点是：①明确下属任务和标准；

②以组织的合法权利为基础；③强调目标导向。

伯恩斯认为，交易型领导与下属之间的交易行为包括：权变性和非权变性奖惩行为，权变性奖惩基于下属的绩效，非权变性奖惩与下属绩效无直接关联。例如，当一位保险主管对保险员说推销保险业务量增加 10%、提成增加 5%时，这个保险主管就是典型的交易型领导者。早期的领导理论如俄亥俄州立大学的研究、费德勒的权变模型以及路径—目标理论都是以交易型领导为基础。

与交易型领导不同，伯恩斯将变革型领导（Transformational Leadership）定义为领导者通过让下属意识到所承担任务的重要意义和责任，激发下属的高层次需要或扩展下属的需要和愿望，使下属超越个人利益，为了团队、组织等更大的政治利益而努力工作。Avolio 将变革型领导概括为四个方面：一是理想化影响力（idealized influence）：指能使他人产生信任、崇拜和跟随的一些行为，它包括领导者成为下属行为的典范，得到下属的认同、尊重和信任；二是鼓舞性激励（inspirational motivation）：指领导者向下属表达对他们的高期望值，激励他们加入团队，共享团队梦想；三是智力激发（intellectual stimulation）：指鼓励下属创新，挑战自我，包括向下属灌输新观念，启发下属发表新见解，鼓励下属用新手段、新方法解决工作中遇到的问题；四是个性化关怀（individualized consideration）：指关心每一个下属，重视个人需要、能力和愿望，耐心倾听，以及根据每一个下属的不同情况和需求区别地培养和指导每一个下属。

随后，巴斯（B. M. Bass，1985）对伯恩斯的变革型领导理论进行了修正，他认为，变革型领导者同交易型领导者的行为方式有本质区别：交易型行为聚焦于领导的管理方面，是指业绩监控、纠正错误和奖励成绩这样的行为，而变革型领导者能够把追随者从自我中心的个体变成忠于群体的成员，激励追随者取得超出预期的成绩。巴斯把伯恩斯的概念推向了心理学的实证阶段，为此还专门开发了多因素领导问卷。通过 MLQ 收集的数据证明交易型领导与变革型领导并非处于对立的两极，二者关系类似"任务导向"和"关系导向"这两个独立但不对立的行为维度。MLQ问卷已经成为变革型领导研究中使用最为广泛的问卷，MLQ的构想效度和预测效度也得到了一些实证研究的支持。（李超平、时勘，2005）

变革型领导因为迎合了时代发展的需求而成为当前领导学研究的热点。马斯洛所提出的需求层次论，对诸多领域都产生了深远的影响，近年来，随着全世界物质财富的迅速增加，生存等低层次需要已经不是劳动力群体的主导需求，高层次的自我实现需要得到了认可和公开的推崇，人的社会属性得到强化，人的自然属性在管理和领导活动的重要性已大大减弱。变革型领导强调员工的自我实现，注重发挥他们的主观能动性，相信他们有无限的潜能。所以说，变革型领导诞生于经济比较发达、劳动力人口文化素质比较高的背景下绝非偶然，是顺应历史之必然。此外，变革型领导更加强调领导者的个人影响力而非职位影响力，因为后者既不能发挥其持续影响作用，也不能对下属的心灵深处产生深远影响，而前者恰能弥补这个不足。

（三）仆从型领导理论

伴随着全球经济的转型和升级，人力资本日渐成为组织最重要的资产。因此，组织所面临的最大挑战就是人力资本的创造、培育及其充分利用。于是，全球顶尖CEO的领导智慧就在于如何构建一个对员工进行管理的模式以及一个能够为员工提供最佳服务的系统。[1] 于是，仆从理论（Servant Theory）开始进入人们视野。在传统观念中，仆从多少有些贬义和位卑之意味，但在强调将客户就是上帝的今天，领导者的内部客户就是下属，水能载舟亦能覆舟，所以一个领导者，全心全意为人民服务乃是一件无上光荣之事。因此，

---

[1] ［美］梅瑞狄斯·D. 艾什比、斯蒂芬·A. 迈尔斯：《领导 全球顶尖CEO的领导智慧》，沈阳，辽海出版社，2003。

强调每一个人都需要服务和引导的仆从理论呼之欲出。

仆从型领导（Servant Leadership）早在 1970 年就由麻省理工学院的格林利夫（Greenleaf）教授提出，但此后 30 年里，学术界对其研究一直停留在逸事论证阶段。近年来的研究认为，仆从型领导是一种超越领导者个人利益的领导行为或领导方式，这种领导尊重追随者个体的尊严和价值，并把服务他人作为第一要务，以满足追随者的生理、心理和情感的需求。（孙健敏、王碧英，2010）

斯皮尔斯（Larry C. Spears）基于前人研究，归纳总结了仆从型领导的十项特征：倾听（感同身受地全面了解并澄清下属愿望）、移情（换位思考）、愈合（寻找期望与现实之间的桥梁）、觉醒（唤醒下属达适度压力下的最佳工作状态）、劝导（使下属自动自发地跟随）、构想（使下属行动和思想都能大处着眼、小处着手，目光长远）、远见（立足现实、面向未来）、管家（以主人之心、仆人之责，全心全意为主人服务）、员工成长承诺（员工价值成长是组织发展第一要务）和建立社群（组织化建设以更好地促进多维目标的实现）。

显而易见，仆从型领导重视组织成员自身主观能动性的发挥，有助于个体和组织的变革，因此它与同样重视组织成员上下级之间互动的变革型领导存有诸多相同之处。有所不同的是，在对被领导者的关心上，仆从型领导更凸显其服务特性，而变革型领导更强调被领导者服务于组织目标的自动自发性。但领导者的服务与被领导者在行为上积极的回应，往往在时空上有差距，所以仆从领导不是速效药，不能看到立竿见影的效果，而且易被视作"软弱"，听得太多、同理心有余可能会导致优柔寡断、缺少主见。

（四）领导归因理论

前文所述理论都在强调下属行为是什么的问题，对其为什么的问题明显探究不足。米契尔（Terence R. Mitchell）提出的领导归因理论（Attribution Theory of Leadership）试图回答此问题。该理论认为，领导者对下属的判定会受到领导者对其下属行为归因的影响。但领导者对下属行为的归因可能有偏见，这将影响领导者对待下属的方式。同样，领导者对下属行为归因的公正性和准确性也将影响下属对领导者遵从、合作和执行其指示的意愿。领导者典型的归因偏见是把组织中的成功归因于自己，把失败归因于外部条件，或把失败归因于下属，把成功归因于自己。因此，克服领导者的归因偏见是有效领导的重要条件之一。领导归因理论的主要贡献在于提醒领导者要对下属的行为做出准确"诊断"，并"对症下药"，才能提高领导的有效性。

（五）愿景型领导理论

"秦皇汉武，略输文采。唐宗宋祖，稍逊风骚。一代天骄，成吉思汗，只识弯弓射大雕。俱往矣，数风流人物，还看今朝。"1936年2月，在一个飞雪飘飘的深夜，毛泽东在陕北的一个窑洞里写下了这段文字，将中国共产党人即将开创的伟业以浪漫的笔法呈现给了他的追随者们。也为我们今天诠释愿景型领导提供了美妙的诗篇。

闻名遐迩的变革型领导只关注领导行为层面，对追随者个性特征和组织文化等方面的诸多要素重视不够。于是，萨斯金（Sashkin）在对变革型领导进行批判性继承的基础上于1987年进一步提出了愿景型领导理论（Visionary Leadership Theory）。该理论认为，愿景型领导者能够为组织设计一个既现实又令人振奋的前进目标，并且清晰地传达给下属。当下属接受这一愿景之后，经过努力会收到意想不到的结果。综合萨斯金等人的研究，愿景型领导者具有如下特征（刘新梅、于博，2008）：一是领导者有足够能力去建构愿景；二是领导者能采用有效方法与组织成员沟通愿景，同时能激励组织成员并向其有效授权，以共同实现组织愿景；三是领导者应具备向组织中其他人清晰、有效解释组织愿景的能力；四是领导者能把愿景延伸到不同的领导环境中，并使其在不同情境下都能适用；五是领导者能在组织成员中推广价值和信任，建立富有生命力的新型组织文化；六是领导者善于树立和引入新的规范、信任和价值观，能说服下属并让他们意识到领导者知道如何实现组织愿景，能将组织愿景与组织战略有效整合。

（六）本真领导理论

随着个体和组织之间在各个领域内的竞争日趋激烈，个体或组织为了获得生存和发展的控制权，都有将自己拔高扮强以谋求社会称许的倾向，而此过程中，往往夹杂着不理性的投机毒瘤，于是就有了安然公司的丑闻，有了巴林银行的倒闭。这些公司丑闻和管理渎职现象，引发了人们对领导者道德问题的思考（詹延遵、凌文辁等，2006）。于是重回本真，拒绝伪装已然成为时代的一种呼声，卢森斯（Luthans）的本真领导力理论（Authentic Leadership Theory）也就诞生了。

本真领导是指一种把领导者的积极心理能力与高度发展的组织情境结合起来发挥作用的过程（Luthans & Avolio，2003）。卢森斯等人认为本真领导过程对领导者和下属的自我意识及自我控制行为具有正面的影响，并将激励和促进积极的个人成长和自我发展。本真领导者知道自己是谁，知道自己的信念和价值观，能够坦率地按照自己的信念和价值观行事，他们的下属会认为他们是有道德的人。Shamir 等人（2005）认为本真型领导者主要具有以下 4 个方面的特征：一是不伪装自己；二是承担领导之责或从事领导活动不是为了金钱、地位或其他形式的个人回报和荣誉，而是出于一种信念；三是原创者，而非拷贝者；四是其行为是以自己的价值观和信念为基础的。

以往的领导理论一般只关注认知性变量的作用，或者在一个认知框架中强调态度的作用，相对忽视对基本情绪过程的考察和探讨。而本真领导理论则特别重视自信、积极情绪、信任等非认知性变量和积极心理状态在领导过程中的作用及机制，主张发掘和培养领导者及其下属的积极心理能力。当然，尽管本真领导理论是以大量的实证研究为基础，但作为一种全新的理论，它仍处于发展阶段，还很不成熟。目前学者们有关本真型领导的特征、维度及测量方法、影响因素和影响效果等方面多处在思辨性论述阶段，尚待实证研究的进一步修正和完善。

第三节　建构本土领导理论，完善全球知识体系

"社会上一旦有技术的需要，这种需要就会比十所大学更能把科学推向前进。"人类社会科技的发展都是由需求引领的，没有需求，那么人类科技的发展将像无头苍蝇一般，效率低下且易发生一些严重的错误，所以，社会需求对科技的发展起到了如旗帜般的引领作用。诠释领导现象的领导理论的诞生及其演进历程，本身也是人类主动认识社会需求、满足社会需求的过程，在这个过程中，构成领导活动的领导者、被领导者、领导环境和领导目标四个要素及其彼此之间的关系不断变化，领导理论因此呈现出局部到整体、单一到繁复、静态到动态的演变特征。

一、澄清理论因果逻辑，准确把脉问题瓶颈

特质论诞生的年代，正是西方发达国家为了适应工业化大生产四处找寻原材料和销售市场的时代，如何征服陌生领地上的异邦民族，使其屈服为殖民地继而成为工业化大生产所需的稳定的原材料和产品销售市场，成为那个时代哲人们视野中最为紧迫的问题。在这样的背景下，强调领导活动中领导者"领"的开创功能的特质论就破土而来。特质论的两部代表作，威廉·詹姆斯的《历史上伟大的男人》和高尔顿的《遗传的作用》，都是基于被领导者、领导环境和领导目标均可恒定化处理这一逻辑前提，领导者的出现是诸多偶然因素之耦合，被领导者的主导需求就是出卖自己的体力换取维持生计的工资，总体处于需求层次的低级阶段。当时的学术研究中，思辨式归纳和演绎还是绝对的主流。尽管冯特在比利时建立了世界上第一个心理学实验室，部分或

全程干预的实验已经诞生，但这种影响依然非常有限。特质论认为组织领导者的特质直接决定了组织绩效，是一种"伟人定天下"的领导理论。

经过数十年到近百年不等的积累和扩张，西方主要资本主义国家已将整个世界瓜分完毕，英国、法国、葡萄牙、荷兰、西班牙的殖民地遍布全球，世界已经没有可以开垦的新大陆，要寻求新的突破，谈判往往无效，于是战争成了解决贪欲无限和资源有限之间矛盾的最终形式，第一次世界大战由此爆发。但是，战争同样会给战胜国带来很大损失，越是富有的国家越不希望发生战争，尤其是发生在自己本土上的战争，于是人类开始将注意力转移到在资源有限的前提下如何提高组织的绩效，领导活动中领导者之外的又一数量庞大得多的行为主体——被领导者潜能的激发和保护开始进入人们的视野。在这样的背景下，强调领导活动中领导者如何发挥"导"的引领作用的行为论就应运而生。在此期间，全程的实验研究已经甚为普及，美国哈佛大学教授梅奥等人在西屋电气进行的霍桑实验已是家喻户晓，管理学、心理学、社会学、人类学、政治学的顶级期刊相继创刊。行为论与特质论的逻辑假设多有相似之处，都是基于被领导者、领导环境和领导目标可被恒定化处理这一逻辑前提，有所不同的是特质论认为被领导者完全不以考虑，而行为论认为要基于被领导者主导心理需求进行适度分类，因为被领导者的主导心理需求除了出卖体力换取维持生计的工资的低级需求外，还有团队归宿的一体感等更高层次的心理需求。因此，不论是勒温的领导风格理论、俄亥俄州立大学和密歇根大学的研究，还是管理方格论，都没有过多地考虑被领导者，而是直接对领导者行为进行了观察和分类，并与对应的组织绩效进行印证，以此确定适宜的领导风格，要求领导者按此风格行使领导职责，组织绩效就有了保证，这多少有点"风格即绩效"的形而上学的味道。

不知不觉，人类经历了两次世界大战。如果说第一次世界大战的结束是参战各方因为冷兵器与热兵器的混战和较量，都被弄得筋疲力尽后的无奈妥协，那第二次世界大战的结束还得仰仗美国在日本的长崎和广岛扔下的两颗原子弹。第二次世界大战以后，美苏两大阵营的明争暗斗，都以扩军备战抢夺世界霸权为龙头，提升企业核心竞争力和促进科学技术发展为两翼，霸权的争夺从"以阶级斗争为纲"悄然演进为"以经济建设为纲"，如何有效促进科学技术的发展和企业核心竞争力的提升，成了重要而紧急的时代需求。与此同时，企业和科研院所的组织环境、被领导者、领导目标都与特质论和行为论时期有了本质的区别，主导的心理需求从生理需求到最高的自我实现需求都有相当的群体存在，与之对应的心理学的研究日渐分化并逐步深入，神经心理学、认知心理学、环境心理学、人本心理学、情绪心理学、个性心理学、管理心理学、组织行为学等学科，相继在世界主要大学和培训机构中作为一门独立的课程来开设。在这样的背景下，领导权变论悄然走上前台，该理论强调的领导活动的所有构成要素"一切皆可变"且为了保证组织的高绩效，"没有最好，只有更好"日渐成为组织治理的"一切也该变"铁律和信条。

特质论、行为论和权变论之间的差异，在于对影响组织绩效的领导活动因素考究的全面性和深入性之间的差异，但三种领导理论都有一个潜在的逻辑假设——领导者和被领导者都是不可改变的，因此对他们的主观能动性都没有给予充分的考量。但随着日本在战后的快速崛起，并直接威胁到了美国在主要领域的霸权地位，一向自我感觉良好的学术重镇美国，开始以小学生的心态审视并认真研究日本的崛起，企业文化对于组织绩效的重要性自此进入学术视野。与此同时，互联网、同步视频等信息沟通方式逐渐普及，人们的沟通方式发生了革命性的变革，加上伴随电脑成长起来的一代日渐成为劳动力主体，个性的差异和兴趣、主观能动性的激发和保护对于组织绩效的重要性得到了前所未有的重视，为了顺应组织内部和组织之间沟通方式的变化和新生代员工的心理和行为特征的变化，领导理论进入了百花齐放、百家争鸣的丛林期。总体上看，魅力型领导、变革型领导、愿景型领导和本真领导总体属于新特质论，与传统特质论有所不同的是，新特质论更加强调对下属主观能动性的激发、保护和引领，这也是满足新生代繁复的个性化需求的必然改进。从某种程度上来说，领导丛林论本身就是承认并尊重个体之间、地区和特定群体差异的必然，比如，在华人圈内，与关系、面子等对应的家长式领导就是领导丛林中一株很具有地区和群体特色的茂盛大树。

那么，领导理论的未来将向何方？我们认为，未来领导理论将重点关注广和动两个领域的问题：广就是影响组织绩效或领导有效性的变量和变量之间的关系将更为广泛，动就是变量本身及其变量之间关系的动态特征更为明显，具体到领导活动的四个构成要素上，有如下特征值得深入探究。

1. 领导环境的新趋势

随着时间的推移，石油、天然气等不可再生资源日渐枯竭，全世界各国对经济发展所需的要素资源的争夺将更为激烈，提升自主创新能力以促进现有资源的利用效率，将通过国家之间的竞争而传递到各级各类的组织，加上网络和同步视频等通信技术的日渐普及，全球化将深入到工作和生活的方方面面，员工的多元化必将导致管理幅度和管理难度的进一步提升，未来的领导环境将进一步凸显创新、整合和融合的新趋势。比如文化普适性和特殊性问题的认识和处理，沟通方式转变带来的虚拟领导，女性成为劳动力主体对应女性领导和领导女性的问题，发达国家劳动力人口短缺，男性和女性领导的领导绩效差异及其适配工作等问题。

2. 领导目标的大同化

"偃革兴文，布德施惠，中国既安，远人自服"，魏徵当年如此建议李世民，这意味着未来的领导目标不仅继续强调组织内部领导者的目标和被领导者的目标的同一性，还要特别强调组织之间目标的融合，全民共享，世界大同，提倡相互交流，增加了解。由此可见，未来的领导目标更加强调多元目标的同一性。

3. 领导者面临的挑战

刘邵在《人物志·英雄》中写道："徒英而不雄，则雄才不服也。徒雄而不英，则智者不归也。故雄能得雄，不能得英；英能得英，不能得雄。故一人之身，兼有英雄，乃能役英与雄。能役英与雄，故能成大业也。"随着信息的通透性、多元化的知识型员工日渐成为劳动力的主力，一项能指导领导实践的研究，即使是最为权威的学者提出的最为权威的研究，其时效性都将大大缩短。从组织管理有效性角度看，未来能引领组织健康前进的领导者，必将是学习继承能力和自主创新能力的理论与实践并重者。但没有完美的个人只有完美的团队，所以未来的领导者将更加强调集体领导和团队领导，但由于领导团队成员之间可能存在的差异，所以未来的研究将关注于领导结构和功能的三维胜任（即岗位胜任、团队胜任、组织发展和文化胜任）和二维协同（即团队成员选拔的结构性协同和时序性协同），以及彼此之间信任、尊重和欣赏，还有牵一发而动全身的领导伦理问题。

4. 被领导者面临的挑战

经济的全球化挟持资本的洪流，将世界上一个个人的一生依附于某个组织或单位的计划体制彻底摧毁，职业生涯的自我管理成为时代主流，并因此大大影响了劳动力群体的心理和行为特征，员工的自主学习能力和社会适应能力将被赋予新的意义和内涵。因此，员工需要先进行自我领导，之后才能更好地接受他人的领导。

如上四个方面的变化，既同步又异步，影响领导有效性的变量会不断出现，已有的变量将被赋予新的内涵，同时由于影响组织绩效的变量和变量之间的关系日渐繁复。

二、建构本土领导理论，完善全球知识体系

中国经济的快速增长，极大地促进了不同经济体之间的交流和互动，尤其是华为、联想等众多中国本土企业的迅速崛起并不断走向世界，越来越多来自新兴市场国家的管理者被任命为西方国家公司的 CEO 和董事会成员，同时由于文化适应和管理成本控制等的需要，与输出国文化和价值观存在程度不等差异的本地员工越来越多。2014 年，华为公司 16.8 万员工中外籍员工超

过3万余名，来自全球156个国家和地区；联想4.2万员工中有7 000人是外籍员工。与之对应，正如现代管理大师彼得·德鲁克的评价：像中国这样的发展中的大国，很多东西可以引进，资金可以，机器可以，甚至先进的技术也可以，唯有一样东西——管理者不能引进。中国应该培养属于自己的管理者，这些管理者深深地根植于中国的文化、社会和环境当中，熟悉并了解自己的国家和人民。在全球经济一体化时代，只有构建中国特色的管理学理论并为管理者所应用，才能培育真正强大的中国企业。5 000年前的中国传统文化，曾经推动和成就了世界上最富饶、最强盛的华夏帝国，形成了丰富的、独具特色的中国古代管理思想，追溯它所形成的历史轨迹和发展路径，是中国古代管理思想现代价值研究的基础。（吴照云、李晶，2012）因此，随着支撑新兴国家经济快速崛起，国际国内管理学界主要以发展中国家或地区，尤其是大陆地区华人和本土企业为研究对象的本土领导研究，日渐成为领导学研究的一个新热点（梁觉、李福荔、李平、包国宪等，2010）。

（一）创新领导研究范式，重视本土独特价值

通过以上回顾可以看出，领导学研究诞生以来170余年间，领导学界的理论建构与完善过程，所遵循的是强调行为主体去意识的重要性的科学管理思想的内在逻辑，在总体上弱势甚至完全忽视行为主体的本土文化属性对于组织绩效产出的作用，而本土领导研究之所以能独立存在，全在于对构成其本土独特现象的群体的文化属性回归本真的重视和强调，因此西方管理理论不能解释或解释不力当前诸多本土独特现象的形成和发展，自是理所当然的事情了。因此本土领导研究的研究范式创新的出发点和归宿当充分揭示本土文化与本土独特现象的形成和发展之间关系。

范式由库恩提出，意指科学共同体研究问题、观察问题、分析问题、解决问题所使用的一套相对稳定的分析框架或模式。库恩认为，当原有的理论和方法不能解释或不能很好地解释某些例外的社会文化现象出现时，就需要

进行研究范式的转换或创新，构建新的理论和方法来进行解释。而本土领导研究所研究的，正是现有西方管理理论不能解释或解释不力的本土独特现象，所以本土领导研究就必然需要在西方领导理论建构的基础上进行研究范式的创新（何星原，2014）。

鉴于本土文化的内隐形特征，所以一个人的行为反应并不是直接根据他人的行为做出的，而是根据这个人附加在他人行为的意义而做出的。因此，人际关系的进展不是直接进行的，而是有一个运用、解释符号的中介过程。所以，要深刻理解当代组织中的个体和群体行为，当是先人文学范式（理解、解释的研究范式，它不是探讨规律、法则的范式，而是探索意义、象征），后科学范式（探索人类自身及其社会发展变迁的规律、原理或法则），且特别强调研究者与研究对象之间的互动和沟通来获得理解和认识。因为"理解"的方法揭示人类行为和文化的象征意义，这一研究范式反对实证主义的原子论，反对把人类社会和文化分割成若干孤立的现象进行分析和考察，主张以"整体观"和相互联系的观点进行考察和探讨。

人文学研究范式认为人的行为都具有各种不同的意义，研究人及其活动主要目的不是探讨行为发生的刺激—反应关系，而是揭示行为背后的意义，因此，只看行为的表现形式是不可能达到"理解"的目的。在认识论上，作为"理解"的研究范式认为主客体的关系是一个互为主体、相互渗透的过程，反对将研究主体与客体分离开来，认为：主体通过与客体的互动，从而认识客体和理解客体，并对客体的进行解读和建构。因而它特别强调人文科学研究者到实地做深入的考察和了解，与被研究者沟通并体验他们的生活，通过体验和理解认识他们的心理和文化及其意义，并在此基础上建构被研究者的意义和解释系统。

（二）建构本土领导理论，完善全球知识体系

本土领导研究成果的中西对话，本质上就是研究成果的概化，这意味着

本土领导研究，不仅是深入解析后发国家企业成功之道，建构本土领导理论，以更有效地指导本土企业管理实践的必然途径，也是丰富和完善全球管理知识体系的应然选择。所以本土领导研究的研究成果的概化就需要明确哪些是现有的全球管理知识体系中已有的部分，哪些是增量部分。本土管理研究需要结合西方经典管理理论及研究方法、现有中外文献的批判性继承和汲取中国文化的精华，而中西融合是最终的方向。（武亚军，2010）

　　本土领导研究的目的在于丰富和完善全球知识管理体系，与之对应的研究路径就有两条：一是从中国本土现象出发，采用比较研究方式；二是从现有理论出发，找到本土领导现象及思维与现有理论有抵触的情况，然后再试图提出新的理论用以修正或补充现有理论。（李鑫、包国宪等，2010）前一路径在研究对象选择的典型性和代表性部分已有详细论述。后一路径近年是本土管理研究的一个新热点，近三十年来得到大量的实证研究的支持。比如，Li and Shi（2005）以中国文化背景的领导者作为研究对象，完全遵从 Bass（1995）的研究范式来检验变革型领导中文化的差异性，结果在中国被试身上验证了 Bass（1995）提出的变革型领导中魅力（charisma）、愿景（visionary）和个性化的关怀（individualized consideration）存在，但发现了道德榜样（moral modelling）这一在原始定义和测量中都没有的新维度。作者认为中国文化将伦理规则融入了对下属的领导力之中，与之对应，下级总将上级视为角色标杆，诚实和价值观的典范。因此，道德榜样维度的内涵也就是中国文化对领导者的期盼。此外，Li and Shi（2005）的研究还发现，在中国文化背景中的个性化关怀与 Bass（1995）所界定的"上级对下级工作和职业发展的关心和帮助"增加了"上级对下级家庭和个人生活的关心和帮助"。发现人们对某个目标文化成员知识的知觉的准确性与在交互过程中所使用的沟通策略密切相关。

　　如果领导领域要从组织的跨民族研究的既有成果中受益，尤其是像来自中国这样的巨大新兴市场体的研究成果（Lewin，2014），我们需要采取更有创意的方法来对国家背景对组织的影响作用进行调查（Cheng，2014）。为此，徐淑英等学者特别强调，中国领导学者需要从单向地引进西方理论和方法或验证和修正西方理论转而进行自主创新，提出基于中国情境的领导理论并通过与西方学术界的对话和交流"出口"给全球领导学界，从而为人类领导知识的创造和社会的发展做出中国人的贡献的时候了。（包国宪、曹仰锋、李平等，2010）

【思考题】

1. 什么是领导？简要概述领导活动四要素及其彼此之间的关系。

2. 以你熟悉的人物为案例，分析他的领导有效性及其所属类型。

3. 简要介绍领导理论的演变历程及其未来趋势。

4. 设想一下，2050 年的职场人士应该具备哪些能力和素质。

【阅读文献】

1. ［美］詹姆斯·麦格雷戈·伯恩斯. 领导学［M］. 常建，孙海云，译. 北京：中国人民大学出版社，2013.

2. ［美］彼得·G. 诺斯豪斯. 领导学：理论与实践［M］. 5 版. 吴爱明，等译. 北京：中国人民大学出版社，2012.

3. ［美］埃德加·沙因. 组织文化与领导力［M］. 马红宇，等译. 北京：中国人民大学出版社，2011.

4. ［美］乔恩·L. 皮尔斯. 领导力：阅读与练习［M］. 4 版. 马志英，等译. 北京：中国人民大学出版社，2010.

5. ［美］约翰·加德纳. 论领导力［M］. 李养龙，译. 北京：中信出版社，2007.

6. ［美］芭芭拉·凯勒曼. 领导学：多学科的视角［M］. 林顿，周颖，等译. 上海：上海人民出版社，2008.

7. ［美］乔恩·L. 皮尔斯，约翰·W. 纽斯特罗姆. 领导力：阅读与练习[M]. 马志英，等译. 北京：中国人民大学出版社，2009.

8. 文茂伟. 当代英美组织领导力发展：理论与实践[M]. 杭州：浙江大学出版社，2001.

9. Luthans F，Avolio B J. Authentic leadership：A positive developmental approach. In Cameron K S，Dutton J E，Quinn R E. Positive organizational scholarship[M]. San Francisco：Barrett-Koehler，2003.

10. Bennis W. On becoming a leader[M]. New York：Basic books，1989.

11. Bennis W. Managing the dream：Leadership in the 21st century[J]. Organizational change management，1989，2(1).

12. Daniel Goleman. What makes a leader? [J]. Harvard business review，2004，82(1).

13. Peter F. Drucker. What makes an effective executive[J]. Harvard business review，2004，82(6).

14. John P. Kotter. What leaders really do[J]. Harvard business review，2001，79(11).

15. Warren G. Bennis，Robert J. Thomas. Crucibles of leadership[J]. Harvard business review，2002，80(9).

16. Jim Collins. Level 5 leadership：The triumph of humility and fierce resolve[J]. Harvard business review，2001，79(1).

17. George B，Peter S. McLean A N. Discovering your authentic leadership[J]. Harvard business review，2007，85(2).

第三章 ◀

对比中日发展历程，校准组织变革路径

【导入问题】

1. 强和大之间有何本质区别？我国的人均要素资源占有量在世界各国中处于什么水平？

2. 如何定义创新驱动的内涵和要义？为什么当前我国特别强调以创新驱动来促进产业升级和产业结构调整？

3. 影响创新及创新驱动的因素有哪些？作为自然资源相对匮乏的国家，日本在创新及创新驱动产业升级和产业结构调整等方面，有哪些经验值得我们借鉴和学习？

2010 年 10 月，有两条消息很重要：一是"据《纽约时报》报道，中国在 2010 年第二季度超过日本成为世界第二大经济体。日本官方证实了这一消息。日本第二季度的 GDP 总值为 1.28 万亿美元，中国第二季度的 GDP 为 1.33 万亿美元。鉴于日本的季度 GDP 增长率仅为 0.4%，且全年的增长率预计更低，中国全年 GDP 超过日本没有悬念。"二是"美国科学家理查德·赫克和日本科学家根岸荣一、铃木章共同获得 2010 年诺贝尔化学奖。这三名科学家因在有机合成领域中钯催化交叉偶联反应方面的卓越研究而获奖。钯催化交叉耦合极大地促进了制造复杂化学物质的可能性，比如碳基分子，其复杂性可媲美天然分子。这一成果广泛应用于制药、电子工业和先进材料等领域，可以使人类造出复杂的有机分子。"

前一条消息对于中国人来说，多少带来一点沾沾自喜。但只要稍作理性思考，这种数字繁荣不但不能给我们的国民带来期望的荣耀和光辉，反而会带来各种隐忧。

后一条消息对于数量上已然成为世界第一的数千万科技工作者及其所属机构来说，其存在的价值和社会的公信力又再遭质疑：日本是一个人口、国土分别不足我国十分之一和二十五分之一，历史上曾将我们视为学习好榜样的"蕞尔小国"，仅在代表科技最高水平的物理、化学和医学三个自然科学领域，截至 2017 年，就诞生了 22 位诺贝尔奖获得者，且其中的 21 位为地地道道的日本科学家而非日裔科学家。与之相比，人口十数倍于日本人的华人圈中仅有李政道等 9 人获诺贝尔自然科学奖，且他们中仅有 2015 年获得生理和医学奖的屠呦呦为中国国籍。

自主创新能力既是综合国力的核心要素，又是其第一推动力，所以，一个国家或地区所拥有的以自主创新成果为标志的顶级科学家（尤其是诺贝尔奖获得者）的数量，乃是其综合国力和可持续发展的最关键性指标。按照这个标准，中日两国不仅现实差距巨大，在可预期的未来，两国之间的可持续发展差距依然存在且还会不断扩大。

第一节　资源耗竭难以为继，创新驱动迫在眉睫

看一个国家经济社会的发展实力，既要看它的绝对数和相对数，还要看它的发展的可持续性。通过这三个方面的对比，中国的虚幻和日本的真实跃然纸上。

自 2000 年以来，由于我国相继实行了一系列积极的投资拉动与外贸出口鼓励政策，我国的 GDP 总量相继超越意大利（2001 年）、法国（2005 年）、英国（2006 年）、德国（2007 年）和日本（2010 年），于是海内外一片哗然，纷纷预测中国何时能够超越美国"成为世界第一"。但据笔者所见所闻，即使我国的 GDP 总量真的在若干年后超越了美国，也并不意味着我们已经强大。相反，如果目前的经济发展模式没有本质改变，不仅人均的赶超永远都是空中楼阁，甚至还会给世界人民留下愚昧无知的"野蛮追逐"形象。

如果把我国以靠出口玩具、纺织品和烟酒等附加值极低的产品和走不出国门的房地产和固定资产投资强行拉动所创造的 GDP 视为"软 GDP"，那美国、日本等国靠汽车、造船、航空、电脑芯片等新兴信息产业标准和技术的把控所创造的 GDP 就可称为"硬 GDP"。

"软 GDP"遭遇"硬 GDP"，结局早有定论：1840 年鸦片战争爆发时，大清国由茶叶、蚕丝和瓷器等土特产构成的 GDP 占世界总量的 33%，比美国和欧洲等国蒸汽机、铁甲舰和大炮等工业品对应的 GDP 总和还要多，当时号称日不落帝国——英国的 GDP 也只占世界总量的 5%。即使中日开战的 1894 年，大清国的 GDP 仍然是日本的 9 倍，但这丝毫不影响欧美日列强轻松洞开中国大门，反反复复的又是割地，又是赔款，继而是近百年被半殖民的下场。

细细分析我国目前的 GDP 构成，本质上仍然没有什么改变。汽车作为拉动我国内需的最重要支柱产业，没有一款拥有完全的自主知识产权；大型军舰和飞机的发动机，几乎都是进口的；电脑很普及，但电脑的硬件和软件的核心技术都不在中国人手里。以这样的 GDP 构成，即使总量成了世界第一，一旦发生类似太空战和网络战之类的新型战争，人为刀俎、我为鱼肉的历史悲剧岂不会重演？答案不言自明。所以，谈论 GDP 总量毫无意义，只有"硬 GDP"才有现实意义。

技术之于"硬 GDP"贡献的重要性与关键性，世人皆知，但真正先进的技术不能靠进口，也不能想当然地用市场来交换，只能靠自主创新，在这个方面，我国的教训可谓惨重。

改革开放 40 年来，我国一直强调并积极推行市场换技术，试图通过"摘桃子"的方式充分用好用足西方发达国家雄厚的技术储备来提升我国的产业水平，这种做法听起来不仅幼稚可笑，事实证明也确实如此。美国耶鲁大学法学院华裔教授艾米·蔡在《大国兴亡录——全面透析历史上罗马、唐朝、蒙古等 8 个超级大国的起落兴衰》一书中对此有精辟论述：

通过举起进入中国庞大的国内市场这个诱人的奖励大旗，中国政府有条件地与通用电气公司签署了一项价值 9 亿美元的涡轮发动机合作项目，前提是后者必须和中国分享相关技术。不过，通用电气公司并非唯一享受这一"殊荣"的公司。《华尔街日报》曾经刊登了一篇题为《进入中国市场的代价：请求把你的技术也带给我》（China's Price for Market Entry：Give Us Your Technology，Too）：

为了能更顺利地进入中国市场，摩托罗拉公司向中国 19 个技术研究中心投入了 3 亿多美元的资金。微软公司在北京的一个中心现在拥有 200 多名研究人员。西门子公司表示，从 1998 年开始，它就一直与中国的一家学术研究机构合作开发移动电话技术，投入的资金已超过 2 亿美元，中国政府希望以他们的研究成果作为行业的国家标准。

……

然而，中国希望从西方换取技术的策略显然远不如预期的有效。那些被迫向中国公开技术的公司（为了换取市场准入机会）事先必然会隐藏自己最核心的尖端技术。正如通用电气主席杰弗里·伊梅尔特（Jeffrey Immelt）所说的，尽管通用电气公司与中国签署了共享技术协议，但是在涡轮发动机制造上，中国工程师的技术至少比通用电气落后"两代"。一位中国官员也一针见血而又十分形象地指出："现在，外国人的确同意告诉我们怎样去钻洞以及在哪里钻，但是我们还是不知道为什么要在那里钻一个洞。"

由此看来，核心技术是换不来的，中国要发展，必须走自主创新之路。

改革开放 40 年来，由于自主创新能力建设体系性滞后，我国 GDP 的增长尽管在"量的方面"突飞猛进，而在"质的方面"，诸如高性能材料、核心部件和重大装备严重依赖于进口，关键技术受制于人，基础技术十分薄弱，质量水平亟须提高，熟练技工人才匮乏，"中国制造"总体水平处在国际产业链的低端，出口的主要是劳动密集型产品和中低端的高新技术产品，这不仅与其他诸多发展中国家有差距，与日本等发达国家的差距更是天遥地远。

困扰我国的经济发展模式最为严峻的问题就是结构转型，巨大的资源环境压力成为经济持续增长最严重的制约因素之一。我国重点钢铁企业吨钢能耗、电力行业火电煤耗、万元 GDP 耗水量，分别超出了世界平均水平 40%、30% 与 500%，万元 GDP 总能耗是世界平均水平的 300%，高速经济增长的背后，我国付出了沉重的资源环境代价。根据国际能源署的统计，2007 年中国单位 GDP 能耗为 0.82 吨标准油/千美元（按 2000 年不变价计算），相当于日本 0.10 吨标准油/千美元的 8 倍多，相当于世界平均水平 0.30 吨标准油/千美元的 2.7 倍。

有研究显示，由于中国出口的产品中，相当部分是"设计和利润留在欧美日，GDP 和能耗留在中国"的加工贸易产品，目前我国每年投入到环境治理和生态保护的支出大约占 GDP 的 1.5%。近年来，环保部各课题组连续多年开展了对我国绿色 GDP 的核算。根据相关研究结果，2004 年的环境资源成本占 GDP 的比重达到 3%。在一些省份，环境污染治理成本甚至达到 GDP 的 7%～8%，如果扣除这些成本，这些省份的经济增长实际上是负数。除了生态环境破坏及其造成的损失，还存在资源浪费的问题。其次，还有重复建设的问题，也就是说相关的经济活动并没有给社会带来额外的价值，但却占用了资源并对生态环境造成了破坏。此外，还存在质量问题以及因不强调保养所导致的产品的快速折旧和周转，所造成的资源浪费也是惊人的。

由此看来，我国的 GDP 增长由于缺乏必要的核心技术的积极支持和牵引，既有的成就多以饮鸩止渴式的资源过度耗竭、自然环境的严重污染为代价，尽管总量已经相当可观，但质量低下，充满血色，常使人感到"成功后更觉得恐慌"，而且缺乏应有的可持续发展性。

1990 年，联合国开发计划署在《1990 年人文发展报告》中提出了比 GDP 更为全面、更科学的人类发展指数（Human Development Index，HDI，主要由预期寿命、成人识字率和人均 GDP 三项指标构成）来衡量各成员国的经济社会发展水平。根据 2014 年 HDI 对 187 个国家的统计排名，我国的人类发展指数为 0.719，在 187 个国家中名列第 91 位，美国和日本的人类发展指数分别为 0.914 和 0.890，名列第 5 位和第 17 位。

就其中为国人津津乐道的 GDP 来说，2017 年我国人均 GDP（9 481.88 美元）世界排名为第 70 名，不仅远远落后于排名第 5 的美国（60 014.90 美元），也远远落后于排名第 25 位的日本（34 486.45 美元），还落后于阿根廷（13 385.88 美元）等不少发展中国家。就更为具体的人均收入而论，根据世界银行数据，2017 年日本排在第 25 位（33 010.024 美元），美国排在第 5 位（57 765.512 美元），而我国则排在第 69 位（8 865.999 美元），人均收入约为日本的四分之一，不到美国的六分之一。

第二节　知正行敏日本腾飞，他山之石可以攻玉

与我国饮鸩止渴似的经济发展模式及对应的量大质低的虚幻数据相比起来，日本经济发展模式和质量可谓根深叶茂、货真价实了，这主要得益于日本对教育的格外重视。

众所周知，在很长一段历史时期，我国一直都是日本顶礼膜拜的偶像，特别是隋唐时期，"这个时代（贞观之治）的社会，几乎被描写成乌托邦。后世的为政者，都以这个时代为良好政治的典范。日本清和天皇时代就仿效于此，亦定元号为贞观。"（陈舜臣，2007）

就在日本明治维新前夜，日本与中国也基本上不分彼此。在依田熹家所著《近代日本的历史问题》中有如此描述。

"（日本）幕府于1825年发布了《驱逐异国船只令》，决定除中国和荷兰以外的其他任何外国船只一靠近日本，就毫不客气地一律予以击退。结果，就连1837年来日本遣返日本漂流移民和进行贸易活动的美国船只也遭到了炮击。当时，高野长英等荷兰学学者和渡边华山等深受荷兰学影响的知识分子，因站在开国论的立场上批评幕府的政策而遭到幕府的严厉镇压。这一事件被称为'蛮社之狱'。从此以后，荷兰学学者们避开了社会科学方面的研究，而转向医学和技术学方面。"（依田熹家，2004）

"1838年发生了相当严重的灾荒，即使是在经济中心大阪，也出现了许多人饿死的情况。富豪的商人囤积大米牟取暴利，幕府的官吏不但不采取对策，反而把大阪的大米运往江户。在这种情况下，幕府在大阪统治机构的下级官吏，阳明学者大盐平八郎（号中齐）于1837年发动了大阪暴动，动员贫民袭击富豪，把大米和金钱分给贫困农民。"（依田熹家，2004）

类似的社会现象在我国近代史上似曾相识、随处可见，就在我国被西方的坚船利炮洞开国门之后，日本人也仍然不愿意相信中国的羸弱。

"中国在鸦片战争中的失败，根据《南京条约》被强制对外开放的消息，很快通过荷兰人传到幕府。因此幕府感到'驱逐异国船只令'是危险的，就下令停止继续执行。然而幕府却极力防止鸦片战争的消息在国内传播，继续实行锁国政策。"（依田熹家，2004）

与中国国门被世界列强坚船利炮洞开不同，日本的国门则是因为实在没有还手之力而被迫开放的。

"1846年，美国海军司令毕德尔率领舰队来到蒲贺，要求进行贸易，但遭到幕府的拒绝。1853年6月，美国东印度舰队总司令佩里率领四艘军舰到达蒲贺。佩里要求递交国书，让日本对外开放，其态度比以前各国开放港口的要求更加强硬。因此，幕府最初想拒绝接受国书，但最终不得不接受了。"（依

田熹家，2004）

中国的国门被打开后意识到了自己的羸弱，本着"习夷之长以制夷"的思路，中国与日本都同样想到了对外学习来富国强兵，但两者因此所进行的自我反省及紧随其后的国家组织行为却有本质的区别。

当时的清政府为改变自己落后挨打的现状，准备通过对外学习来改变自己的命运。他们经过简短的论战与讨论，得出的结论是中国之所以落后，主要是与外国列强在海上战事不利，而海上战事不利的原因就是船不坚、炮不利。于是他们向西方技术相对较为先进的德国、美国等发达国家派遣留学生，去学习机械制造与军事科学之类的"实用科学"。之所以学习机械制造，回来后可以造枪、造炮、造船；之所以学习军事科学，是要"习夷之长以制夷"。随着留学生陆续回国，且由于国内有识之士的觉醒与强烈倡议，还有当时清朝政府当政者顺水推舟的策动下，中国诞生了洋务运动，其中兴建现代海军就是洋务运动最主要的内涵之一。

二十多年后，中日双方在甲午战场上遭遇，尽管当时中方海军实力远在日军之上，但还是被异地作战的日本人打得落花流水，近三十年的洋务运动成果瞬间灰飞烟灭。

而日本人本着"求知识于世界，以大振皇基"（明治维新著名的"五条誓文"之一）的基本思路，经过国民的自觉反省，认为他们之所以落后，主要是日本缺乏一套先进的哲学思想指导国民和政府行为。于是他们向当时哲学研究较为发达的德国等国派遣了大批留学生去学习卢梭、孟德斯鸠、米勒等哲学家的思想。

"与废藩置县同一时期，卢梭、孟德斯鸠、米勒等的思想被人们所接受，出现了国民应有参加政治的权利、为实现这一权利限制君主政治权力的宪法和国家政治应该在由国民选出的代表构成的议会中讨论的思想，并且迅速扩大。"（依田熹家，2004）

随着这些留学生学成相继回国，继在日本兴起了"明治维新"的思想启蒙运动后，在日本掀起了一场轰轰烈烈的思想解放运动，这种思想上的解放运动及紧随其后的自由民权运动，直接激发并大大提升了日本人民的工作积极性与创造财富的主动性，并逐步一点点演化成今日日本之强大。

对于中日两国在睁眼看世界上对外学习的差异，吕理州先生将其归为"兰学及科举制度的有无，决定了西洋文明流入中日两国的途径大不相同。中国是通过商人流入，日本是通过知识分子流入。因为中国的知识分子满脑子儒家思想，对西洋文明不感兴趣，他们即使看到了西洋的船舶器械等科技产品，也不为所动，觉得那只是夷狄的奇技淫巧，没什么大不了。"（吕理州，2014）

"在近代史上，决定中日两国命运的关键点，便是当两国面临来自西方的冲击时，谁能早日搞清楚状况。正因为荷兰学在日本的盛行，培养了众多能亲眼看西方的知识分子，所以，日本在了解对手和知己知彼上先下一筹。"（吕理州，2014）

日本人对外学习"真诚而强烈"，走出去的步伐超乎想象，如著名的岩仓使节团，不仅个个是精兵强将，回国后都得到了人尽其才、才尽其用的重用和大用（见表3-1）。

表 3-1　岩仓遣外使节团主要成员（吕理州，2014）

使节团中职务	明治政府中职位	姓名	年龄/岁	归国后主要经历
特命全权大使	右大臣	岩仓具视	46	致力于宪法体制的建立
特命全权副使	参议	木户孝允	38	文部卿，1877 年去世
特命全权副使	大藏卿	大久保利通	41	内务卿，1878 年去世
特命全权副使	工部大辅	伊藤博文	30	内阁总理大臣
特命全权副使	外务少辅	山口尚芳	32	贵族院议员
理事官	司法大辅	佐佐木高长	41	参议兼工部卿
理事官	待从长	东久世通禧	38	贵族院副议长
理事官	陆军少将	山田显义	27	司法大臣
理事官	户籍头	田中光显	28	宫内大臣
理事官	文部大丞	田中不二磨	26	司法大臣

续表

使节团中职务	明治政府中职位	姓名	年龄/岁	归国后主要经历
理事官	造船头	肥田为良	41	海军机关总监
一等书记官	外务少丞	田边泰一	40	贵族院议员
一等书记官	外务大记	田笃信	28	北京特命全权公使
一等书记官	外务六等出仕	何礼之	31	贵族院议员
一等书记官		福地源一郎	30	东京日日新闻社社长
二等书记官	外务少记	渡边洪基	23	东京帝国大学总长
二等书记官	外务七等出仕	小松济治	24	大审院判事
二等书记官	外务七等出仕	林董三郎	21	外务大臣
二等书记官	外务七等出仕	长野桂次郎	28	开拓使御用系
三等书记官	外务六等出仕	川路宽堂	27	外国文书课长
四等书记官	文部大助教	池田政懋	23	长崎税关长
四等书记官	外务大录	安藤忠经	24	外务省能商局长

日本人不仅对外学习的决心和信心超乎寻常，请进来的力度之大也足以让世人瞠目结舌，表 3-2 中为明治政府 1872—1885 年聘雇的外国人的基本情况。

表 3-2 日本明治政府聘雇的外国人（吕理州，2014）

年份 \ 职业（人数）	教师	技术者	事务员	熟练工	其他	合计
1872	102	127	43	46	51	369
1873	127	204	72	35	69	507
1874	151	213	68	27	65	524
1875	144	205	69	36	73	527
1876	129	170	60	26	84	469
1877	109	146	55	13	58	381
1878	101	118	51	7	44	321

年份 \ 人数 \ 职业	教师	技术者	事务员	熟练工	其他	合计
1879	84	111	35	9	22	261
1880	76	103	40	6	12	237
1881	52	62	29	8	15	166
1882	53	51	43	6	4	157
1883	44	29	46	8	5	132
1884	52	40	44	8	7	151
1885	61	38	49	—	7	155

不仅如此，明治政府为了聘雇这些外国专家学者，几乎到了舍命求贤、倾其所有的地步，下列数字可见一斑。工部省（工业部）各局于 1874 年支付给外国人技师的薪资总共为 76 万多日元，占工部省该年经费的 33.7%。东京大学于 1877 年创设时，全校 4 个学部（理、法、文、医）的教授总共有 39 人，其中 27 人为外国人，日本人只有 12 人。这 39 名外国人教授的薪资占当年东京大学预算的 1/3。即使到了 1881 年，东京大学的教授当中仍有一半以上是外国人。

而与之相对应的明治政府各级官员的薪俸，太政大臣（首相）每月仅 800 日元。换言之，明治政府是以首相级的薪水待遇来延聘外国人。而且除了每月的薪水之外，这些外国专家学者来日本时以及离开日本的交通费，以及在日本的居住费用，完全由明治政府负担。日本就是如此咬紧牙根，大量延聘发达国家的专家学者前来协助推动现代化，这个国家岂有不成功的道理？日本之所以在亚洲各国中拔得头筹，成为亚洲最富强的国家之一，绝非偶然。（吕理州，2014）。

李培林在其专著开篇中对值得中国借鉴的日本的经验和教训进行了总结，其中之一就是"重视和加强平民教育、知识立国"。他认为这是 100 多年来日本经济在世界上崛起的奥秘中"很重要的一条"。

日本从明治维新以后，就立法要求消除一切文盲，大力推行平民教育，所以日本的平均教育水平和人口中接受高等教育者的比例，在亚洲各国中是最高的。日本人那种习惯地收集资料、获得信息、掌握知识、严格的数据分析和制度化的认真程度，为日本的发展奠定了坚实的人力资本基础。李培林认为，我国近年来在大学争创一流的热潮中，有注重精英教育而忽略平民基础教育的倾向，这是一种必须认真克服和防止的倾向。中国现代化的坚实基础，不仅仅满足于看得见的机场、高速公路、桥梁和高楼，更重要的是不容易看到的每一个乡村小学教育的普及程度。（李培林，2004）

艾米·蔡在她的专著中也表达了同样的看法：尽管中国的教育水平比其他发展中国家要高出许多，但是，这一标准与西方国家相比还相去甚远。中国受过高中教育的人口只有一半左右，而美国的这一比例超过 90%。另外，中国当前的教育制度也受到了质疑。教育制度过分强调学习速度和记忆晦涩难懂的事实和数据，教育出来的学生"不能适应现代经济环境下快速发展变化的实际情况，不能用自己学到的知识解决实际问题"。

日本特别重视普通公民的素质教育。国家的强弱和社会的兴衰，不但依赖于资源资本、金融资本、技术资本和人力资本等实体资本，还要依赖由社会信任、道德和人际关系等构成的社会资本。李培林认为，在"日本制造"品牌建立的过程中，除了技术和设备上的因素，日本人对商业信誉的重视、对职业操守的培养、对企业管理文化的追求和对工艺流程的精益求精，都发挥了至关重要的作用。反观中国的很多商家，"挣钱论英雄"的短期行为取向很盛。"Made in China"要得到国际社会的普遍认同，中国人就必须从现在起重塑职业道德和职业精神。（李培林，2004）

对中日两国公民素质教育之间的差异，一位移居日本的中国妈妈在博客上写道，"看看我们的孩子，大部分精力都在做作业、练钢琴、学奥数，功利心太强，对孩子的细心、耐心和责任心的教育并不重视，培养的都是挥斥方遒的'天才'，却很少脚踏实地的'匠人'，这背后的隐忧值得警惕。"

　　日本不仅普通的国民素质教育抓得很好，在顶级科学家的培养上同样非常出色。2001 年 3 月，日本在第二个科学技术基本计划中提出，要在 50 年内拿 30 个诺贝尔奖。这一举动当时在全世界引起很大反响，就连 2001 年诺贝尔化学奖获得者日本科学家野依良治也评论说，日本政府"没有头脑"，纯属"狂妄之言"。但至少目前的事实证明，日本这一目标定然能够实现，因为该计划实施的时间刚过三分之一，但任务已经完成了近二分之一（见表 3-3）。

表 3-3　2000—2017 年诺贝尔三大自然科学奖获奖情况

年份	美国	日本	英国	法国	澳大利亚	德国	以色列	俄罗斯	挪威	瑞典	加拿大	比利时	瑞士	中国	爱尔兰	土耳其	荷兰	总计
2000	6	1						1		1								9
2001	6	1	2															9
2002	4	2	2										1					9
2003	5		1					1										7
2004	6						2											8
2005	4			1	2	1												8
2006	5																	5
2007	4			1	2	1												8
2008	3	3		2		1												9
2009	6		1				1											8
2010	1	2	3															6
2011	4			1	1		1				1							8
2012	4		1	1														6
2013	5		1			1						1						7
2014	3.5	2	0.5			1			2									9
2015	1	2								1	1			1	1	1		8
2016	1	1	3	1													1	7
2017	7		1										1					9
总计	74.5	15	15.5	7	5	5	4	2	2	2	2	1	2	1	1	1	1	141

从表 2-3 中可以看出，2000—2017 年，诺贝尔三大自然科学奖共授予了来自 17 个国家的 141 名科学家，除了来自美国的科学家(74.5 名，占 52.8%)在数量和占比上一枝独秀继续领跑外，日本的科学家(15 名，占 10.6%)当之无愧地位列世界第二方阵，其余的分别来自英国(15.5)、法国(7)、澳大利亚(5)、德国(5)、以色列(4)、俄罗斯(2)、挪威(2)、瑞典(2)、加拿大(2)等，尽管也属世界科技强国之列，但与日本的差距还是非常明显的。

特别值得一提的是，日本不仅其原创性的创新能力极强，与美国等发达国家相比，它的商品化能力堪称世界第一。众所周知，许多科技发明往往源于欧美，将这些发明"物化"为令人耳目一新的新产品或试制品，也大多出自欧美人之手。然而，将新产品或试制品最终变成值得批量生产的"新商品"并推向市场的"最终阶段"工作，却大多是由日本人完成的。有调查机构对 20 世纪世界的新发明数、新产品化数、新商品化数做了一个国际比较，其结果见表 3-4。

表 3-4　20 世纪美国、欧洲、日本的新发明、新产品化、新商品化数比较

国家或地区	新发明数/项	新产品数/项	新商品数/项
美国	29	30	6
欧洲	11	6	2
日本	0	2	24

从表 3-4 中可以看出，欧美人虽然擅长于发明，但往往未能将发明创造"进行到底"，真正实现熊彼特所定义的"创新"的全部内容，即开发新商品、新市场、新的生产方法和组织、新的原材料供应来源等。而这些方面，日本比欧美更强，这从日本科学家所获诺贝尔奖的情况也可见一斑(见表 3-5)。

表 3-5　日裔诺贝尔三大自然科学奖获得者国籍、工作单位与获奖励理由

序号	姓　名	所获奖项	国籍	工作单位	获奖理由
1	汤川秀树	1949 年物理学奖	日本	东京帝国大学	在核力的理论基础上预言了介子的存在

续表

序号	姓　名	所获奖项	国籍	工作单位	获奖理由
2	朝永振一郎	1965 年物理学奖	日本	东京教育大学	"超多时间理论"和"鱼贯而入理论"
3	江崎玲於奈	1973 年物理学奖	日本	索尼公司	在半导体中发现电子的量子穿隧效应
4	福井谦一	1981 年化学奖	日本	京都大学	提出直观化的前线轨道理论
5	利根川进	1987 年医学奖	日本	瑞士巴塞尔市免疫学研究所	发现抗体多样性的遗传学原理
6	白川英树	2000 年化学奖	日本	筑波大学	在聚乙炔类导电聚合物的研制方面作出了开创性的贡献
7	野依良治	2001 年化学奖	日本	名古屋大学	在不对称合成方面所取得的成绩
8	小柴昌俊	2002 年物理学奖	日本	东京大学	在探测宇宙中微子和发现宇宙 X 射线源方面的成就
9	田中耕一	2002 年化学奖	日本	京都市岛津制作所研发工程师	蛋白质解析技术开发
10	南部阳一郎	2008 年物理学奖	美国	芝加哥大学	基础粒子论取得重要成绩
11	小林诚	2008 年物理学奖	日本	筑波高能加速器研究机构	
12	益川敏英	2008 年物理学奖	日本	汤川理论物理研究所	
13	下村修	2008 年化学奖	日本	在家里搞研究	发现和发展绿色荧光蛋白（GFP）
14	根岸英一	2010 年化学奖	日本	赫伯特·布朗化学研究室	创造了新的更有效的把碳原子组合成复杂分子的方法
15	铃木章	2010 年化学奖	日本	北海道大学	
16	山中伸弥	2012 年医学奖	日本	京都大学	未成熟的细胞能够发展成所有类型的细胞
17	赤崎勇	2014 物理学奖	日本	名城大学终身教授、名古屋大学特聘教授	开发了氮化镓结晶化技术，并完成世界第一个高亮度的蓝色发光二极管
18	天野浩	2014 物理学奖	日本	名城大学、名古屋大学教授	曾与赤崎勇合作，完成世界第一个高亮度的蓝色发光二极管

续表

序号	姓 名	所获奖项	国籍	工作单位	获奖理由
19	中村修二	2014 物理学奖	美国	美国加州大学圣塔芭芭拉分校教授、爱媛大学客座教授	高亮度蓝色发光二极管与青紫色激光二极管的发明者，世称"蓝光之父"
20	大村智	2015 医学奖	日本	日本北里大学	在治疗盘尾丝虫症和淋巴丝虫病（象皮病）方面作出的贡献
21	梶田隆章	2015 物理学奖	日本	东京大学宇宙线研究所所长、同研究所附属宇宙中微子观测信息融合中心负责人	发现中微子振荡现象，该发现表明中微子拥有质量
22	大隅良典	2016 年诺贝尔生理学或医学奖	日本	东京工业大学教授	发现并阐明了细胞自噬的机制——这是细胞成分降解和循环利用的一个基本过程

从表 3-5 中可以看出，迄今为止，22 名获得诺贝尔三大自然科学奖的日本科学家中有 21 名为日本国籍，且其中的 19 位不仅在日本国内出生、国内长大、国内完成初始高等教育，且主要的职业生涯都在日本国内，他们所在单位既有东京大学这样的著名高校，又有筑波大学这样的二三流高校，有汤川理论物理研究所等研究机构，还有索尼公司、京都市岛津制作所这样的生产制作单位。特别值得一提的是，获得诺贝尔三大自然科学奖的日本科学家江崎玲於奈、白川英树、田中耕一、下村修、根岸荣一和铃木章等人的获奖理由，多与创新理论的商品化直接相关，足见日本整个国家的创新能力之强大与后劲十足。

看看全球 PCT 专利申请量，尽管我国近年来申请数量直线攀升，以 29 846 件排世界第三位，但与第一的美国（57 385 件）和第二的日本（44 235 件）还有很大差距①。

---

① http://www.360doc.com/content/16/0405/14/502486_548036170.shtml.

总之，日本因为对教育的格外重视，抛出陈见向一切值得学习的人虚心学习的民族精神，对信誉资本积累和固化的强调，对全民创新能力的积极促进，造就了日本今日强大，且从目前发展态势来看，这种领先优势将持续很长时间，对此我们必须有清醒的认识。

《中国能否赶超日本——日本人眼中的中日差距》一书的译者徐朝龙先生在其译者序中大声疾呼：

我们绝对不能忘记的是：在国家实力决定一切的当今世界舞台上，国家间利益和意志较量的所有胜负，最终还是不由民族感情激烈程度来决定。所以，很关键的是，我们不仅要正确知道自身的实力，也有必要确切了解对手的真正实力。也就是说，在国际政治关系中，感情用事是没有任何益处的，尤为重要的是千万不能妄自尊大，必须全方位理智思考和知己知彼。因为，在国际交往中，傲慢无视对手和一味盲目自大所带来的山河破碎、生灵涂炭的惨痛教训，在近代中国历史上实在是太多了。

长期以来，为了提高中华民族的凝聚力，鼓舞中国人民的自信和奋发，我们的各种宣传工作都比较倾向于强调自己国家的强大之处，而容易去回避客观存在的各种落后现象和突出弱点。同时，也不太愿意去客观地介绍一些与中国国家利益攸关的重要国家的实际实力和对比差距。特别是对日本，我们还是比较习惯于那种来自文化优势上的心理盲目藐视，以及感性上被欺凌的怨恨情绪，甚至于表面上的强势表现和外向的敌对意识流露。然而，作为天定宿命的邻国和潜在的竞争对手，日本到底是一个什么分量的国家？

如上分析中，笔者并无有意贬低自己、抬高他人的意思。如此的分析，诚如九一八事变三周年前一日，清华大学十级学生开学典礼上，校长梅贻琦先生致词中所强调指出的在国难中学生应尽的责任：吾辈知识阶级者，居于领导地位……故均须埋头苦干，忍痛努力攻读，预备异日报仇雪耻之工作，切勿以环境优遇即满足自乐。尚有一事须大家极力注意者，即严守团体纪律，养成团体纪律化之美德，非但有利于己身，即异日服务社会亦受益莫大云云。

我们再来看看日本人眼中的中日真实差距。随着中国对外开放政策的不断深入，国内企业接受了在华投资的日本企业的技术转让后，以相当于日本国内企业5％～10％的人工成本，逐步开始独自生产出服装、廉价家电和便宜玩具等产品，并出口到日本。很多日本人看到这种情况，不由产生了"日本制造业不久将会输给中国"的"中国威胁论"，同时日本国内很多人看到日本企业因为成本控制和市场销售的便利性等原因不断进入中国，担心日本国内出现产业空洞化。面对这些恐慌，唐津一教授在《中国能否赶超日本——日本人眼中的中日差距》一书中这样指出：

"在制造业领域，中国追赶不上日本，至于产业空洞化，那简直更是杞人忧天。我确信：日本的制造业至少今后20年或者30年，说实话，甚至100年都将没有问题。"

唐津一特别强调，根据他长年在生产第一线以及在全世界各国的工厂见闻的经验断言，就制造业而言，日本人是世界上最合适的民族，因为日本人既谦虚又富有好奇心，所以日本人很适合制造业。所谓谦虚，就是不过分去自我主张，根据需要扔掉自己的执著，并主动变更观念和常识。所谓好奇心，就是任何事情都用怀疑的眼光来看待。"这是为什么呢？""到底是怎么回事？"遇到疑问，这种感情就会自然发生，并导致付诸行动。因为有这种精神，日本人才能够在制造业里彻底进行改善。日语中的"改善"一词在全世界制造业中已经成了国际通用语言，这也可以说是日本人的好奇心让世界叹服的结果。

同时，唐津一进一步指出，日本已经构筑起来的技术力量、开发能力以及制造经验的优势，不是一朝一夕就会崩溃的。日本在汽车制造、造船业、家电零部件和机床制造领域都位居世界榜首。

日本为了有效促进科技进步，采取了一系列措施：①加强科研投入；②积极改革僵化、分割的旧科研体制，如把文部省和科技厅合并；③重点发展生命科学、信息技术、环境和纳米技术等；④支持企业科研，为了促进成果产业化，还设立专门的技术转让机构；⑤以可持续发展为目标，立法确定科研方向；⑥在自己创造有世界水平的成果的同时，开展国际合作。为了能有效借鉴日本的成功经验，著名学者熊丙奇指出：

尽管近年来我国的科研投入可谓巨大，但目前国内科技界以行政力量主导的学术资源配置方式，以政绩为导向的学术指标考核体系，使学术偏离了本身的规律，在这种模式之下，再多的科研投入，也难以取得丰硕的科研成果。因此，对于我国学术界和教育界来说，在这样的学术环境中，还一厢情愿地测算究竟何时可以获得诺贝尔奖，相比日本的"狂妄之言"来说，更不现实。所以，先想想如何改造当前的学术盐碱地，让学术回归学术本位，这才是教育界和学术界更应该做的事。所以，我们要认清自我，果断走出虚幻，强本固基，方有真正的赶超之日。

【思考题】

1. 简要分析一国 GDP 总量、人均 GDP 及人均可支配收入之间的关系，并比较世界各国这三个指标近 50 年来的变化趋势。

2. 查阅相关资料，参照本章所论，简要归纳日本明治维新的目标和宗旨，以及对应行动计划与结果。

3. 日本科学家近年来频获诺贝尔自然科学奖，你认为主要原因有哪些？哪些经验尤其值得我国学习和借鉴？

【阅读文献】

1. 吕理州. 明治维新：日本近代史上最为惊心动魄的一页[M]. 海口：海南出版社，2007.

2. 肖知兴. 纸上谈兵说管理[M]. 北京：机械工业出版社，2006.

3. 肖知兴. 中国人为什么创新不起来[M]. 北京：中国人民大学出版社，2010.

4. ［日］唐津一. 中国能否赶超日本：日本人眼中的中日差距[M]. 徐朝龙，译. 北京：中国社会科学出版社，2006.

5. 李培林. 重新崛起的日本[M]. 北京：中信出版社，2004.

第四章 ◀

深化改革三商共进，财智并兴圆梦中国

【导入问题】

1. 如何在资源有限的情况下依然确保组织"又好又快"发展的可持续性？

2. 什么样的组织领导者，才能将不同价值诉求的行为主体凝聚为一个有机整体？

3. 如何定义专业人才、管理人才和领导人才的工作重心、关键绩效指标和胜任特征？优秀的专业人才能否或如何才能成功转型升级为优秀的管理人才和领导人才？

2013 年 5 月 4 日上午，习近平总书记在同各界优秀青年代表座谈时的讲话中强调：党的十八大描绘了全面建成小康社会、加快推进社会主义现代化的宏伟蓝图，发出了向实现"两个一百年"奋斗目标进军的时代号召。根据党的十八大精神，我们明确提出要实现中华民族伟大复兴的中国梦。现在，大家都在谈论中国梦，都在思考中国梦与自己的关系、自己为实现中国梦应尽的责任。

——中国梦是历史的、现实的，也是未来的。中国梦凝结着无数仁人志士的不懈努力，承载着全体中华儿女的共同向往，昭示着国家富强、民族振兴、人民幸福的美好前景。

——中国梦是国家的、民族的，也是每一个中国人的。国家好、民族好，大家才会好。只有每个人都为美好梦想而奋斗，才能汇聚起实现中国梦的磅礴力量。

由此看来，中国梦是连接个人、国家和民族的纽带，是尊重历史、直面现实和引领未来的桥梁，国家富强是前提，民族振兴是表征，人民幸福是感受。

第一节　民族复兴求富求强，实事求是路正康庄

从历史上看，判断一个国家或地区是否"国富"与"兵强"，通常拥有两套标准。

第一套标准是自我感觉，如西汉时期的夜郎国，仅有弹丸之地，竟与来访的汉武帝使者比起大小来了：《史记》卷一一六《西南夷列传》："滇王与汉使者言曰：'孰与我大?'及夜郎侯亦然。以道不通，故各自以为一州主，不知汉广大。"如今，夜郎侯的这番话衍生的成语"夜郎自大"，已经成了妄自尊大的代名词。

第二套标准是市场标准。按照这套标准，世界上的国家和地区就可以分为四种形态：一是国不富兵也不强。这样的国家和地区存在不存在，对整个世界似乎没有明显的影响，世界上大多数国家和地区都属于这种类型，属于国际事务中事实上的"弱势群体"。二是国富兵不强。如瑞士、瑞典、巴林、文莱等经济发达的小国，国家很富裕，但由于对其他大国，特别是超级大国不会构成实质性的影响，所以日子过得很滋润。三是兵强国不富。如"冷战"时期的苏联，四是国富兵强。如美国。这样的国家属于通吃的赢家，在国际事务中态度强硬，对谁都爱理不理。中小国家都拿他没有办法。这是人类社

会的生存法则。这点从美国近几年的国际事务中的表现就足以说明。

那么，中国应该走什么样的道路呢？答案是肯定的，中国必须是个富国，也必须是个强国，否则，中国就会在国际事务中丧失自己的话语权。因为中国历史上就是大国，就是强国与富国。强与富之间只选择一种的话，对中国来说都会产生灾难性的后果：只强不富，有苏联之前车之鉴，只富不强，最终自己的富也不能保住，最后只能沦为第一种形态，在过去的 200 年间，中国其实就是处于这样的水深火热之中。

自 1921 年中国共产党成立以来，尤其是 1949 年新中国成立以后，毛泽东等几代党和国家领导人为了国家富强倾其所能，呕心沥血。中国人民不仅站起来了，而且富起来了，如今在以习近平同志为核心的党中央的带领下，已然进入中国特色社会主义新时代，正向强起来的康庄大道上信步迈进。

第二节　全球视野格局担当，深化改革百舸竞上

当前整个世界所处的时代，正是人类亘古未见的大变革时代。约翰·奈斯比特(John Naisbitt)将其归结为十个转变，具体见表 4-1。

表 4-1　从当代向未来的十大转变①

从	到
工业社会	信息社会
强加于人的技术	高科技、高接触
国别经济	世界经济
注重短期	注重长期
集权化	分权化

---

① 沃伦·本尼斯、伯特·纳努斯著，方海萍等译：《领导者》，北京，中国人民大学出版社，2008。

续表

从	到
社会服务机构提供帮助	自我帮助
代议制民主	参与式民主
层级体制	网络体制
北半球	南半球
非此即彼	多项选择

我国除了要面对上述这些全球共同性变革外，同时还要面对如下多重变革。

(1)"中国威胁论"对应的有意阻碍。一些国家和地区人民由于对我国爱好和平的传统不了解，对我国发展壮大之后以什么样的角色参与国际事务充满疑虑和恐慌而处处设置障碍，这种因为惧怕中国和平崛起后对既得利益格局的影响而有意设置的障碍几乎涉及我们各级领导干部日常领导活动的各个环节和方面。

(2)利益格局的调整和价值体系的重塑。当前我国的改革进入深水区，既得利益群体基于自身利益阻挠改革向纵深推进，社会逐渐被撕裂为不同阶层、不同群体，共识也不复存在。而且全球化时代技术至上、科学万能、金钱至上等价值取向对人们的世界观价值观产生了一定程度的负面影响。这种道德滑坡的背后，在个人是信仰、价值的缺失；在群体则是诚信、责任等社会共识的缺乏。

(3)整个社会治理能力水平低下。"治理和管理一字之差，体现的是系统治理、依法治理、源头治理、综合施策。"[1]所以，社会治理就是从全局和系统的角度，依法对困扰经济和社会发展中所遇到的问题施行的标本兼治的策略和手段的总和。

---

[1] 习近平：2014年3月5日，《在参加十二届全国人大二次会议上海代表团审议时的讲话》。

由于特定历史条件的局限性等诸多原因，我国的社会治理体系和治理能力建设总体上是滞后的，这就导致整个社会治理水平不高，亟待提升，其中尤以自主创新能力这一核心能力的提升为关键。

一、鉴古不泥走自己路，转变观念财智并兴

中国特色社会主义之路，是实现中国梦的必由之路。这条道路来之不易，它是在改革开放 40 年的伟大实践中走出来的，是在中华人民共和国成立 60 多年的持续探索中走出来的，是在对近代以来 170 多年中华民族发展历程的深刻总结中走出来的，是在对中华民族五千多年悠久文明的传承中走出来的，具有深厚的历史渊源和广泛的现实基础。

（一）走自己路，鉴古不泥

自新中国成立以来，历代领导人结合中国实际，积极探索了中国特色的社会主义道路，借鉴历史不拘泥于历史，学习西方但不受制于西方，为今天中国梦的实现提供了宝贵的经验借鉴。

毛泽东时代的关键词是实事求是，就是创造性地理解并应用马克思主义哲学。纵观毛泽东时代，凡坚持实事求是的时期，都是较为健康的时期，如长征时期和西柏坡时期；实事求是坚持得不好，甚至完全放弃的时期，都是不够健康的时期，如人民公社、"文化大革命"时期。所以，毛泽东时代留给我们的经验和教训是一定要坚持实事求是。

邓小平时代的关键词是中国特色，就是要把富国强兵的远大理想与中国的现实国情紧密结合起来，走中国特色的社会主义道路，坚持实践是检验真理的唯一标准，以经济建设为中心而非阶级斗争为纲，社会主义建设分三步走，当前解决不了的问题先放一放，搁置争议，相信今后的领导人有足够的政治智慧来解决领土争端、两岸统一等历史遗留问题，在外交上主张"韬光养

晦，有所作为"。所以，邓小平时代留给我们的经验就是走自己的路就是最好的路。

江泽民时代的关键词是与时俱进，就是各项事业要保持一定的发展速度。发展速度慢了就是落后，各种社会矛盾就会集中爆发，局面会失控；速度太快了也会失控。

胡锦涛时代的关键词是科学发展，就是发展要在不同社会群体、不同地区、不同时点之间保持均衡性和可持续性。中国梦、不忘初心、扶贫攻坚、"一带一路"等是习近平新时代中国特色社会主义的关键词。

实事求是、中国特色、与时俱进、科学发展作为新中国成立以来不同时代积极探索并践行中国特色社会主义路线的关键词，对于破解当今我国经济社会发展所面临的诸多问题具有指导意义，并将进一步得到丰富和发展。

在"中国梦"的三大逻辑主体中，国家富强是民族振兴的逻辑前提，是人民幸福的源头活水，所以国家富强是实现中国梦的逻辑起点。富就是财富集中，强就是人才集中，所以中国梦想的实现，就是要使中国成为人才集中、财富集中的国度，而要成功到达这一目标，基本路径就是要"三商共进，财智并兴"。

（二）转变观念，财智并兴

一直以来，"地大物博、资源丰富"都是我们国情教育的核心关键词，所以我们就理所当然地认为我们的资源储备几近无限，足以满足自力更生的前提条件，这不仅与工业革命，尤其是经济全球化后在全球配置资源的经济发展模式的时代潮流不适应，与我国人均资源大多远低于世界平均水平的现实国情也不相适应，所以迫切需要从观念上对经济发展模式和路径有革命性的转变：一是要在全球范围内整合资源为我所用，逐步提升我国关键要素资源的人均储备量；二是要切实提升我国的自主创新能力，提高资源的单位产出。

这两点，就是财智并兴的内涵和实质。

财是保障个人或组织存在的所有物质或经济基础的总和，包括自有资源和已经纳入自有资源体系的可控资源两大部分；智是在风险最小或风险可控的前提下，个人或组织所拥有的促使自有资源和可控资源随着时间的推移，其相对价值存量（人均要素资源占有量）不断提升并将其效用最大化的核心竞争力。

鉴于我国主要要素资源的人均水平远低于世界平均水平的现实，为保证我国经济发展的可持续性，作为领导干部，要学会：一是要用投行家的观念去规划自有资源。因为对任何国家和地区来说，某种要素的自有资源都是有限的，而边缘资源、敌对资源、可控资源相对是无限的，且其涌入的数量和质量与整个社会的基础服务设施成正比，所以要学会筑巢引凤，用投行家的观念去规划自有资源，使其效用最大化。二是要用纵横家的手段去整合可控资源。就是对组织发展所需的资源要有特殊的敏感性，积极地合理利用各种游戏规则到全球范围内去识别、配置并优化资源，跨国公司之所以能成功，就是这种意识加行动的成功。所以，要实现富强、民主、文明、和谐的社会主义国家的建设目标，在经济发展资源观上一定要更加深入贯彻尽量少用或不用自有资源，最大程度将边缘资源、敌对资源转化为可控资源，继而转化为自有资源，并不断提高自主创新能力，使资源的效益最大化，这种财智并兴的思路和观念，是当前经济结构转型和产业升级极为重要的一个方面。

二、深化改革破茧成蝶，三商共进圆梦中国

"物质资源必然越用越少，而科技和人才却会越用越多。"[①]影响创新人才将创新的可能性转化为现实性的因素很多，其中组织的才商（人尽其才、才尽其用的组织氛围和运营机制，它由组织的人才吸引力和人才开发力组成，前

---

① 习近平：2013年9月30日，《在中共中央政治局第九次集体学习时讲话》。

者可用组织在单位时间内优秀人才聚集度的增量变化来度量，后者可用组织在单位时间内的人均创造性成果的数量来考量）最为重要。所以，要将财智并兴积累国家富强所需的物质基础成功转化，国家自主创新能力的提升更为关键，这就需要用心理学家的智慧去开发人力资本，三商共进，同创伟业，圆梦中国。

（一）三商共进，圆梦中国

心理学是一门以探究个体差异及其成因为逻辑起点的专门学科，所以，用心理学家的智慧去开发人力资本，就是要在遵循个体差异及其成因规律的基础上，最大限度地激发和保护组织成员工作的积极性、主动性和创造性，同时使其对团队内部其他成员全面绩效的提升产生最大程度的协同和增益，并进而对所在组织或整个社会财富的创造、知识的创新、整个社会或组织内部交易成本的降低等方面提供最大程度的正外部性，并实现个体生涯发展与组织目标演进的协同和共振。这就需要各级领导干部切实提高各类人才的管理能力。

从组织功能角度看，组织人才大体可分为专业人才、管理人才和领导人才三种类型，由于他们的岗位职责、核心胜任特征及对应的心智模式所有不同，所以对他们开发和管理方式也应有所不同。《贞观政要》上说："明主之任人，如巧匠之制木。直者以为辕，曲者以为轮，长者以为栋梁，短者以为拱角，无曲直长短，各种所施。明主之任人亦由是也。智者取其谋，愚者取其力，勇者取其威，怯者取其慎，无智愚勇怯兼而用之，故良将无弃才，明主无弃士。"说的就是人各有所长，这就需要尊重专业人才的智商即他们解决具体领域的专家权力。所以，对于专业人员，不仅要善于发现他们的先天之长，还要尊重他们的专家权力。

作为用人成事的管理人才，人际沟通、团队建设与管理能力乃其核心能力，心智模式也需要从专业人才的自得其乐转变为帮助他人成长的助人为乐。

另外要有准确表达思想的人际沟通能力，将陌生人变成熟人的人际开拓能力和将熟人变成合作伙伴的人际维护能力，所以管理者的情商很重要。

领导人才在管理人才的基础上，作为组织运营的导航者，既要知道利我机会的识别，更要知道将利我机会通过适宜的组织治理体系和治理能力转化为组织的核心竞争力，并为社会提供高效优质的产品或服务。因此作为领导者，知于未萌的概念性能力、战略管理和组织建设能力就是其核心能力，他所关注的是组织静态的强和动态的盛，心智模式从帮助他人成长的助人为乐上升到引领组织创造新的快乐而快乐的导人为乐。这就需要领导人才不仅要有战略的前瞻性，而且还要有"言下之"的虚空心态和"身后之"的过客心态，所以组织领导者的精神追求应该远远高于其物质追求。现实中我们看到很多级别很高的领导不仅领导工作做不好，精神状态也很不好，原因之一就是其心智模式依然停留在与其岗位不匹配的低层次水平。

因此，要有效提升组织管理的领导力，不论对于不同层级的专业人才、管理人才和领导人才，还是作为同一个体自我提升需求或更好的地发挥领导作用的管理者或领导者，在专业人才层面都需要扬其所长，尊重智商，在管理人才层面都要线面结合，熔炼情商，在领导人才层面都要积极营造人尽其才、才尽其用的组织氛围和文化机制，修炼才商，心智模式随之从自得其乐向助人为乐，到引领大众创造新的快乐的导人为乐跃迁，才能引领组织不断迈向卓越！

"实现中国梦必须走中国道路。这就是中国特色社会主义道路。中华民族是具有非凡创造力的民族，我们创造了伟大的中华文明，我们也能够继续拓展和走好适合中国国情的发展道路。全国各族人民一定要增强对中国特色社会主义的理论自信、道路自信、制度自信，坚定不移沿着正确的中国道路奋勇前进。"①

---

① 习近平：2013 年 3 月 17 日，《在第十二届全国人民代表大会第一次会议闭幕式上的讲话》。

（二）深化改革，破茧成蝶

富国强兵的中国梦要如期实现，要打好全面深化改革的攻坚战，核心就是要在变革后的在机制和制度的设计上充分激发、引导并保护好国人创新创业的热情，逐步把中国的国家机制构建成一种能人尽其才、才尽其用的高才商的组织氛围。这在党章的修改、宪法的修正、全面深化改革的总目标中已经得到充分体现。

首先是党章的修改。2012 年 11 月 14 日中国共产党第十八次全国代表大会部分修改后的《中国共产党章程》总纲中：中国共产党是中国工人阶级的先锋队，同时是中国人民和中华民族的先锋队，是中国特色社会主义事业的领导核心，代表中国先进生产力的发展要求，代表中国先进文化的前进方向，代表中国最广大人民的根本利益。党的最高理想和最终目标是实现共产主义。

其中中国工人阶级、中国人民和中华民族这三个概念的内涵是依序不断加大，且前一个概念与后一个概念的逻辑关系都是完全从属关系，所以，如果用最间接的语言可以表达为："中国共产党是中华民族的先锋队"，因为民族有两个释义：一是指历史上形成的、处于不同社会发展阶段的各种人的共同体；二是特指具有共同语言、共同地域、共同经济生活以及表现于共同文化上的共同心理素质的人的共同体。所以，中华民族本身所包括的不仅是全国人民、港、澳、台同胞和海外侨胞，还包括一切与中华民族有血缘关系的人群。这样实质是把中华民族的伟大复兴提到了前所未有的位置，这是非常有利于团结一切可以团结的人的一种姿态，是一种典型的将敌对资源或非可控资源转化为可控资源，甚至是自有资源的战略思维。

其次是宪法的修正。中华人民共和国第一部宪法诞生于 1954 第一届全国人民代表大会第一次会议。后分别于 1975 年第四届全国人民代表大会第一次会议、1978 年第五届全国人民代表大会第一次会议、1982 年第五届全国人民代表大会第五次会议通过修正案。

此后中国的宪法都由序言、总纲、公民的基本权利和义务、国家机构（全国人民代表大会、中华人民共和国主席、国务院、中央军事委员会、地方各级人民代表大会和地方各级人民政府、民族自治地方的自治机关、人民法院和人民检察院）和国旗、国徽、首都四章共 138 条组成。

中华人民共和国 1982 年版宪法此后分别于 1988 年 4 月 12 日第七届全国人民代表大会第一次会议通过的《中华人民共和国宪法修正案》、1993 年 3 月 29 日第八届全国人民代表大会第一次会议通过的《中华人民共和国宪法修正案》、1999 年 3 月 15 日第九届全国人民代表大会第二次会议通过的《中华人民共和国宪法修正案》和 2004 年 3 月 14 日第十届全国人民代表大会第二次会议通过的《中华人民共和国宪法修正案》四次修正。这四次修正在框架和总条款上都没有明显的变化。这四次修正一共涉及相关条款的增、删、并、补 31条，其中：(1)被修正三次的有序言第 7 自然段和正文的第 11 条。(2)被修正两次的有序言第 10 自然段和正文第 8 条、第 10 条及第 98 条。(3)其余 17 条分别被修正过一次。

很显然，被修正次数最多的条款就是 1982 年以后变化快的条款，也是改革开放 40 年来我国经济社会生活中发展变化的窗口性观测指标。表 4-2 是序言第 7 自然段关于国家的根本任务表述先后三次被修订内容与全面深化改革第 2 条对应内容的对比。

表 4-2　中华人民共和国宪法序言第 7 自然段演变历程

版本	内容
1982 年版	中国新民主主义革命的胜利和社会主义事业的成就，是中国共产党领导中国各族人民，在马克思列宁主义、毛泽东思想的指引下，坚持真理，修正错误，战胜许多艰难险阻而取得的。我国将长期处于社会主义初级阶段。国家的根本任务是，沿着中国特色社会主义道路，集中力量进行社会主义现代化建设。中国各族人民将继续在中国共产党领导下，在马克思列宁主义、毛泽东思想、邓小平理论和"三个代表"重要思想指引下，坚持人民民主专政，坚持社会主义道路，坚持改革开放，不断完善社会主义的各项制度，发展社会主义市场经济，发展社会主义民主，健全社会主义法制，自力更生，艰苦奋斗，逐步实现工业、农业、国防和科学技术的现代化，推动物质文明、政治文明和精神文明协调发展，把我国建设成为富强、民主、文明的社会主义国家

续表

版本	内容
1993 年版	中国新民主主义革命的胜利和社会主义事业的成就，是中国共产党领导中国各族人民，在马克思列宁主义、毛泽东思想的指引下，坚持真理，修正错误，战胜许多艰难险阻而取得的。我国正处于社会主义初级阶段。国家的根本任务是，根据建设有中国特色社会主义的理论，集中力量进行社会主义现代化建设。中国各族人民将继续在中国共产党领导下，在马克思列宁主义、毛泽东思想指引下，坚持人民民主专政，坚持社会主义道路，坚持改革开放，不断完善社会主义的各项制度，发展社会主义民主，健全社会主义法制，自力更生，艰苦奋斗，逐步实现工业、农业、国防和科学技术的现代化，把我国建设成为富强、民主、文明的社会主义国家
1999 年版	中国新民主主义革命的胜利和社会主义事业的成就，是中国共产党领导中国各族人民，在马克思列宁主义、毛泽东思想的指引下，坚持真理，修正错误，战胜许多艰难险阻而取得的。我国将长期处于社会主义初级阶段。国家的根本任务是，沿着建设有中国特色社会主义的道路，集中力量进行社会主义现代化建设。中国各族人民将继续在中国共产党领导下，在马克思列宁主义、毛泽东思想、邓小平理论指引下，坚持人民民主专政，坚持社会主义道路，坚持改革开放，不断完善社会主义的各项制度，发展社会主义市场经济，发展社会主义民主，健全社会主义法制，自力更生，艰苦奋斗，逐步实现工业、农业、国防和科学技术的现代化，把我国建设成为富强、民主、文明的社会主义国家
2004 年版	中国新民主主义革命的胜利和社会主义事业的成就，是中国共产党领导中国各族人民，在马克思列宁主义、毛泽东思想的指引下，坚持真理，修正错误，战胜许多艰难险阻而取得的。我国将长期处于社会主义初级阶段。国家的根本任务是，沿着中国特色社会主义道路，集中力量进行社会主义现代化建设。中国各族人民将继续在中国共产党领导下，在马克思列宁主义、毛泽东思想、邓小平理论和"三个代表"重要思想指引下，坚持人民民主专政，坚持社会主义道路，坚持改革开放，不断完善社会主义的各项制度，发展社会主义市场经济，发展社会主义民主，健全社会主义法制，自力更生，艰苦奋斗，逐步实现工业、农业、国防和科学技术的现代化，推动物质文明、政治文明和精神文明协调发展，把我国建设成为富强、民主、文明的社会主义国家
全面深化改革（第 2 条节选）	全面深化改革，必须高举中国特色社会主义伟大旗帜，以马克思列宁主义、毛泽东思想、邓小平理论、"三个代表"重要思想、科学发展观为指导，坚定信心，凝聚共识，统筹谋划，协同推进，坚持社会主义市场经济改革方向，以促进社会公平正义、增进人民福祉为出发点和落脚点，进一步解放思想、解放和发展社会生产力、解放和增强社会活力，坚决破除各方面体制机制弊端，努力开拓中国特色社会主义事业更加广阔的前景。 全面深化改革的总目标是完善和发展中国特色社会主义制度，推进国家治理体系和治理能力现代化。必须更加注重改革的系统性、整体性、协同性，加快发展社会主义市场经济、民主政治、先进文化、和谐社会、生态文明，让一切劳动、知识、技术、管理、资本的活力竞相迸发，让一切创造社会财富的源泉充分涌流，让发展成果更多更公平惠及全体人民

　　从表 4-2 中可以看出，奋斗目标从 1982 年提出的"把我国建设成为高度文明、高度民主的社会主义国家。"既然在文明和民主前面有"高度"两个字，那当时我们认为我们至少已经文明、民主或中度文明或中度民主的国家了；这种提法在 1993 年后修正为"把我国建设成为富强、民主、文明的社会主义国家。"增加了以前没有提到的富强一词，同时把文明和民主前面的"高度"一词去掉了，证明我们认为我们至少与文明、与民主和新增加的富强的标准还是有一定的差距的。这种注重市场标准的务实作风还充分体现在对中国本身的自我认知日渐清晰：从 1993 年"我国正处于社会主义初级阶段"修正为 1999 年的"我国将长期处于社会主义初级阶段"等。

　　表 4-3 是正文第 11 条关于国家基本经济制度表述先后三次被修订内容与全面深化改革第 4 条对应内容的对比。

表 4-3　中华人民共和国宪法正文第 11 条演变历程

版本	内容
1982 年版	在法律规定范围内的个体经济、私营经济等非公有制经济，是社会主义市场经济的重要组成部分。国家保护个体经济、私营经济等非公有制经济的合法的权利和利益。国家鼓励、支持和引导非公有制经济的发展，并对非公有制经济依法实行监督和管理
1988 年版	国家允许私营经济在法律规定的范围内存在和发展。私营经济是社会主义公有制经济的补充。国家保护私营经济的合法的权利和利益，对私营经济实行引导、监督和管理
1999 年版	在法律规定范围内的个体经济、私营经济等非公有制经济，是社会主义市场经济的重要组成部分。国家保护个体经济、私营经济的合法的权利和利益。国家对个体经济、私营经济实行引导、监督和管理
2004 年版	在法律规定范围内的个体经济、私营经济等非公有制经济，是社会主义市场经济的重要组成部分。国家保护个体经济、私营经济等非公有制经济的合法的权利和利益。国家鼓励、支持和引导非公有制经济的发展，并对非公有制经济依法实行监督和管理

续表

版本	内容
全面深化改革 （第4条节选）	坚持和完善基本经济制度。公有制为主体、多种所有制经济共同发展的基本经济制度，是中国特色社会主义制度的重要支柱，也是社会主义市场经济体制的根基。公有制经济和非公有制经济都是社会主义市场经济的重要组成部分，都是我国经济社会发展的重要基础。必须毫不动摇巩固和发展公有制经济，坚持公有制主体地位，发挥国有经济主导作用，不断增强国有经济活力、控制力、影响力。必须毫不动摇鼓励、支持、引导非公有制经济发展，激发非公有制经济活力和创造力

从正文第11条的修正过程可以看出，中国政府为了实现中华民族的伟大复兴工程，在更加务实的价值取向的前提下，对民营企业实施了全方位的松绑，从限制到鼓励、支持、引导的伟大变革，民营经济已经成为社会主义市场经济的重要组成部分。

由此看来，中国未来之路是一种富国强兵、民族复兴之路，为了实现这种梦想，自十六大以后的国家经济政策走向是在围绕着切实构建"人尽其才，才尽其用"的才商机制氛围，企事业单位民营化或民营化机制运作，将成为一种不可逆转的潮流，市场标准和市场行为将成为生活的主流，渗透人们日常生活的每一个角落。不论是个人也好，组织也好，这点都是必须明确的。

【思考题】

1. 结合所在区域资源储备情况，简要分析地区最佳的经济发展模式。

2. 简要评估所在地区才商水平及对应的优化对策。

3. 简要分析如何将所在区域发展战略的贯彻执行与地方政府领导干部的绩效考核结合起来。

4. 简要分析专业人才、管理人才和领导人才的基本心理需求及对应的领导策略。

【阅读文献】

1. ［美］艾米·蔡. 大国兴亡录——全面透析历史上罗马、唐朝、蒙古等8个超级大国的起落兴衰［M］. 刘海青，等译. 北京：新世界出版社，2010.

2. ［美］W. L. 贝尔斯. 左宗棠传［M］. 王纪卿，译. 南京：凤凰出版传媒集团/江苏文艺出版社，2011.

3. ［英］罗纳德·哈里·科斯，王宁. 变革中国——市场经济的中国之路［M］. 徐尧，李哲民，译. 北京：中信出版社，2013.

第五章

愿景驱动内圣外王，解析联想创立做强

【导入问题】

1. 柳传志创业的动因是什么？联想集团成立不久，柳传志就明确表示联想要进入世界500强，他的这一愿景是如何形成的？

2. 联想集团创立并腾飞为世界500强的过程中，倪光南、吕谭平、孙宏斌、郭为、杨元庆等人在不同时期都曾经或正在前台表演，他们分属什么样的人才？柳传志是如何与他们进行有效互动并在个人价值的实现与联想的健康成长之间取得有效平衡的？

3. 柳传志创立并做强联想的案例，在理论和实践上对愿景型领导都有哪些方面的丰富和完善？

愿景是对未来的憧憬和想象，回答"我或我们想创造什么？未来我或我们将成为什么？"根据 Westley 和 Mintzberg（1989）、Shrivastava 和 Nachman（1989）、Senge（1990）以及 Collins 和 Porras（1994）的研究，愿景形成直至其被接受为"共同愿景"是一个过程，其本质既是领导者的心智过程，也是领导者与其下属心智互动的过程。愿景过程由两个时点分割为三个阶段：一是愿景的显现与产生，其结果是形成模糊的、粗糙的愿景；二是愿景传播、成熟

并被成员广泛接受，其结果是形成明晰的、成熟的愿景；三是愿景执行与实施，努力实现愿景所想象、所描绘的未来。在执行与实施某一愿景过程中，组织可能会显现和产生新的愿景：愿景所描绘的蓝图基本实现，人们会对未来产生新的憧憬。人及其组织就是在不断憧憬、不断追求的过程中进步的，正是彼岸和此岸间的张力促进并引领人及其组织前进。然而，彼岸和此岸间的张力永远是"虽不能至，心向往之"的心智力量。

贾良定等人（2004）基于前人愿景型相关研究成果，结合实证案例，对愿景产生和发展的心智能力、心智模式、心智逻辑、心智特征和愿景的战略焦点进行了深入分析并一一归类（见表5-1），进而以23位中国企业家作为实证研究对象，并将他们划分成三种不同类型的愿景型领导：一是冲动易变，灵感丰富，富有理想主义色彩，但忽视产品和市场的灵感主义型；二是大胆，充满想象，关注市场，但忽视产品的市场主义型；三是稳重务实，关注组织，关注产品，但忽视市场的产品主义型。与之相对应，他们将这23位企业家划分为易变者、创造者主要和改进者。同时他们还认为，每种类型的企业家并非单纯主义型，而是某种主义显著，兼带其他主义；易变者特质主要是灵感主义兼有少许市场主义和产品主义；创造者特质是显著市场主义兼有一定的灵感主义和产品主义，改进者特质主要是产品主义和市场主义。

表 5-1　愿景型领导的概念维度（Visionary Leadership Facetes）

概念维度	内　　容
愿景产生的心智能力（愿景型领导非常突出、非常显著的心智能力）	1. 想象力（imagination） 2. 灵感（inspiration） 3. 远见、先见之明（foresight） 4. 内部洞察力（internal insight） 5. 外部洞察力（external insight） 6. 聪明（sagacity）
愿景产生的心智模式	1. 内省（introspection） 2. 互动（interaction）

续表

概念维度	内　　容
愿景产生和发展的心智逻辑	1. 演绎（deductive）：坚持原有的观念的思路 2. 归纳（inductive）：善于总结归纳
愿景发展的心智特征	1. 愿景的发展是深思熟虑的（deliberately）、有组织的学习思考过程 2. 愿景的发展是较少深思熟虑（less deliberately）、较少有组织的学习思考过程 3. 愿景的发展是突然（sudden）的过程 4. 愿景的发展是渐渐（gradual）的过程
愿景的战略焦点（最想在什么方面取得实质性的改善与进步）	1. 产品焦点（Product Focus） 2. 服务焦点（Service Focus） 3. 组织焦点（Organization Focus） 4. 市场焦点（Market Focus） 5. 理想焦点（Ideals Focus）

联想集团发展历程：联想集团于 1984 年由中国科学院计算所投资 20 万元人民币创办，是一家在信息产业内多元化发展的大型企业集团，富有创新性的国际化的科技公司。从 1996 年开始，联想电脑销量一直位居中国国内市场首位；2013 年，联想电脑销售量升居世界第 1，成为全球最大的 PC 生产厂商。2008 年，联想集团以 2007 财年 168 亿美元的营收位列世界 500 强第 499 位，2013/2014 财年，联想集团营收和净利润分别为 387 亿美元、8.17 亿美元，较上年同期分别增长 14.3％、28.7％。这两项数据均超出此前分析师的预期，也意味着在全球市场上平均每秒就有近 4 台联想产品售出。北京时间 2015 年 5 月 21 日消息，联想集团今日发布截至 2015 年 3 月 31 日的 2014/2015 财年全年财报。该财年全年营收 462.96 亿美元，同比上涨 20％，归属股东的净利润 8.29 亿美元，同比增长 1.4％，每股基本收益 7.77 美分（上年为 7.88 美分），美股摊薄收益为 7.69 美分（上年为 7.78 美分）。2015 年联想集团在世界 500 强中排名较上一年上升了 55 位至 231 位。

第一节　年过不惑反求诸己，挑战人生跨界创业

2014 年 5 月，柳传志在接受中央电视台采访时，谈到自己当初创业的动因，他说道"我创业的时候 40 岁，跟我一起创业的同事比我大五六岁，所以不是小伙伴，是老伙伴。陈景润就在我们一个楼里，他是数学所，我是计算所……当时有一句话说，做原子弹的不如卖茶叶蛋的，我们算是做原子弹这种类型的事了，实际上真的给社会做了什么，很少有人这么想，我的同伴没有这么想过，其实我老婆也反对我这么想。我真的这么想。我创业的主要动机，有 20％是为了改善生活，80％是觉得前 40 年日子过得窝囊，憋得慌，好像没有做什么对社会有帮助的事，想看看自己到底有什么本事，到底人生价值是什么。"

柳传志走上创业之路，是因为"憋得不行"，"我们这个年龄的人，大学毕业正赶上'文化大革命'，有精力不知道干什么好，想做什么，都做不了，心里非常愤懑。"

"突然来了个机会，特别想做事。中国科学院有些公司的总经理回首过去，总喜欢讲他们从前在科研上都多有成就，是领导硬让他们改行。我可不是，我是自己非改行不可。"

创业之前，柳传志在中国科学院计算所外部设备研究室做了 13 年磁记录电路的研究。柳传志说"虽然也得过好几个奖，但做完以后，却什么用都没有，一点价值都没有。直到 1980 年，我们做了一个双密度磁带记录器，被送到陕西省一个飞机试飞研究所使用。当时我们心里特别高兴。但就在那时候，我们开始接触国外的东西，发现自己所做的东西和国外还有很大差距。这使得我坚决地想跳出来。"

一、投身实业无怨无悔，立志高远夯实根基

1984 年，中国科学院举办科技展览，时任国务院总理赵紫阳没有到会，中国科学院对此议论纷纷。柳传志也琢磨为什么赵紫阳不来看？"我觉得不来的道理是，赵紫阳更重视应用研究，更重视技术转变为现实的生产力，但应用研究怎么能够推广变成产品，我当时也想不好该怎么走？但研究所的路，肯定行不通。"

柳传志领头办公司的背景是，当时，中关村街上办起了一片公司，中国科学院计算所也有人出去办公司，或者给人打工，验收机器，验一天收入三四十元，当时计算所一个月的奖金也就 30 多元，这对计算所正常的科研冲击很大。面对于此，计算所所长曾茂朝想：能不能计算所自己办个公司，积累点钱，上缴给所里，解决所里急需的实际困难。柳传志以往表现出来的组织能力使曾茂朝觉得他是最佳人选。

1984 年，四通、科海等公司已经挺立在中关村，当时典型做生意的办法有三种：一是靠批文；二是拿平价外汇；三是走私。拿到批文后，一台 XT 机器能卖 4 万多元。

"而我们不想这样做。1987 年、1988 年的时候，公司高层就此发生过一次讨论。我们的办公室主任一心想要我们公司办成像科海那样——总公司下面一大堆小公司，每个公司都独立做进出口，虽然每个公司都在做重复的事情，但是每个公司都赚钱。我原本并没有强调'大船结构'，当时提出'大船结构'是为了反对'小船大家漂'。"

柳传志强调立意，是因为他明白，只有立意高，才能牢牢记住自己所追求的目标不松懈，才能激励自己不断前进；其次，立意高了，自然会明白最终目的是什么，不会急功近利，不在乎个人眼前得失。

柳传志的最新立意——"2000 年做到 30 亿美元，我是有把握的，说出去一定要做到。100 亿美元的目标，我只是提了一个朦胧的目标，到今天我也没

有把它说实，因为从 30 亿美元到 100 亿美元，是多大的一个飞跃？2000 年以后，世界计算机产业又发生什么样的变化？现在还不是看得很清楚。另外，到了 100 亿美元以后是不是还不够进 500 强，那时候是不是门槛又高了呢？这些都是未知数，但我们是冲着 500 强去的，坚决要向世界 500 强目标挺进，也许在我的手里实现不了，但是到了杨元庆、郭为手上非实现不可。"

追名逐利强强互联，利用好形式。"在 R&D 方面，我们要向核心技术挺进，我的做法是把面拓宽，技术扎实，一层一层往上去垒，而不是立一竿子，立得挺高，风一晃，杆子就倒了。我们已经吃过这个亏，我们做激光打印机的时候，是针对 HP 某个型号做的，做完了以后，HP 新型号又推出来了。但是，如果你有很强的 R&D 前瞻能力，有很好的制造业基础和销售基础，情况就会好得多。"

二、强调感恩奉献精神，主动防治企业"癌症"

柳传志认为自己能够成大事的第二原因是他掌握了以"建班子，定战略，带队伍"为主要内容的"管理三要素"。

柳传志认为自己身上的奉献精神是能够成大事的第三个原因。"20 世纪 90 年代以前，中国的创业和外国的创业有很大不同，早期在中国创业，没有奉献精神，创业实际很难实现。如果我比别人多一点什么的话，就多了点这种精神。"

柳传志身上的奉献精神来自于他对自己境况的清醒认识。"像我，如果完全没有计算所的背景，没有计算所赋予的各种营养，联想的发展会有很多困难。联想是国有的，这一条其实起到了很大作用。我说我们贷款靠信誉，但如果我们不是国有的，光靠信誉行吗？1988 年，我们能去香港发展，金海王工程为什么去不了？就因为它是私营的，而我们有中国科学院出来说'这是我们的公司'。年轻同志不能忘了这个，心里要弄清楚，你做出的成绩主要部分应该归国家。心里想不透这一点，做着做着，就会出现问题。"

　　"出问题的做法有三种：第一种是把不该得的，随手归到自己包里，归大了就犯了法。这种情况并不少，国家体制也有值得反省的地方；第二种是在合法的外衣下想办法谋私利，比如说，联想是公家的，我再让亲戚朋友开一家公司，把好的业务向它那儿介绍，肥水只流自家田。这样做国家一点办法都没有，但联想就办不起来了；第三种是找亲信。有的国有企业领导人为了退休之后的切身利益，退休之前急于把自己的心腹安插在比较合适的岗位，这样接班人就能保证他退休有好的待遇。厂长这样，常务副厂长这样，书记也这样，就会发生大的矛盾，宗派就出现了。宗派是'癌症'，绝对不好治，我也没辙，只能坚决杜绝这种做法。"

　　柳传志在香港联想的合作者，有八九千万元的股份，两三亿元的资产，香港有不少人拿他们两个人做比较，但柳传志说："我挺值。我和科学院老同志比，他们今天还在那里做科研，他们什么享受都没有，而我，生活条件在国内已经是一流了，做的事情又符合国家的需求，还需要什么呢?"

第二节　联想定位高科产业，光南院士倾心助力

　　1984 年 11 月 1 日，联想集团的前身——中国科学院计算机研究所新技术发展公司成立，柳传志他们决定在计算机西文汉化的方向上寻找突破。这个方向一确立，作为领导层的柳传志、王树和和张祖祥不约而同地想到他们在中国科学院计算机研究所的同事，也是这个领域最有权威的专家倪光南。于是，他们向倪光南表达了希望他加入公司的想法。

一、科技精英重自尊，张弛包容留住心

　　倪光南最希望看到自己的研究成果能够"为人民服务"，如果加入柳传志他们的计算所公司，可以帮他实现这个愿望，他求之不得。但是，1984 年的

中国，知识分子内心的"清高"和"孤傲"在倪光南身上体现得淋漓尽致。

倪光南提出，加入公司可以，但是要满足他的三个条件："一不做官，二不接受采访，三不出席宴请。"三个条件的浅层次含义是："我要一心一意搞科研。"深层次含义是："我是独立的，我的技术你们可以用，但我本人不受你们的控制！"柳传志他们本来看中的就是倪光南的技术，对于倪光南的要求，他们无条件的支持！

计算所新技术发展公司的第一任总经理是王树和，柳传志和张祖祥是副总经理。到了1986年，王树和离开公司当上了所长助理，柳传志升任为总经理。为了让倪光南能够最大限度地发挥自己的才能，同时将"心"留在公司，柳传志为倪光南单独开设了一个"特区"：倪光南可以不参与公司的事务性工作，可以拒绝参加任何他不想参加的会，公司的纪律对他没有任何约束力。

柳传志甚至在公司宣称："只要老倪说的都对，老倪是有效数字1，别的科技人员都是0，这些0只有跟着倪光南干才能出成绩。"不管谁和倪光南产生矛盾，柳传志的答复是："只要你和老倪发生矛盾，无论什么理由，都是你的不是。"虽然，倪光南将"不接受采访"作为加入公司的一个条件，但是，每任公关部总经理上任，柳传志定的基调都是"宣传好倪光南"。科学院奖给柳传志一套房子，柳传志也让给了倪光南。

当倪光南后来被柳传志"扫地出门"的时候，很多人说柳传志是"兔死狗烹"和"鸟尽弓藏"的小人。其实不然，柳传志对待倪光南绝对不是简单意义上的"过河拆桥"。

按照柳传志最初的理解，当他将倪光南请上"神坛"而获得了公司发展必不可少的技术之后，他应该想到，如果有一天公司不需倪光南的技术了，他这个总经理该如何将倪光南请下"神坛"。

柳传志最初的想法，一定要在请倪光南走下"神坛"之前给予他充分的物质财富，最初的高额工资和奖金，以及后来和柳传志一样多的股份说明了这一点。不过，柳传志没有想到的是，倪光南更在乎精神上的"认可"和"尊重"。

二、自见不明英雄泪，点离线面憾终身

1994 年 5 月 3 日，因为倪光南的司机违反规定，联想集团给倪光南重新换了一个司机。这么一件小事情，倪光南通过书信向柳传志表达了强烈的不满，这让柳传志感到非常意外。收到信的当天晚上，柳传志马上回了一封信，他这样写道："……我很了解你的脾气，你也知道我的脾气……结果是越陷越深，最后公司分裂，那是非常可怕的事情……"

然而，心高气傲的倪光南没有搭理柳传志，他认为柳传志开始变"软"了，柳传志会继续低着头站在他这一边。然而，倪光南想错了。此一时，彼一时，柳传志不是 10 年前的"小柳"，联想也不是 10 年前的计算所公司，对于联想公司来说，倪光南的价值更不能和 10 年前同日而语。

1994 年 6 月 5 日，关于倪光南在上海建立设计中心的事情，柳传志用便条的方式给倪光南的答复是："不！"据倪光南回忆，这是"柳传志十年里面第一次向我说'不'……"有了第一次，第二次，一连串的"不"便开始了：柳传志撤换了原来的财务总监，虽然倪光南说"你要是这样做，我永远和你没完"；程控事业部改为子公司化为泡影，虽然倪光南说"我坚决和你干到底"；柳传志重新制定议事规则，集体讨论，最后总裁定，虽然倪光南说"应该董事长说了算，你这样做违反《公司法》"……

倪光南突然发现自己在联想"彻底失语"，他不甘心就这样失去在联想的"话语权"，他开始向柳传志发难。倪光南直指柳传志在香港联想上市的时候玩了"阴谋"：北京联想借给导远公司的 552.58 万美元，实际上造成国有资产损失 1.2 亿元人民币。如果倪光南反映的情况属实，柳传志上断头台则是板上钉钉的事。自此柳传志和倪光南的关系全面恶化。

导远公司借债持股虽然是柳传志一手策划，但整个过程的每个细节，柳传志无一不随时向中国科学院汇报，柳传志在取得中国科学院的支持之后，方才按部就班地实行自己的计划。因此，经过几年反反复复地调查，从中国

科学院到中央纪律检查委员会，从国家监察部到国家审计署，最后到中国证监会，所有的调查都没有发现柳传志违法违纪的问题。直到这时候，倪光南才明白过来，柳传志没有玩"阴谋"，柳传志玩的是"阳谋"。

面对倪光南的上告，柳传志由伤心转化成愤怒，他决定让倪光南出局。但是，倪光南的身上不仅没有"短板"，而且在历史上功勋显赫，联想汉卡和联想微机的研制开发对于联想集团的作用有目共睹、不容抹杀。所以，柳传志不可能将倪光南"一棍子打死"，他选择了"以退为进"的策略。这个策略很奏效，中国科学院决定"舍车保帅"。

1999年9月2日，柳传志对倪光南进行了最后的一击：联想解聘倪光南，股份也被联想收回，500万元的"安慰奖"也给了倪光南的单位而非本人。大势已去，几天之后，倪光南在互联网上第一次承认了"自己负有重大责任"，希望"相对一笑泯旧怨"。但是，柳传志没有再给倪光南机会。倪光南完成了他在联想的光荣使命，默默地离开了联想。对于柳传志来说，倪柳一战，柳传志成为了名副其实的"联想教父"，加上联想股份制的顺利完成，他终于成为联想真正的主人，从此在联想的地位无人可以撼动。

第三节　资源整合财智并兴，精选伙伴破茧成蝶

倪光南的汉卡是将电脑英文系统改变成中文的一个工具，但是，如果计算所公司不能够拿到国外电脑的代理权，即使有了倪光南的汉卡，巧妇也难为无米之炊，计算所公司很难有量的突破。自然而然，1985年的柳传志开始考虑能否取得国外品牌电脑的代理权。当时像IBM这样的大公司根本没有信心在内地寻找合作伙伴，他们一般都寻找香港的代理公司。所以，柳传志的目光瞄向了香港，也就认识了香港商人吕谭平——IBM在香港众多的代理公司之一。

一、澄清发展路径，借道现成人脉

认识吕谭平之前，柳传志吃过香港商人的亏，交过不少学费。对于吕谭平，柳传志进行了几次"考试"：1986年4月，柳传志从吕谭平那里代理了500台IBM机器。柳传志将吕谭平的利润压得很低，但是吕谭平说没有问题，这证明了吕谭平"不贪"，有合作的诚意。后来，柳传志从吕谭平那里拿了一单兼容机生意，由于质量不是很好，柳传志让吕谭平给换了，吕谭平照办，这说明吕谭平讲究"诚信"。通过不断地"考试"，吕谭平最终取得了柳传志的信任。因为吕谭平和国外的PC公司都有较长时间的联系，对于代理有着丰富的人脉关系和经验，导远公司本身就是多家国际电脑厂商的代理。因此，柳传志决定和吕谭平合资成立一家香港公司，这样北京的计算所公司就可以拐个弯获得国外电脑的代理权。然后，柳传志又进一步考虑到，合资公司一旦成立，代理国外品牌机势必需要大量的资金，同是创业身份的导远和计算所公司根本没有钱，只能向银行贷款，但银行根本不可能给他们这些小公司贷款。于是，柳传志把父亲柳谷书正在掌控的中国技术转让公司拉了进来。

1988年6月23日，计算所公司和导远公司、中国技术转让公司合资成立一家新公司——香港联想电脑有限公司。合资公司成立的目的是做代理，做代理的关键人物不是柳传志而是吕谭平。为了能够让吕谭平放开手脚"名正言顺"地去开展工作，柳传志说服了"对香港人不信任"的父亲，最后让吕谭平成为了香港联想的总经理。

二、用活成员进退，联想华丽转身

从1990年到1993年，倪光南带领技术人员开发了一系列的联想微机之后，代理国际品牌加上自产自销联想自己的品牌，在市场、渠道、技术、人才占尽先机的前提下，联想集团横扫当年中国的计算机市场，奠定了联想在中国企业当中的霸主地位。

"万事俱备，只欠东风。"在香港这样高度市场化环境下经营多年柳传志，他很清楚，一个企业要想"鲤鱼跳龙门"，在适当的时候通过上市融资是解决企业发展瓶颈最好的办法。于是，香港联想上市被排上了柳传志的工作日程。

上市融资就需要增资，中国技术转让公司放弃增资权，吕谭平不想放弃但苦于没钱，柳传志雪中送炭借给吕谭平552.58万美元，吕谭平在柳传志的支持下玩了一招"借债持股"。"吃人家的嘴软，拿人家的手短"，从此，吕谭平受制于柳传志，柳传志掌握了香港联想的实权。对于柳传志来说，帮助吕谭平有几层考虑：第一，吕谭平现在还不能离开香港联想，在国际市场运作方面吕谭平仍然还有不可替代的作用；第二，现在的香港联想还不是国有股一股独大的时候，有港资背景比没有港资背景强；第三，吕谭平确实为柳传志在香港的发展帮了大忙，联想集团的发展，吕谭平功不可没，他希望吕谭平能够得到应有的回报。

1994年2月14日，香港联想顺利上市。之后不久，倪光南在北京跳出来状告柳传志，柳传志不得不回北京应战。令他没有想到的是，他一走，香港联想就乱了。

生产板卡的QDI集团是香港联想的子公司，由吕谭平一手创办。柳传志担心吕谭平在他不在的时候还是过多地管理QDI，所以临走之前将联想美国分公司的总经理David调回香港管理QDI，柳传志也特意叮嘱吕谭平的副手马雪征"看"好吕谭平。柳传志没有想到，"山中无老虎，猴子称大王"，除了柳传志，香港联想没有人可以压得住吕谭平。事必躬亲、为所欲为的吕谭平终于将香港联想拖入了深渊。1995年，香港联想内存条积压在仓库，亏损上亿元。柳传志马上赶回香港救急。虽然卖了豪华轿车，将公司从高档写字楼搬进廉价写字楼，还是没有刹住亏损的巨大惯性。1996年4月，香港联想公布了1995年到1996年的财年业绩，总共亏损1.9亿港币。受这则消息的影响，香港联想股票一路下跌，从1.33元跌到0.295元。如果此时银行向其逼债，那么香港联想就很有可能会破产。

1996 年 11 月，香港联想在柳传志、马雪征、郭为等人的努力下终于止住了香港联想业绩下滑的趋势，杨元庆的异军突起又使得北京联想成为柳传志打翻身仗的重要砝码，柳传志决定将北京联想和香港联想进行整合。耐人寻味的是，会议的地点，柳传志既没有选择在香港，也没有选择在北京，柳传志一等人飞往了美国旧金山，其中并没有吕谭平。北京联想注入香港联想，吕谭平自然绕不过，谈到吕谭平的时候，柳传志突然说："我已经下定决心了，让吕谭平出局！"

不久之后，柳传志就在自己的办公室里，正式和吕谭平谈到让他退出联想的事。近十年的交情，对于柳传志的为人，吕谭平是了解的。柳传志一旦下了决心，到和你正式摊牌的时候，你其实已经没有回旋的余地。虽然有些无奈，但按照柳传志建议的价格，导远的股份悉数转让给联想所得的钱，还了当年的借款，吕谭平和他的几个伙伴已经是亿万富翁。所以双方皆大欢喜，吕谭平心平气和地被柳传志请出了联想，联想的血统又变得纯正起来。

第四节　百花竞放各归其位，蛇吞大象梦想成真

1988 年，除了倪光南和吕谭平受到柳传志格外关注并且"照顾"之外，还有一个群体，柳传志也是煞费苦心。柳传志提着 30 万港元到香港成立合资公司之前，他特意对北京的几位管理层发了话，联想从今开始不仅要大量招聘年轻人，而且要大胆提拔年轻人，提拔错了不是错，但是不提拔、不培养却是大错。柳传志开始谋划联想的未来。于是，一大批刚刚毕业不久或者还没有毕业仍在实习期的年轻人加入了联想，而且就像打了激素一样飞速的成长。从 1988 年到 1990 年，联想出现了一批"娃娃官"，分量最重的是孙宏斌、杨元庆和郭为。

一、传奇硬汉孙宏斌，绝地反弹励精英

1989 年 11 月 14 日，倪光南的汉卡，加上吕谭平的代理，加上孙宏斌、杨元庆、郭为这群年轻人的努力，在柳传志滴水不漏的"运筹帷幄"之下，计算所公司正式改名为联想集团，联想集团的营业额开始爆炸似的增长起来。

1990 年，孙宏斌被破格提拔为联想集团企业发展部经理，主管范围是他在全国各地开辟的 18 家分公司。这个过程，联想的老人们没有过多参与，分公司的管理岗位基本上都是孙宏斌任命，因此，孙宏斌在分公司拥有很高的威信。但是，联想集团的分公司除了听从孙宏斌的管制，他们同时还应该协调好与集团各个部门的关系。从某种意义上来说，后者比前者更重要。然而，联想集团管理层发现他们对于分公司逐渐丧失了"应有的权威"，他们开始向柳传志报告孙宏斌的情况。最后，一纸"孙宏斌权力太大，结党营私，分裂联想，联想要失控！"的理由将柳传志从香港请回了北京。

柳传志回到北京之后马上进行了调查，发现孙宏斌的事情确实不是"空穴来风"：外地分公司，人由孙宏斌选取，财务不受集团控制，还有人说希望孙宏斌带领分公司"独立"出去。意识到问题严重性的柳传志马上宣布：孙宏斌调离业务发展部，调任业务部任总经理。

按照柳传志当时的想法，虽然孙宏斌有些失控，但作为这样的年轻人，的确是不可多得的人才。也许将他调到自己的"监控"范围之内，自己有办法让他"成熟"和"聪明"起来，如果继续"不识抬举"，再对付也不晚。但令柳传志万万没有想到的是，当柳传志调开孙宏斌和业务发展部的员工开会说明情况时，孙宏斌的下属和柳传志吵了起来。这时候，柳传志对孙宏斌和他的团队彻底绝望了。柳传志想到了司法介入。但是，对于年轻人，深牢大狱能不去就不去，有可能会毁了他的一生。柳传志还是想给孙宏斌最后一次机会。

柳传志是联想的总裁，他有权力直接开除任何一名不遵守企业规则的员工。但是，他却有意识地让孙宏斌去开除那几个敢"挑衅"总裁的员工。然而，

让下属无比爱戴的孙宏斌没有让下属失望，一句"不同意"让柳传志彻底死了心！几天之后，孙宏斌的下属要"卷款逃走"的话越来越多地传到了柳传志的耳朵里，柳传志知道是到了该找孙宏斌谈最后一次的时候了。于是，在北京西山宾馆的一个房间，46 岁的柳传志对 26 岁的孙宏斌说："我们都是能力强的人，我领导不了你。咱们好合好散，联想的分公司你随便挑一个，你自己去干"。孙宏斌回答："不必了柳总，我才 26 岁，我可以从头再干。"柳传志想了想，结束了这次谈话。

第二天一早，柳传志亲自主持企业发展部的会议。在会上，柳传志宣布自己暂时担任企业发展部的经理，孙宏斌另作安排。从这一天开始，孙宏斌便被软禁在西山宾馆的小楼里。1990 年 5 月 28 日，孙宏斌被转移到了看守所。两年后，1992 年 8 月 22 日，在孙宏斌拒绝承认自己有罪的情况下，法院以"挪用公款 13 万元"的罪名判处孙宏斌有期徒刑 5 年。

对于柳传志来说，涉世不深、不知江湖险恶的孙宏斌不难对付。一旦确定"不可救药"，柳传志马上快刀斩乱麻，决不手软，一方面是没有多少精力和时间在这方面纠缠；另一方面他决不允许联想在这些事情上承担不必要的"风险"。对于柳传志来说，联想比天大！但是，孙宏斌事件留下的后遗症却使得柳传志十分的被动。联想的老人们本来就对年轻人的"大举入侵"以至于"攻城略地"郁闷已久，这次正好借着这个事件对柳传志提出了"质疑"：究竟提拔这么多年轻人走上领导岗位是利还是弊？

非常有意思的是，柳传志用行动回答了他们的"质疑"。集团办公室主任郭为马上被柳传志任命为集团公司业务二部的主任经理，全面整顿全国的 18 家分公司，收拾孙宏斌留下来的"残局"。年轻人孙宏斌给柳传志出的难题，柳传志交给另一个年轻人郭为去解决。让年轻人接受考验和磨难，几乎成了柳传志和年轻人"斗争"屡试不爽的一招。

郭为没有让柳传志失望，在重庆，冒着被"扔到嘉陵江里"的危险，在成都，顶着威胁家人的电话恐吓，郭为顺利地完成了 18 家公司的"整编"。于是，柳传志得以继续强有力地推行他的"年轻人才使用战略"，其中最重要的两步棋是：1991年，28岁的郭为进入11人的总裁室，担任集团公司的企划部总经理，杨元庆被任命为CAD部的总经理。

1994年年初，孙宏斌被北京市中级人民法院裁定减刑1年零2个月，1994年3月27日刑满释放。2003年10月22日，海淀区人民法院撤销1992年8月22日判决，改判孙宏斌无罪。

巴顿将军说："衡量一个人的成功标志，不是看他登到顶峰的高度，而是看他跌到低谷的反弹力。"1994年3月9日，即孙宏斌出狱前18天，他和一位狱警到北京出差，托人请柳传志吃了一顿饭。

席上，孙宏斌告诉柳传志他出狱后准备做房地产销售代理，并向柳传志诚恳道歉。直到今天，孙宏斌也认为自己当年的做法不妥，给联想造成了不良影响。但是孙宏斌一再强调，他做事的动机是为了联想的发展，其中没有任何个人私利，柳传志很感动。

在柳传志的全力帮助下，孙宏斌如今已成为一位有影响力的企业家。柳传志在年轻人身上的用心可见一斑。

凤凰网财经频道2014年5月31日以《传奇"硬汉"孙宏斌的戏剧人生》对他进行了如此总结：

年少轻狂，遭遇牢狱之灾，

东山再起，却落得个"卖子求生"，

二次创业，他证明自己是"不死鸟"，

……

1994年，孙宏斌创建顺驰，以房地产中介进入地产界。

1994年8月，正在孙宏斌青黄不接、招兵买马急需用钱的时候，柳传志雪中送炭，借给孙宏斌50万元。

1995年年初，在柳传志和中科集团董事长周小宁的支持下，顺驰和联想集团、中科集团成立天津中科联想房地产开发有限公司。

1996 年，顺驰集团开始开发房地产，并逐渐成为当地绝对的"大哥大"，占到一级市场 15％的市场份额，并开始在北京和上海开设分支机构。之后，顺驰房地产的品牌在天津家喻户晓，在天津有 60 多家房地产销售网络，并成为当地最大的房地产商。

1998 年，联想和中科集团将全部股份转让给顺驰，公司更名为天津顺驰投资有限公司。身处天津一隅的孙宏斌，一直梦想做一家全国性的大公司。2002 年 6 月，顺驰成功拍得天津塘沽一块地皮，综合费用甚至比协议价还要实惠！仅仅 3 个月，在这块地上所开发的"莱茵春天"就开盘销售。

2002 年 10 月，顺驰和联想旗下的融科智地房地产有限公司共同组建新公司，开发天津翡翠城项目。当年，顺驰集团开发的商品房占据了天津市场 10％的份额。

从 2003 年 8 月到 2004 年 4 月，顺驰先后从华北、华东和华中等拍得 10 余块土地，行动之迅速令人咋舌，"天价制造者"的大手笔更是惊人。顺驰的销售额随着广泛深入地参与招拍挂而扶摇直上，从 2001 年 1 亿元增加到 2004 年的 127 亿元。在扩张最为迅速的 2004 年，顺驰自己也长期处于资金链紧绷的状态之中。而且，由于四面出击，打破了地产界的相对均衡状态，让各路诸侯都感受到了压力和危机，他们与媒体结盟，于 2004 年使顺驰受到了很大的冲击。

孙宏斌这种不计代价的狂飙，在遭遇 2004 年的宏观调控后，断绝了第一次上市融资之路。随后，资金链断裂，外加昂贵的土地出让金，顺驰负债累累。2007 年，无奈之下，孙宏斌只能将他苦心经营十几年的顺驰低价转让给路劲地产。并将主要精力转移到融创地产集团的经营上。谈起顺驰，孙宏斌说，中国 MBA 案例教学，几乎每个大学都有顺驰失败的案例，这挺荒唐的。"顺驰是有做错的地方，但也不全是不好，现在的高周转、招拍挂、现金流（管理）等，别人都是跟我学的。"

"我打心里觉得一个人也好，一个企业也好，吃过亏、有过挫折之后真的是一个特别好的事。确实吃过亏、有过挫折以后是一个经验积累。"痛定思痛的孙宏斌说，"这些坎坷之后，我的性格并没有变，变的是我对做企业的认识。"

关于顺驰"灾难性"的骤变，房地产资深人士聂梅生曾表示："别人都用一个瓶子一个盖或者两个瓶子一个盖地周转，但孙宏斌是十个瓶子两个盖地玩，这能不出问题吗？"

"人原本生活得很好，原本可以不冒险，但因为选择了梦想，而遭受到困苦和失败。虽然中国人讲究成王败寇，但为了梦想和理想而拼搏，即使没有成功，也值得所有人尊重。因为这个世界就是靠有梦想的人去推动的。"

"我们在变化中得到不断成长，日益成熟。成熟就是能够把握平衡，不走极端。""同时，成熟还意味着发展风险和发展速度的平衡，在发展过程中，把控风险。"

在向万科和王石公开发出挑战的 2003 年，孙宏斌在顺驰之外又单独设立了融创。

在融创成立一年之后的 2004 年，孙宏斌当时为融创设立的三年战略是：2005 年实现 80 亿元的销售收入，2006 年 160 亿元，2007 年 270 亿元。

实际数据：

2010 年 83 亿元(未入年度 TOP30)；

2011 年 193 亿元(全国排名 18)；

2012 年 356 亿元(全国排名 12)；

2013 年 508 亿元(全国排名 11)；

2014 年 658 亿元(全国排名 10)；

2015 年 731 亿元(全国排名第 9)；

2016 年 1 550 亿元(全国排名第 7)；

2017 年 2 595 亿元(全国排名第 5)。

2012 年 7 月 10 日，备受业界瞩目的北京万柳地块开拍。融创中国与中赫置地经历了 200 轮的"贴身肉搏"后，融创最终不敌对手，与万柳地块失之交臂。竞拍结束后一小时，孙宏斌更新了一条微博，公开回应"失地"称："我说我们喜欢这块地，但从来没有志在必得的地块，合适就拿不合适就不拿。"

融创中国账面现金充足，各项经营指标都位于行业前列，但"历经风雨"的孙宏斌始终坚守"融资成本不高于 13％，拿地毛利率不低于 30％"两条铁律。

鉴于顺驰当年在全国摊子铺得过快、过大最后倾覆的教训在区域战略上，融创开始坚持"区域深度聚焦"，只布局京、津、渝、沪、杭五大区域，缩短管理半径，提升管理效益才能更好地创造企业价值。

"对我自己来说，没变的是理想、激情，变了的地方就是要讲究平衡，不走极端。但这并不意味着，企业不需要承担任何风险。承担风险和控制风险是一个矛盾。"

二、难得将才杨元庆，用心调教冉冉升

柳传志不断地告诫杨元庆"要有理想，但是不要理想化！"但杨元庆置若罔闻，柳传志决定教育教育他。

1991 年，杨元庆担任联想 CAD 部门的总经理。CAD 部门的业务主要是代理惠普公司的产品。杨元庆的成长和郭为不同，倒是和孙宏斌有几分相似，柳传志给了一个温暖的环境和适合的土壤，杨元庆就拼命地长。从 1991 年到 1993 年，CAD 的销售额从 5 000 万元到 1.1 亿元，再从 1.1 亿元达到 1.8 亿元。

为了不让杨元庆成为孙宏斌第二，柳传志开始将杨元庆拉到身边培养。接触一段时间之后，柳传志发现杨元庆是一个执行能力很强的"将"才，而不是运筹帷幄、决胜千里的"帅"才，杨元庆事业心很强，政治野心很弱。这样的苗子，柳传志最喜欢。

杨元庆此时还想出国，美国惠普总部也给他伸出了橄榄枝。郭为正在柳

传志的安排下到各个部门"轮岗","轮岗"的深层次含义就是为接柳传志的班做准备。但是，人算不如天算，1993 年年底，由于国外计算机品牌的大量入侵，中国计算机产业陷入危机，一直飞速增长的联想，第一次没有完成既定的目标，柳传志承认"打了败仗"，柳传志决定让杨元庆留下来，将联想的业绩从低谷当中拯救出来。

1994 年 3 月 19 日，香港联想上市后一个月，30 岁的杨元庆被任命为电脑事业部总经理。在很短的时间之内，杨元庆重组电脑事业部，电脑的销量大幅度提升。柳传志对于杨元庆的表现基本满意，但就是在推行改革的策略和手段方面，杨元庆还是显得有些"急躁"，缺乏像郭为那样的"全局观"。

有一天，当杨元庆为一个上海的项目又和公司大多数同事发生争论，柳传志抓住这个机会，当着公司的许多高层和杨元庆的一些下属，劈头盖脸将杨元庆臭骂了一顿。在场的所有人都愣住了，大家跟随柳传志多年，他们还从没有见过柳传志发过这么大的火。杨元庆和孙宏斌不一样，他很快明白了柳传志对自己的良苦用心，逐渐学会了妥协，学会了做事要有全局观，学会运用策略而不是蛮干。

从此之后，柳传志对杨元庆说的话，杨元庆一定会好好琢磨，细细推敲。

柳传志对于杨元庆一边"敲打"，一边尽自己的所能为杨元庆扫清障碍。柳传志在杨元庆身上的努力获得了丰厚的回报：1996 年财年结束的时候，联想代表国产品牌机第一次登上国内市场的第一名，联想电脑在杨元庆的带领下开始在世界 PC 市场崭露头角。柳传志内心的天平随着杨元庆这颗新星的"冉冉升起"，开始慢慢地发生了变化，从郭为那边偏到了杨元庆这边。

三、罕见帅才有郭为，虎归山林开天地

杨元庆、郭为和孙宏斌三人，都是硕士研究生，年龄相差不过几个月，但郭为比较幸运，第一次面试他的正是柳传志本人。那时的郭为离毕业还有一段时间，一番简短的交谈之后，郭为还在犹豫，柳传志却已经相中了郭为。

"我们一定会将公司开到美国去，开到海外去，我们会集体出国！"一番信誓旦旦之后，郭为被柳传志的"豪言壮语"所打动，研究生还没有毕业就开始了在联想的工作。由于成功"策划、实施在人民大会堂召开的联想进军海外誓师会"，一个月之后，郭为成为公关部的经理。

16年后，当联想集团收购IBM个人电脑事业部的新闻发布会热烈举行的时候，会场上没有郭为的身影。作为神州数码的总裁，虽然名义上已经和联想集团彻底"分家"，但骨子里都是流着一样的血液。真不知道，当柳传志站在台上宣布收购的那一刹那，只能躲在别处的郭为，回想起16年前柳传志在面试他时所说过的话，回想起由他策划并胜利召开的第一次"进军海外誓师会"，郭为会作何感想？

孙宏斌、杨元庆和郭为三个人当中，对于柳传志来说，最不容易"对付"的就是郭为。比较柳、郭两人做事的方法、处事的态度以及管理企业的思想和理念，郭为简直像极了柳传志。郭为很少给柳传志惹祸，相反，每当联想哪里着火的时候，柳传志首先想到的就是让郭为前去"救急"。每一次"救火"，郭为都做得非常漂亮。这也就愈发让柳传志感到，郭为是一个不可多得、能担大任的奇才。但是，成也萧何，败也萧何，柳传志非常明白这个道理。

对柳传志来说，如果联想的未来全部压到一个人身上，这样的风险就太大了，所以，当杨元庆凭借自己的业绩逐渐奠定他在联想的地位时，柳传志找到了一个可以制衡郭为的人物。同样的道理，郭为也成为柳传志制衡杨元庆的一张王牌。不过，凡事有利就有弊，既能够让郭、杨两人相互制衡，又能够给他们量身定做一个合适的位置，这就需要柳传志费一番心思了。

四、百花竞放各归位，万马齐奔互砥砺

1997年联想科技成立，联想各地分公司整合进来，执掌联想科技的郭为开始与杨元庆为了抢PC市场份额而"窝里斗"。柳传志知道，杨元庆和郭为已经不是当年的孙宏斌。孙宏斌出道两年，18家分公司就可以被他的威信打造

的"固若金汤"，能力和威信一点不比孙宏斌差的杨元庆和郭为，经过近 10 年的积累，每一个人在大联想文化下边又形成了独特的"杨氏文化"和"郭氏文化"，如果在利益权衡的过程当中，有一方受到伤害，最后一走了之，要么加入对手当中，要么自己就变成对手，那对于联想的威胁就非常大了。柳传志考虑再三，"分拆"是最好的方法。

2000 年 4 月，联想分拆为联想电脑和联想神州数码两家子公司，分别由杨元庆和郭为掌控。2001 年 3 月 8 日，联想集团正式宣布神州数码将从联想股票中分拆。2001 年 4 月 20 日，杨元庆从柳传志手中正式接过联想大旗。

2001 年 6 月 1 日，神州数码在香港联交所上市，2011/2012 财年（从 2011 年 4 月 1 日至 2012 年 3 月 31 日）营业额达 703.19 亿港元，是中国最大的整合 IT 服务提供商。

五、剑走偏锋大跨越，蛇吞大象创奇迹

2001 年，当外界将过多的目光投向联想分拆时，IBM 几位高层却悄悄地找到柳传志，他们希望将 IBM 的个人电脑事业部卖给联想。在此之前，关于联想国际化的问题，柳传志已经考虑了十几年，"让联想成为一个在国际上有影响的大企业"一直是柳传志魂牵梦萦的理想。创建香港联想公司，重用吕谭平，1988 年开始从高校大量招聘年轻人，香港联想上市，通过股份制改造将联想老人们撤下，然后送大量的年轻人到惠普、微软、英特尔学习，无一不是围绕着联想国际化的这条主线在走。

但是，通过自己走出去开辟国际市场，无论是吕谭平还是杨元庆，最后都没有成功。事实证明，在联想业已形成的强大的文化壁垒下，在空降兵很难适应联想文化的背景下，人才和管理是联想国际化难以逾越的一道门槛。就在这个时候，IBM 却主动找上门来，这让柳传志一下子有了新的思路。

剑走偏锋，联想这条"猛蛇"要吞下 IBM 电脑事业部这头"大象"，虽然是险招，但是一旦成功，联想就可以大大缩短成为一家国际公司的历程。经过

很长时间的考察和反复论证，柳传志决定"赌"一把。于是，为了配合最后的收购，在正式收购之前，联想启用了新的名字——LENOVO，联想成为2008年北京奥运会的赞助商，联想的高层开始和IBM的高层在谈判过程当中频繁接触、相互交流，为最后的收购做铺垫和准备。

2004年12月8日上午，联想收购IBM个人电脑事业部尘埃落定，作为新联想的董事长，杨元庆实际上是"明升暗降"，他的权力至少在一段时间之内要被柳传志架空，柳传志一定会给新联想集团的CEO——Stephen M. Ward. Jr扫清障碍。但是，杨元庆这个董事长的位子并非没有作用，他既是让杨元庆"速成"的"炼狱"，又是柳传志手中用来牵制洋CEO的一张王牌。有理由相信，联想收购IBM个人电脑事业部之后，无论是谁站在台前"表演"，柳传志都会站在幕后"操控"，对于联想来说，不管是过去，现在，或未来，永远都是柳传志一个人的联想。

2005年8月10日，联想集团公布2005年第一季度业绩，期内实现纯利3.57亿港元，是联想收购IBM全球PC业务后，首次计入该业务的季度财务报告。

2008年3月，英国《金融时报》在北京发布了"第二届'FT中国十大世界级品牌'调查结果"，联想荣登榜首，国际化成果再次获得外界高度评价。

2008年5月联想为地震灾区捐款1 000万元，600余名员工自发献血，全球员工自发捐款500万元。

2009年年初，因全球金融危机及企业自身管理上的问题，联想集团业绩大幅下滑，国际化道路严重受挫，创始人柳传志重新出任联想集团董事局主席，原董事局主席杨元庆担任CEO。"柳杨"组合力挽狂澜，成立了LEC（联想集团执行委员会）领导班子，推出了双拳战略，建设了全球新文化，仅2个季度就兑现承诺，使PC业务成功扭亏，还积极进军移动互联网领域。公司发展势头强劲，步入了一条健康、可持续的发展轨道。

柳传志创立并做强联想中的领导力（案例总结）：

确定目标：洞悉时势破樊篱，看准未来高科技
整合资源：红头港资皆我军，财智并兴父子兵
影响行为：三商共进夯根基，雪中送炭巧借力
组织能力：任务导向建团队、结构时序两全美
（专业人才）尽己之能唯自尊、张弛包容留住心
（管理人才）尽人之力任我行、充分授权共红利
（领导人才）尽人之智借风雨、顶天立地造伟人
组织变革：淡定乐观思路清，鉴史镜人循规律

【思考题】

1. 高智商者与高情商者关注的人和事在时间和空间上有何区别？两者在核心自我认知、沟通话语体系中常用的人称和语气等有何区别？还有他们对在公众场合演讲时的身体语言、优势记忆单元及人我关系分别是如何看待的？请基于柳传志和倪光南发言及相关公开图片、音像资料进行分析。

2. 高智商者和高情商者常犯什么样的错误？结合三商论之智商与情商论，简要分析倪柳矛盾激化的根本原因。

3. 结合自己的成长经历，简要分析个人情绪控制能力对学习和工作绩效的影响。

4. 结合联想并购 IBM 个人电脑事业部的相关资料，简要分析我国产业水平与西方发达国家的真实差距。

【阅读文献】

1. 李方. 我在联想的七年：不为外界所知的联想[M]. 北京：清华大学出版社，2005.

2. 凌志军. 联想风云[M]. 武汉：湖北人民出版社，2008.

3. 张小平. 再联想[M]. 北京：机械工业出版社，2012.

4．林画．柳传志内部讲话：关键时，柳传志说了什么［M］．北京：新世界出版社，2014．

5．赵雪，姜美芝．联想风云三十年［M］．广州：广东旅游出版社，2014．

6．李鸿谷．联想涅槃：中国企业全球化教科书［M］．北京：中信出版社，2015．

7．张涛．柳问：柳传志的管理三要素［M］．杭州：浙江人民出版社，2015．

8．席圣文．柳传志说：我为什么这样带队伍［M］．北京：中国商业出版社，2017．

第六章 ◀

英特尔之华丽转身，格鲁夫偏执加理性

【导入问题】

1. 为什么越是成功的企业越是难以渡过战略转型期？

2. 如何区分驱动行业变革的信息和噪声？公司中高层对其甄别各有什么优势？如何发挥两者的优势并使之能达到最佳效果？

3. 正处于战略转型期的企业，其人力资源管理体系应该做出什么样的调整，以使员工的创造力得到充分的激发而与精英的决策力保持应有的协同？

"偏执狂"的英文为"Paranoid"，原为临床心理学专用名字，其意为"一种具有极度焦虑及恐惧特性的思考方式，且经常非理性与妄想"，转借过来，作者的本意为在企业管理中时刻对战略、产品、员工等保持质疑的立场，大有孟子所说"生于忧患而死于安乐"的意味。

格鲁夫在他的自传体《只有偏执狂才能生存》一书中，说自己担心产品会出岔，也担心在时机未成熟的时候就介绍产品；怕工厂运转不灵，也怕工厂数目太多；担心用人不正确，担心员工士气低落，担心竞争对手，担心有人正在算计如何比自己做的更快更省……他自称自己是彻头彻尾的偏执狂，只要涉及企业管理，他就相信偏执万岁。

《只有偏执狂才能生存》出版的 50 多年前，这位二十岁出头的犹太小伙子攥着 20 美元只身前往纽约开始了自立自强的人生，到美国的第三年，他拿到了纽约大学的学士学位，第六年获得了加州大学伯克利分校的博士学位。在学术上，他所著的《物理学与半导体设备技术》被奉为半导体工程专业经典；在业界，他带领英特尔历经多次磨难，始终立于不败之地，成就了业界领袖的地位，仅用短短几年时间，英特尔的风头就胜过了摩托罗拉、IBM 等商业巨头。所以，"偏执狂"格鲁夫可以堪称商界领袖，人生赢家。

格鲁夫在危难时刻壮士断臂，将"英特尔就是存储器，存储器就是英特尔"的企业改造成世界第一的微处理器生产商。格鲁夫所做的工作，堪称组织变革的经典案例，这场变革使英特尔公司浴火重生，再创卓越，对领导力与组织管理具有相当重要的理论和实践指导意义。那么，究竟是哪些因素成就了这场伟大的组织变革？格鲁夫真的如他自己所称的那样"偏执"吗？恰恰相反，格鲁夫决胜武器是非常人所能及的"超级理性"。

第一节　众人欲睡我独起，砸碎铁窗开天地

能够识别风向的转变，并及时采取正确行动，对于企业的未来至关重要。但决策者并不总能第一时间嗅到变革的气味，然而，正如格鲁夫所言，老板总是最晚知道真相的人。但是，要在接触到变化风向之后，迅速敏感起来，客观看待失败，既不妄自尊大，也不妄自菲薄，冷静面对混乱，做到知己知彼，准确定位，才能找到脱离泥潭的救命稻草。

一、创始龙头遭群殴，起死回生唯抛旧

英特尔自成立之初就依照著名的"摩尔定律"将公司定位于制造计算机存储器使用的芯片，从 64 比特存储器到 256 比特存储器，再到 1 024 型存储器，

英特尔一度持有存储器芯片市场 100％的份额。20 世纪 70 年代后期，存储产业中出现了十几家公司，尽管在竞争中各有胜负，但英特尔始终是主要竞争者，"英特尔仍然代表存储器，反过来，存储器也通常意味着英特尔。"

到了 20 世纪 80 年代，英特尔所有的产品都供不应求，市场销量居高不下，IBM 既采购英特尔存储器芯片又采用了英特尔的另一项领先产品——微处理器，甚至于其他生产 PC 的厂家也上门求助。在需求量猛增的情况下，英特尔努力地加大生产能力，在一些地方修建厂房，并扩招雇员以增加产量，保证供应。

然而，谁都没有想到的是，存储器产业骤然生变。先是 1984 年秋天的业务衰退，好像再也没有人愿意买芯片，英特尔的订货单也随之断崖式下降，于是只好缩减产量，尽管如此，库存还在不断上涨。之后，以成本和质量制胜的日本企业又以势不可当的力量横空出世。英特尔公司从日本回来的员工回忆道："在日本的一家大公司时，开发存储器的人占满了整座大楼。楼里的每一层都在研制不同的存储器，所有的工作都同时进行：在研究 16K（1K 代表 1 024 比特）的楼上，是研究 64K 的人，再往楼上走就是研究 256K 的人，甚至有传闻说有人正在秘密研制一种百万比特的存储器。在我们这个位于加利福尼亚州圣克拉拉的小公司看来，这一切都是那么可怕。"（安迪·格鲁夫，2010）

同时，质量问题也开始困扰英特尔，日本生产的存储器在质量上明显优于美国生产的同类产品，日本公司的质量水平对于当时的美国企业来说几乎是不可能达到的。当格鲁夫第一次听到这种说法时，英特尔选择了矢口否认存在这种事，公司对这些不详的情报加以猛烈批判。而当英特尔确信了这些情况大致属实之后，日本厂家的市场占有率已经扩大到了 60％，此时再开始着手改进产品的质量已是亡羊补牢之时了。

由此看来，风向已经悄然改变。但是，首发危机之后的存储器市场曾一度好转，而英特尔又拥有卓越的经济能力，作为"存储器代表"的英特尔就好像一艘乘风的巨型航母，破浪容易，转头难。尽管也感到灰心丧气，但格鲁夫也在坚持抗争，希望奇迹出现，并尝试发明一种"增值设计"的特殊用途存储器，把更先进的技术投入存储器的生产，但始终无法与一降再降的日本产品的价格相抗衡。

英特尔奋力拼搏，改进质量，降低成本，但日本厂家也展开了反击。终于有一天，格鲁夫看到了一家日本大公司发送给它的销售人员的一张备忘录，上面写道："用定价永远比别人低10％的规则获胜……找出 AMD 和英特尔的接口……以低于他们10％的数目开价……如果他们重新开价，你们再降10％……坚持到底才是胜利！"（安迪·格鲁夫，2010）

我们到底怎么了？时任英特尔公司总裁的安迪·格鲁夫开始思考，事实上，早在20世纪80年代初，日本企业就已经在存储器业务上占了上风，并且日本公司还在资金上占有优势，他们建起了现代化大工厂，产量很大。格鲁夫发现，在与高质量、低价位、大批量生产的日产部件竞争的过程中，英特尔一直在赔钱，并且这种颓势无以挽回，他需要的是一种不同的战略。

就这样，英特尔终于能够正视自己已经处在危机边缘的事实，更重要的是，他们认识到，自己与日本企业之间的差距将是难以缩小的。认识到这一点并不容易，吉姆·柯林斯在回答为什么一流企业在成功之后会走向失败是说过，"狂妄自大是任何公司进入衰落的必然征兆，或者说是衰落的第一阶段。"（吉姆·柯林斯，2010）正是格鲁夫冷静的自我反思，帮助在死亡之谷徘徊的英特尔公司找到了重见天日的希望。

二、众人欲睡我独起，换人换脑迎青春

格鲁夫最具创造性的理论就是"战略转折点"，他认为企业的根基即将发生变化的那一时刻就是战略转折点。然而，战略转折点往往对身处其中的人意味着一次惨痛的经历，所以战略决策并不一定需要非常聪明的人，但一定需要非常冷静的人。冷静的人就能痛定思痛，兼听则明，排除杂念，跳出棋

局，帮助企业飞跃到一个新的高度。

格鲁夫就拥有这样的"超级理性"。按照格鲁夫自己说法，最初他也曾感到灰心丧气，也曾被马拉松会议和无穷无尽的争论搞得迷失方向，埋头苦干；但幸运的是，格鲁夫就好像商界的福尔摩斯，他能在"混乱统治一切"的时候，挣脱情感的羁绊，从旁观者的角度客观看待形势，这对于一个企业家则是十分难得的。

面对无法挽回的颓势，格鲁夫和整个英特尔公司几乎漫无目的地徘徊了一整年。当他意志消沉地与英特尔公司的董事长兼首席执行官戈登·摩尔谈论困境时，他朝窗外望去，游乐园的"费里斯摩天轮"正在旋转。他回过头问戈登："如果我们被踢出董事会，他们找个新的首席执行官，你认为他会采取什么行动？"戈登犹豫了一下，答道："他会放弃存储器的生意。"他死死地盯着戈登，说："你我为什么不走出这扇门，然后回来，我们自己动手呢？"（安迪·格鲁夫，2010）尽管感到难以启齿，格鲁夫还是硬着头皮、含糊其辞地与同事们商量这件事。但公司的同事们根本不愿听他说话，甚至掩耳不闻，格鲁夫越来越沮丧，越来越迟钝，于是说话也就越发不加掩饰。这样一来，反而有一些直接、明确的话被无意中说了出来，但它们也引起更多人的反驳。时间一个月一个月地过去了，中、高层管理者们与格鲁夫还在玩莫名其妙的游戏，而战略转折点稍纵即逝。

终于，在一次同地方高级经理的晚餐上，高级经理们想听一听他对存储器业务的态度，格鲁夫先是给了大家一个中立的、更倾向放弃的回答，高级经理们就此大做文章，其中一人咄咄逼人地问道："你是说你能想象没有存储器的英特尔公司？"格鲁夫勉强咽下一口饭，说："我想我能。"立时四座哗然。（安迪·格鲁夫，2010）

这是一个惊人的答案，有些人想不到这一点，而更多的人，不愿承认这一点，何况，战略创新实乃一件知难行更难的事情？！但如果知难而退，畏难不前，将造成战略决策滞后，战略行动迟缓，最终错失时机，一败涂地。

英特尔公司有两个如教条般坚定的信念，第一条是：存储器是我们的"技术先驱"。它意思是他们总是首先开发与革新存储器产品的技术，因为检验起来比较方便。从存储器上淘汰下来的技术，才用在微处理器或其他产品上。第二条是："完整产品线"教条。它的意思是，销售人员有了完整产品线才能顺利工作。如果他们没有完整的产品线，那么客户就倾向于选择拥有完整产品线的同类企业。从表面上看，是这两条铁律导致这位高级经理把存储器看作生产和销售的顶梁柱；从实质上看，是过去成功的经验导致这位高级经理产生路径依赖和选择偏好，故步自封，迟迟不知如何是好。

最终，这位经理离开了英特尔，而当他的接班人刚一上任，格鲁夫就明明白白地下达了指令——"放弃存储器！"然而，即使是在理智上已经决定要怎么做，但感情上，人们仍然很难接受这个新方向，新的经理仍然不愿研发新产品。格鲁夫并没有放任这种惯性，他很快澄清了战略目标：从领导层到整个企业，都彻底放弃存储器。

这个影响了英特尔公司未来二十多年的决策就是从格鲁夫从戈登办公室走出来，踩灭了一只烟头开始的。之后，格鲁夫发现已经为 IBM 兼容型 PC 生产了五年微处理器的商业价值，签字支持微处理器的开发，将它作为英特尔公司的业务焦点。

通过一系列事件，因为格鲁夫冷静和理性的判断，迎难而上、抛弃偏见、忍痛断臂、一改故辙，英特尔的战略目标已经十分清晰。一个因穷而变，因变而通的新战略浮出水面。

第二节　蛇打七寸抓关键，晓理动情谋同一

组织变革的推行，并非一蹴而就的过程，组织的惯性会使短期内改变对工厂、设备和专业人才投资的任务很难达成，规模越大，文化越成熟的组织

越容易产生抵制变革的情况，如果忽视这一过程，战略转型和战略创新将沦为空口白话。将战略计划有效地落实为战略行动，积极贯彻组织推进，在这些方面，格鲁夫的做法堪称经典。

一、润物无声话转型，劈裂手段止惯性

抛弃存储器，专注研发微处理器，这个主意起初都令格鲁夫自己感到难以启齿，不得不反复思量，但既然拿定了主意就要行动。决策几乎就是格鲁夫和摩尔一拍脑袋做出的，全面推行谈何容易。格鲁夫很清楚，中层以下的雇员接触外界最多，也最现实，能慢慢适应新情况，只要微处理器确实比存储器有利可图，人们很快就能接受改变，何况整个决策的信息几乎都来自基层呢！但高管团队就不同了，他们很可能站出来反对，高层经理们还沉醉在过去的辉煌中，总妄图通过以前成功的经验来制定未来的战略，殊不知过去的成功早已成了未来的负累?！抓重点，抓难点，格鲁夫推进变革的第一件事就是反反复复的战略解释。他最先前往俄勒冈——英特尔唯一一间微处理器研发工厂，那里的开发人员感到前途未卜，而且他们感兴趣的是存储器，而不是微处理器。格鲁夫把大家召集到会议室，发表了一次演讲，主题是"欢迎加入主流"，并告诉他们，英特尔公司的主流产品将是微处理器。格鲁夫通过邮件和会议尽全力同员工交流，澄清自己的意见，不断地向雇员们发表讲话，到他们的车间去，把他们召集起来，一遍一遍地解释他的战略意图。因此，尽量多讲话、多回答问题，表面上看似乎是颠来倒去地老是那几句，实际上它确实起到了强调决心，强调战略思想的作用。

之后的工作可谓水到渠成。关闭派不上用场的硅工厂和与存储器生产有关的装配厂及测试厂，甚至那些历史最悠久的厂房也不能幸免于难，因为它们的地点太偏，规模也不够大。此后的工作几乎全部由财务和生产计划人员自行安排妥当，他们坐在桌旁一月复一月地分配硅片生产业务，把硅片资源从存储器生产转移到更有希望的微处理器中。这些人员虽然不必决定公司退

出存储器业务，但他们慢慢地对产品进行微调，最终将生产存储器的工厂减少到只剩下一家，公司不费多大工夫就从存储器生产中脱身了。

就这样，格鲁夫找准目标，优先搞定组织的"顽固分子"，不仅消除组织变革的阻碍因素，也赢得了关键人群的理解和支持，为顺畅的组织推进积累深厚的思想基础。

任何远大目标的实现都要以坚实的物质和人才为基础，要在英特尔这种规模的企业中将战略计划迅速落实为战略行动，无异于让大象跳华尔兹，若不是驯象师技艺高超，不仅无法呈现舞蹈的华丽优雅，更会摔个鼻青脸肿。而安迪·克鲁夫显然深谙此道，他首先"四处布道"，做通思想工作，而后以雷霆铁腕，完成物质和人才资源的再分配，最终化组织惯性于无形，将英特尔引入了快速发展的轨道。

二、沟深网密方为通、众人从一始倍力

组织变革开始实施之后，与新的战略目标相匹配的沟通机制和人力体系是两项重大的基础建设。前者保证变革结果反馈的及时性和准确性，后者保证变革方案执行的效率和效果。格鲁夫之所以能够成功，他在这两方面下了不少工夫。

一直以来，人们都认为战略创新和组织变革都是领导者的事情，领导把组织内外部环境、优势劣势一分析就理所当然地给出了组织战略，在英特尔还未出现危机时，战略制定就是这种不折不扣的自上而下的过程。然而，格鲁夫在经历惨痛的战略转折点之后，深知不论是自己还是高级经理们，面对生死攸关的战略决策不仅没有十足的把握当断则断，甚至连信息的掌握都具有严重的滞后性。每每回忆起来，他都十分后怕。

在变革的启发下，英特尔公司内部调整了战略规划模式，形成了自上而下与自下而上相结合的双循环战略规划模式。（唐飞、宋学锋，2007）格鲁夫发现，英特尔公司传统的战略规划机制是中层管理者必须制订区域战略计划，

然后在历时很长、议事极为具体的讨论会上把他们的思想、战略、要求和计划报告给高层管理者。这种讨论会的单向性极浓——中层管理者全权负责准备口头报告及发言，而高层管理者则坐在会议桌的另一边，时不时地提几个问题，大多是指出发言者的逻辑漏洞和数据上前后矛盾的地方。这些吹毛求疵的问题根本没有起到指点战略方向的作用。在这次全面的组织变革中，英特尔付出了极大的代价才发现这种系统的弊端，组织不能再寄望中层管理回答全局性和基本性问题，高层管理者应当参与出谋划策，不畏艰难地采取一些行动。同时，格鲁夫还发现，在分辨战略转折点的信号和噪声方面，基层员工就好像"卡桑德拉"一样拥有预言功能。于是，他大胆给予研发机构与研发人员足够灵活的空间，提供自发型战略苗壮成长的土壤；经常在员工面前露面，随时阅读来自世界各地的中基层员工的电子邮件，鼓励他们随意提问，并给他们回信。英特尔公司内部因此建立起了一套"建设性对抗"的沟通机制，加强知情者和管理者之间的有效沟通，实行自上而下与自下而上双循环的战略规划模式，它有助于企业把握战略转折点，大大提升了的主动变革的能力。

而方向确定之后，最关键的就是干部。任何组织成功都是正确的战略加上与之相匹配的组织能力体系建设的成功，而组织能力建设的核心是人力体系的建设，把合适的人放在合适的岗位上又是人力体系建设成功的逻辑前提。（李永瑞，2010）戈登·摩尔曾说过，五年内英特尔的员工队伍将由软件型员工组成。格鲁夫根据戈登的提议改组了管理层。有些管理者辞了职，更多的是退到基层亲身体验了适应新方向的技术再回来。就连格鲁夫自己也特地开始投入相当的时间接触软件专家，到软件公司访问，电话联系，不断学习有关软件业务的各种知识。

这些举措果然获得了立竿见影的效果。从386、486到奔腾微处理器，英特尔平均每4年推出一款新型微处理器，大大提高了电脑的运算能力，能够让电脑更加轻松地整合"真实世界"中的声音和图像。英特尔公司一跃成为收入超过100亿美元的计算机芯片生产厂家，在全球首屈一指。组织通过管理调适将与组织战略协调一致的行为固化形成制度和文化是成功组织变革的最终目标。格鲁夫之所以能在之后的几次磨难中带领英特尔处于不败之地，完善的沟通机制和人力体系功劳不可磨灭。

第三节　跟格鲁夫学偏执，果决理性巧转型

美国联邦通信委员会主席里德·亨特在《只有偏执狂才能生存》的封底上写道："安迪谦恭而睿智，在书中描述了他如何带领英特尔克服重重难关，这些难关如落在其他企业身上一定难以解决。面对我们所处的这个快速变化的世界，安迪的镇定和远见令我心存感激，其他人则会因其非凡见识而受益。"

里德·亨特用"镇静"和"远见"形容格鲁夫，从他的一系列行为上，也可以看出格鲁夫拥有非凡的理性。那么，他对企业发展环境时时关切的"偏执"到底是什么呢？南宋哲学家朱熹在为《诗经·小旻》做注时解道："众人之虑，不能及远。暴虎冯河之患，近而易见，则知避之。丧国亡家之祸，隐于无形，则不知以为忧也。"格鲁夫若懂得汉语，想必会以朱熹为知己。因为只要环境在变，企业迟早会出现根本性变化，导致剧变的因素太多，哪一个都是企业无法控制却影响企业经营成败的。剧变对成熟企业的风险尤其大，成功企业经营多年，内部管理井井有条，市场份额稳定，客户固定，决策者难免形成思维定式和惰性，面临突发事件不善因应，顷刻之间企业就将分崩离析。因此，把握驱动变革的"风向"尤为重要。从竞争对手、互补企业和周围的同事身上都能发现蛛丝马迹。在这一点上，中基层员工信息最敏感，高层员工全局意识最强烈，若能建立起双向沟通，促进知情人士和管理人士的交流，发挥协同效应，应对变革事半功倍。

英特尔的成功让我们看到了一头大象的精湛舞技，对于正处战略转型的公司来说，领导者要善于从旁观者的角度来客观地看待形势，挣脱情感的羁

绊理性的分析问题，勇敢走过战略转折点。格鲁夫的传奇还提醒我们要警惕所处环境的改变，对职业也多一点点偏执，盘活资源，准确定位，调整技能，面对恐惧和焦虑坚决自信，把握职业转折点。

【思考题】

1. 英特尔之所以能华丽转身，格鲁夫的领导风格起到了决定性的作用。请结合第二章中相关领导理论，为格鲁夫的领导风格画像。

2. 影响组织变革成功的因素有很多，以本篇案例为例，简要分析各种影响因素及其彼此之间的交互关系。

3. 描述你所学专业或研究方向所在群体的特征，简要分析组织的惰性及影响变革的阻力和推动力。

【阅读文献】

1. ［美］安迪·格鲁夫. 只有偏执狂才能生存［M］. 安然，张万伟，译. 北京：中信出版社，2010.

2. ［美］吉姆·柯林斯. 再造卓越［M］. 蒋旭峰，译. 北京：中信出版社，2010.

3. 唐飞，宋学锋. 英特尔公司的转型之路［J］. 经济管理，2007(9).

4. 李永瑞. 读管仲，品成功组织变革六要素［J］. 软件工程师，2010(9).

第七章 ◀

施振荣无为无不为，王安电脑欲聚则全散

【导入问题】

1. "子不类父"背后究竟传递着怎样的华人文化价值观？

2. 华人企业家的心智瓶颈有哪些？这些瓶颈对华人企业都有哪些不利影响？试以王安及其所创办的王安电脑的兴衰成败为例简要说明。

3. 施振荣三次出手拯救宏碁于水火之中，并自称失败是他的资本？对他的人生经历，你认为有哪些方面值得借鉴？

施振荣是宏碁电脑集团的创始人。他是中国台湾 IT 业的"教父"——没有他，就没有台湾的 IT 业，他用 28 年缔造了一个电脑王朝，代表了台湾年轻人逐梦的完整过程；他信奉"人性本善"，将西方化的公司结构与中国传统文化相融合，在华人企业中独树一帜；他讲究全盘考虑，懂得"分享"，愿意享受大权旁落，落实分散式管理。他是第一届世界十大杰出青年，《亚洲周刊》年度企业风云人物，《世界经理人文摘》"全球 15 位最能创造时势的企业家"之一，《商业周刊》25 位最杰出的企业管理者之一。他领导的宏碁，更被誉为华人企业全球化的最佳典范。

宏碁电脑集团(以下简称宏碁集团)始建于 1976 年，当时仅有资本 100 万

新台币，职员 11 人。到 1995 年，其全球营业额已高达 1 500 亿新台币，成为全球第七大个人电脑公司，在拉美、东南亚、中东地区，市场占有率高居榜首。

美国的《华尔街日报》评选宏碁集团为领导世界进入 20 世纪 90 年代的新兴企业之一，美国《商业周刊》评选宏碁集团为"能够持续企业开拓精神的亚洲新巨人"。1994 年的《世界经理人文摘》认为，宏碁集团已为亚洲企业开辟了有别于日本、美国、欧洲厂商的第四种国际化模式；同年，哈佛大学商学院将宏碁集团的管理经验编写为教案，称之为"企业国际化的杰出个案"。

创下宏碁集团这份傲人业绩的施振荣先生，1944 年 12 月出生于台湾彰化县的一个普通家庭。他 3 岁丧父，全靠母亲为人织毛衣和经营一间小杂货铺为生。施振荣从小深知生活的艰辛，努力发愤学习。1963 年，他以优异成绩考取台湾成功大学数学系，但感到专业不理想，又于 1964 年考入台湾交通大学电子工程系，获硕士学位后进入荣泰电子公司工作。1976 年 9 月 1 日，施振荣与几位志同道合的伙伴创立宏碁股份有限公司。

不一样的思维和不一样的处世哲学，造就了施振荣非同寻常的心智模式，继而塑造了施振荣异于常人的具体行为，从而使他突破了人生与事业经营的盲点，开创了一种新的国际化模式，赢得了非凡的事业成就。

第一节　抛却名利创宏碁，风雨万日谈笑退

和许多国际知名企业一样，宏碁集团的发展并非一帆风顺。随着企业规模扩大和企业生命周期的演进，以及公司内外部环境的变化，宏碁集团历经几次重大危机。然而，在危机出现之际，施振荣总能凭借其丰富的智慧及时领导和顺利推动组织变革，从而化险为夷。

一、生计所迫创宏碁，志同道合群英汇

施振荣的创业可以说是被迫的，当时的他已经无路可走。1976 年下半年，荣泰电子已病入膏肓，任职于荣泰电子研发部门的黄少华、林家和与施振荣不得不离开公司，在非常仓促的情形下开始创业。早期宏碁创办者主要有五人：林家和、黄少华、邰中和以及施振荣夫妇。他们筹集了 100 万新台币的资本，集中了 11 位成员和租来的 110 多平方米的公寓，开始了宏碁集团艰辛的早期创业历程。

在走上创业之路之前，施振荣在荣泰电子工作了 4 年，已经是荣泰电子的副总经理。但是在荣泰电子出现财务危机，而施振荣力谏失败之后，经过痛苦的思考，他毅然决定离开荣泰电子，自立门户。施振荣为跨出这关键的一步做出了巨大的牺牲：首先，施振荣拒绝了荣泰电子的挽留，拒绝担任荣泰电子总经理的提议。其次，为能离开荣泰电子，施振荣甚至主动要求放弃当时正被提名参加的台湾十大杰出青年评选。最后，施振荣放弃了在荣泰电子拥有的以技术入股的股权（钱君德，2000）。正是在这样坚定信念的激励下，施振荣开启了宝岛计算机行业巨头——宏碁集团的传奇之路。

二、内忧外患皆危急，流程制度齐变革

20 世纪 80 年代末 90 年代初，由于急于扩张，宏碁集团并购了高斯图，造成了有史以来最严重的亏损。于是 1992 年，就有了施振荣激活宏碁的第一次再造工程。

1988 年，宏碁电脑股票上市，开始向国际化大步前进，同时邀请原任职 IBM 副总裁的刘英武加盟宏碁担任总经理，员工因此士气高昂。在外界的眼中，宏碁正进入一个全盛时期。然而，当时宏碁的竞争力已经开始减弱，但包括施振荣在内的所有成员都未曾察觉。他们并不知道，一场电脑产业的无声革命已经悄悄展开。这场革命是在台湾主机板厂商与全球各地进口商联手

主导下，形成一个兼容电脑的组装联盟，从统合模式（integration mode）走向分工整合模式（disintegration mode）。原有系统厂商与新对手交锋时，系统厂商常常是吃足苦头。

另一方面，宏碁集团经历了十几年的顺利发展，开始背负起快速成长所带来的沉重包袱。由于急于扩张，龙腾计划背离高层管理者的初衷，加之并购高斯图损失惨重，使得宏碁的组织变革迫在眉睫。其中，企业文化的变形是其核心因素，集中表现在沉浸于前期成功的狂热之中，以及经验主义、被表面现象所迷惑、投资不谨慎、跨国经营准备不充分、急于求成等，早期创业时"平实、务本"的核心理念受到冲击，价值观产生了变化。

施振荣对宏碁面临的问题有清晰的认识。他指出，导致当时宏碁"体质弱化"的病因有五种：资金太多引起的"大头症"，组织大而无当造成的"肥胖症"，缺乏忧患意识的"安乐症"，反应迟钝的"恐龙症"以及权责不分的"大锅饭心态"。

为解决上述问题，施振荣逐步实行渐进式企业再造与再造变革，以期重塑宏碁活力。在人事调整方面，从1992年4月起，刘英武辞职，施振荣又兼任宏碁关系企业总经理，并接任北美总公司董事长。施振荣把宏碁这一次的变革分成两个阶段：第一阶段是1989年将组织更改成多利润中心，以及推动"天蚕变"，这些工作还称不上是再造，而只是精简规模或调整结构。第二阶段是1992年起，宏碁修正营运模式，改用"快餐店模式"与"主从架构"分散式管理，发展出创新的管理架构与经营哲学，从而真正进入了组织变革与企业再造工程。

这一时期推动组织变革的三大策略主要是：用以改造流程的"快餐店模式"，用以改造组织的"主从架构"与在新的经营学下产生的"全球品牌，结合地缘"。具体来说，在营运流程上，施振荣将原来由台湾地区组装计算机出货到海外的方式，改为台湾提供主机板、机壳等零组件，海外单位负责组装的"快餐店模式"。对应的组织结构调整为"主从架构"，意味着海外的子公司成为独立决策权的"主"，扮演"从"角色的母公司则负责后勤支持和统筹规划。策略上则秉承"全球品牌、结合地缘"的观念，坚持海外本土化战略，以当地股权过半的方式，让海外子公司成为独立个体，以打入海外市场。

通过切实有效的再造工程，宏碁集团安然渡过成长期的危机，步入新的发展阶段。宏碁第一次组织变革的理论框架和实际运作，不仅成为管理学界研究的对象，也成为诸多华人企业的标杆典范。从 1993 年到 1995 年，不论是营收还是获利，宏碁集团都有高度的成长和进步，凸显出组织再造的功效。

三、天之厚我逆胜顺，先败后胜大跨越

继 20 世纪 80 年代末 90 年代初的第一次重大组织再造后，施振荣和宏碁集团于世纪之交相继迎来了第二次和第三次变革。

施振荣在 1998 年的第二次再造工程，成效并不显著。此番再造，目标在于通过全球运筹过程，推动全员品牌管理与加强服务。具体措施包括：将海外装配据点由 30 个整合成 13 个，海外营销改由宏电统筹管理。同时，施振荣也交棒给第二代接班人，去经营整个集团。然而，改革后的两年多以来，员工并未感受到明显的再造效果，不少员工指出："好像都是口号，不知道究竟改变在哪里。"在宏碁有 19 年资历的高管之一——雷辉指出，再造问题出在执行上未彻底落实，各个子集团各自为政，造成资源重置与浪费，效率低下。他认为，执行不力，各自为政是宏碁第二次再造失败的主要原因。

2000 年前后，电脑市场风云变幻。硬件的制造与销售的利润率越来越低，而软件市场则势头强劲。PC 市场产量供过于求，激烈的市场竞争造成恶性杀价，个人计算机的毛利不断下滑，同时因为网络时代来临，客户对新的网络应用工具却有相对强大的潜在需求，过去的产品和营运模式已无法保证宏碁在新的市场竞争中获胜。另外，宏碁集团当时还处于一种尴尬的处境——八成获利来自业外。从报表数字来看，宏碁的财务状况似乎良好，然而，当年 80 亿新台币的获利中，只有 13 亿来自本业，其余 80％全是靠过去投资股票

的业外赢利。业外收入终究不是企业成长的长期动力，而且受到整体股市状况的影响，股票的获利并不稳定。所以尽管获利数字创新高，宏碁的股价却在外资一路砍杀之下，从近 100 新台币的高档，一路跌到净值 20 新台币左右（林世芳，2004）。

为了力挽狂澜，重塑企业竞争力，施振荣于 2000 年 12 月 16 日正式宣布第三次组织变革计划：将代工事业伟创资通与品牌事业宏碁计算机营运切分开，各自专心服务于不同的目标客户，并强调宏碁变革的三大重点，即简化、专注及前瞻。

为配合战略变革，宏碁在组织文化层面也进行了相应变革，经过研讨，确立了"绩效导向、顾客导向、执行力"三个文化转型方向重点，并采取系统的布局，全面推广创新的价值观，确保新的价值观能传递到每个员工身上。

在方法上，他们设计了四个阶段的动作：第一阶段，裁员警示，由此向员工宣示变革决心，建立危机意识。第二阶段，简化工作流程，鼓励员工在自己的工作岗位上提出合理化建议，精简工作流程。第三阶段，加强绩效考核与目标执行，利用关键绩效指标，对员工的工作进行考核，一方面让员工对公司的年度目标有贡献，另一方面也让员工对自己的效率有评价准则。第四阶段，提升主管管理能力，一线经理人是传播企业价值观的核心，他们对价值观的认同与理解，是决定核心价值观能否由上至下进行传导的中坚。宏碁为了让所有主管都知道，为部属制定目标、赋能授权以及领导变革是主管的人才管理基本责任，设计了两天课程，进行"主管管理能力问卷"调查，重点提升分数不理想的管理人员（世纪人，2003）。

经过重新变革与再造后的宏碁集团，面貌焕然一新，摆脱了多重束缚，集中优势力量，轻装上阵。宏碁在两年后终于交出了不错的成绩单。分割后的宏碁、明基与伟创资通三家都进入前 25 大集团，总营业收入高达 4 196 亿新台币，总获利将近 179 亿新台币，堪称台湾高科技第一大集团；成绩比分割前的集团总营收 2 686 亿新台币、获利 73 亿新台币更加出色（林世芳，2004）。

四、淡定谢幕观风雨，华丽转身播智慧

2004 年 9 月，宏碁股份有限公司宣布其董事长施振荣将于年底退休。时任宏碁总经理的王振堂将自 2005 年 1 月 1 日起接替施振荣担任公司董事长。王振堂还将同时担任首席执行长一职。施振荣与宏碁一起经历过的几十年风风雨雨，至此已画上了圆满的句号。

施振荣退休后，又成立了智融集团，开创事业第二春，人生又有了一个新的舞台。施振荣开创智融集团的立意就是智慧融通、共创价值，也是经验的共享，这是他退休后的主业。60 岁后的施振荣，又一次实现了华丽的转身。虽已远离宏碁管理中心，但施振荣仍是宏碁乃至华人企业的精神支柱，远未到完美谢幕之时。

第二节　振荣心智高远真，宏碁思维反胜正

施振荣的座右铭："挑战困难、突破瓶颈、创造价值！"不断挑战的哲学，是施振荣认知系统的重要构成部分。要突破瓶颈，必先挑战困难，这是施振荣的一个基本逻辑。

施振荣坚信：人生的历程，是一个渐进的、每个阶段环环相扣的长期挑战过程，因此，除了从失败中学习、不断充实之外，也不得不讲求策略，在遭遇困难时，或者暂缓，或者绕道前行，因为最终目的是突破，所谓"留得青山在，不怕没柴烧"。如果暂时不能突破，就得耐心等待或先迂回试探。

施振荣认为，有若干的因缘，既印证了他的挑战哲学，也造就了日后他与宏碁的种种发展。

首先是他独立思考而不依附他人的个性。幼年时的施振荣，是个内向、不喜欢出风头的人。但是，他的想法总是和别人不太一样，也不喜欢人云亦

云。中学的时候，大家都想考医科，他很不以为然；大学的时候，大家都想到海外发展，他也很不认同。施振荣的思想不受社会大众的左右。其次是他在求学过程中发觉了自己的潜能，自信心不断增强。施振荣专修理工科，但大学时代社团活动的历练对施振荣日后的影响更为深远。他成立了摄影社与乒乓球队，还创办了棋桥社和排球队。那个阶段，施振荣在人际关系、统筹领导、服务团队等方面，都得到了良好的磨炼，培养了勇于尝试和创新的胆识。最后是他在就业时期掌握学习与发展的机会，逐渐积累了实力。在就业初期，施振荣不计较薪水，职位从工程师一路升迁到担当决策的主管，比同事有了更多的锻炼机会，也积累了较多的经验。更重要的是，从事新产品开发所遭遇的种种失败，使他对挫折能够泰然处之。

反向思维是施振荣带领宏碁不断取得突破的主要法宝与核心要素。独立的个性、潜能的挖掘、经验的积累和心智的成熟，促成了施振荣的反向思维能力的形成和不断深化。在他的经验当中，许多事情往往在正向思考中陷入困局时，运用"反向思考"反而可以出现很多活路，而且反向思维也有助于突破人生与事业经营的盲点。例如，如果企业主按照正向思考，企业资源配置自然优先照顾自己的利益，然后是股东，最后才考虑顾客与员工。但是，宏碁运用反向思考，发展出"宏碁一二三"理论。宏碁照顾利益的优先级，第一是顾客，第二是员工，第三才是股东。

在施振荣领导宏碁几十年发展过程期间，无论是组织文化构建、公司战略规划，抑或是海外市场拓展和危机时刻的组织变革，反向思维皆贯穿始终，构成了宏碁集团发展壮大的核心竞争优势之一。

一、客户员工皆一体，同知互信共增益

在施振荣看来，创造价值就是不断地寻找瓶颈，"哪里有瓶颈，你在哪里突破后，就是创造了价值"。但是，如果是一些人人都可以突破的瓶颈，那就轮不到你来突破，所以，自己从一开始就要做好"自讨苦吃，挑战困难"的准

备。经过 30 多年的创业，施振荣"发现整个华人企业家群体所面临的最大瓶颈，可能就来源于中国的传统文化"。比如，传子不传贤、师傅总是留一手、要面子不要命，等等，"这些都是很难突破的，是基于传统文化的瓶颈"（叶一剑，2011）。

在宏碁的企业文化里，施振荣相信"人性本善"，而非"人性本恶"。部分原因是个性使然，部分则源自于以前曾经被老板怀疑过的体验，所以就将心比心，从自己信任员工做起；他相信，当员工被尊重、被授权的时候，就会将潜力发挥出来。

（一）善待员工，共荣共存

正向思考：过于重视员工权益，会损害老板的利益。

反向思考：教育员工学会保障自我权益，老板才会有利益。

思考逻辑：员工为了确保自身权益，必然尽力维系公司的生存；为了创造更大的权益，更会积极贡献。

基于人性本善的根本假设，施振荣坚定地实行人性化管理。他认为，一家企业的成败，不只关系到老板的钱，更关系到员工的心血投入和未来前途。因此，企业要善待员工，不但不应将不合理的企业风险加在员工身上，更要积极地建立保障员工权益的制度。而宏碁集团更是从根本着手，不断灌输员工自我保障权益的意识。施振荣也坚信，宏碁的同仁是最懂得保障自身权益的员工群体。

（二）内部互信，群策群力

正向思考：经营者应以老板自居，员工听命行事，则效率高。

反向思考：经营者应以伙伴自居，分工互信效率更高。

思考逻辑：产业变动快速，如果大家不能对自己负责，成天看老板脸色才有所行动，将会误导决策，应变也会迟缓。

在创业初期，施振荣与他的创业合伙人经过多次沟通，约法三章："第一，万一公司撑不下去，就先由少数人留守，其他人到外面找工作，让公司可以继续经营。在这个阶段，其余伙伴的薪水打八折，施振荣的薪水打对折，他太太有两年未支薪，以便降低费用，让公司撑得久些。第二，创业初期由施振荣做主，但必要的时候，如果他的领导能力或财力不足，就要找其他人才来领导公司。第三，虽然施振荣和他太太拥有公司一半的股权，但若是他的决策遭到半数伙伴反对，就可将其推翻"。

因此，在合作伊始之际，施振荣以人性本善为基础，建立与创业伙伴之间的信任关系，构建了将公司利益置于个人利益之上的组织原则，并宣示宏碁不走家族企业路线与尊重小股东的决心。这些默契为宏碁日后的组织变革与调试奠定了良好的互信基础。

企业若要长期健全发展，伙伴之间必须建立分工与互信的合作关系。

施振荣经营哲学之一是"摊着牌打牌"，即事先了解游戏规则，大家比较好做事。宏碁在创办初期的约法三章，意义也在于此。这与日后宏碁形成自动自发的企业精神有很大的关联。

施振荣从来不把自己定位为老板。宏碁从集体创业开始到推动员工入股，有一个非常重要的意图是要让同仁真正能认识到，施振荣不是老板，他和大家一样都是伙计。这是宏碁建立互信基础的关键所在。归根结底，要让伙伴同仁们能够自我负责，决策者必须先信任同仁，否则部属永远是看脸色办事。这也就是宏碁将"人性本善"列为首要企业文化的意义所在。

（三）公开战略，聚力汇神

正向思考：企业的长期策略是秘密武器，不能让外人得知。

反向思考：企业长期策略应该尽早公开。

思考逻辑：长期策略需要长期努力，越早、越公开，越有助于力量的凝聚和目标的达成。

20 世纪 90 年代末，面临形势的变化，宏碁从"新鲜的技术"出发，提出了一种概念——新鲜的价格。"新鲜"这个长期策略，不但是对消费者的诉求，也是在提醒同仁，宏碁所生产的，是消费者最需要、最实用的产品。

第三次创业的概念，不只针对消费者的诉求，还希望形成同仁的共识。要达成这些使命，巩固这样的形象，需要花费 5～10 年的时间，因此，宏碁必须及早制定目标，结合众人的力量，不断努力。宏碁从来不把策略当成"秘密武器"，而总是持尽快公开的态度，实行透明化管理，以加强合作伙伴和消费者的信任，促进力量凝聚与目标实现。

（四）生态自造，共同分享

正向思考：为了巩固自己的利益，必须防范合资伙伴占便宜。

反向思考：设计"以伙伴的利益为利益"的合作关系。

思考逻辑：如果自己占尽便宜，伙伴为了保护自身的利益，难免上下其手、暗通款曲，到头来公司体制衰弱，反而两败俱伤。

海外合伙人存在委托—代理问题，不能完全确保与母公司的利益与共，但施振荣认为，如果视"伙伴的好处就是我的利益"，就可以做到利益共享。例如，宏碁授权地区性事业单位自行采购组件，让合资公司得到充分的竞争优势。宏碁也可以享有投资回报。再者，专业经理人入股合伙事业，利益完全建立在合伙事业之上，他们得利，宏碁得利更多。

施振荣指出，如果宏碁不能始终"以伙伴的利益为利益"，自己占尽便宜，伙伴为了保护自己的利益，当然也就会暗中动手脚，如此一来，双方各怀异心，公司无法健全经营，反而造成两败俱伤的下场。由于宏碁集团对海外事业部的高度信任及相对健全的防范制度建设，宏碁的海外事业尚未发生经理人收受回扣、图利于合资伙伴的情形。

二、大权旁落一身轻，无为成就无不为

在认知层面，施振荣成功突破人性的瓶颈，以人性本善为基本假设。相应地，在行为层面和管理实践层面，施振荣始终坚持高度的授权管理，给予下属和员工充分的自主权。高度分散式的授权管理和满足成员独立自主的成就感也是宏碁的核心价值理念之一。

对权力的贪图和掌控，是人性和传统文化使然，正因为此，施振荣要突破人性和传统文化的瓶颈，使自己不断地享受大权旁落。在不断授权的过程中，施振荣说："作为企业的高层，应该学会把大权旁落当成享受，有了这种境界，宏碁的事业才得以越做越大"。施振荣认为自己也是在追求名利，只是追求的方式是让自己不贪，不敢贪也不能贪，"因为不贪，才可以达到贪的效果。"（叶一剑，2011）正所谓达到管理中"无为无不为"的高等境界。

（一）防治葛病，名实相契

正向思考：授权管理将导致决策者失去权力，风险太大。

反向思考：授权有风险，但不授权风险更大。

思考逻辑：授权可能让公司失败，但不授权，事情忙不过来，把自己累垮，更是死路一条，授权还可能有活路。

在施振荣看来，当企业主把企业资源视为己有，大权独揽、资金私用时，终将走向"一人公司"的险途。

企业能不能做到授权，关键在于最高决策者的意愿。施振荣指出，运作良好的授权管理需要有两个条件：一是老板必须有容忍部属做事比自己差的胸怀。二是老板要能接纳部属和自己不同的做事方式。但人毕竟存在弱点与盲点。首先，要老板旁观而不心急，就已经不太容易；还要进一步去欣赏别人，这更加困难。更严重的是，有些老板对部属完全没有信心。其次，是没有未雨绸缪并耐心等待成果。为了在需要时有人可以依靠，就必须在不需要

依靠别人的时候培养人才。而造成权力独揽的根本原因在于一个"贪"字，因为贪，所以权力一把抓。

为贯彻授权管理原则，每次交办工作，施振荣只是简单概括地表达一些看法，至于如何操作，就完全让员工自行发挥，对结果的完美程度也并不强求。

当然，授权不是毫无约束的。责任是授权管理的核心精神。但施振荣时刻铭记：谁当家谁就要做主，老板只能从旁辅导，不能替部门主管做决定，否则主管永远不会成长。

另外，施振荣也十分重视在员工分工负责的过程中，管理者一定要舍得为员工的成长付出学费。

早期，宏碁曾发生这样一个案例。一位新进业务员费尽心机才卖出一套"天龙中文电脑"，当他正为此高兴时，却发现客户原来是一家专事诈骗的空壳公司，宏碁因此损失十几万元。事发之后，主管并没有责怪他，反而对他说："这个情况还真有点怪，我们来看看哪里出了毛病。"于是，他们逐一检视客户信用管理的步骤，发现他的确询问了客户银行账号，也向银行查对了，唯一的疏漏是没有进一步查询往来的时间，而这正是宏碁当时征信手续还没确实建立的部分。

施振荣指出，这件事产生了三个影响：第一，宏碁的信用管理制度更加完备；第二，由于上司的宽容，这位业务员更加努力工作，后来夺得年度业绩的第一名；第三，其他员工亲眼所见，使"人性本善"的文化更具说服力。这些收获当然远远超过十几万块钱。

(二)正知善行，百家争鸣

正向思考：建立持久的企业文化，必须采取统一与强势的灌输方式。

反向思考：持久的企业文化，是建立在分散与授权的管理基础上。

思考逻辑：充分授权之下，各阶层主管能够用自己的方法，随时随地诠释企业文化，企业文化才具有生命力，而不会沦为口号与教条。

对于组织文化，国外学者有多种界定。沙因（1985）认为，组织文化是组织在寻求生存的竞争法则，是新员工被组织所录用必须掌握的"内在规则"。罗宾斯（2005）认为，组织文化（Organizational culture）是组织成员的共同价值观体系，它使组织独具特色，区别于其他组织。Hofstede（2010）则把组织文化定义为将一个组织的成员与其他组织成员区分开来的集体的心理编程。组织文化是当人们进入一个工作组织后获得的，那时人们的价值观已经稳定，组织文化主要包括的是组织的实践活动——它们是更为表层的内容对日常实践活动的共同知觉是组织文化的核心。

施振荣认为，企业文化是一群人共同的价值观。它的产生，除了要有相同的目的、愿景之外，对做事的原则与方式也必须认同。它绝不是口号，而是日常的实际行动，但它需要口号作为沟通工具，因为有效的沟通有助于共识的达成。因此一般而言，人数越少越容易达成共识，反之，人数越多就越不容易达成。宏碁今日鲜明的企业文化，就是从草创期11个员工的小规模开始建立的。在宏碁成立第十年的"新旧文化研讨会"上，宏碁新的企业文化呼之欲出——人性本善、平实务本、贡献智能与顾客为尊。

在多数领导者的定式思维中，企业要形成强势的文化，非采取统一而强势的灌输方式不可；然而，宏碁的做法却恰好相反，他们对企业文化的执行采取高度授权。只要在四个核心理念之下，任何事业部门都可因主管个性、文化、语言的不同，而有不同的诠释。施振荣认为，虽然企业文化的精神历久不变，但它适用的意义是会随着时间与客观环境而演变的，因此必须有人给它最适时、最正确的阐释。"在一个授权的企业当中，各个主管已经充分了解公司企业文化，也能够随时随地用自己的方法来诠释企业文化，这样企业文化才会有生命。不授权的企业，只是把老板的想法像传声筒一样照章传达，绝称不上'文化'二字。"

（三）收放准绳，活力永存

正向思考：组织分散将导致失控，不利于企业发展。

反向思考：宁愿组织失控而赚钱，不愿控制而亏钱。

思考逻辑：强把组织控制在一起，效率降低、竞争不力，组织终究还是失控；如果企业成员能够拥有共同利益，大家都能自我负责，则更能为企业的最大利益而努力。

面对危机，宏碁比其他跨国企业更早发展出分散式管理架构，包括经营模式的改变（快餐店模式）、组织结构的改变（主从架构）、经营理念的改变（全球品牌结合地缘）三大策略。

在三大变革策略背后，是施振荣推崇的松绑而获利的哲学："我常做这样的比喻。假设我有三个孩子，第一个唯命是从，但是光会花钱，没有营生能力；第二个不愿遵照父母的事业安排，但是认同家族传统，独立闯出一番天地而光宗耀祖；第三个不但不听话而且完全不认同家族，破坏家族形象。如果宏碁的事业发生这三种情形，就像第一个孩子是败家子，根本不应该让这样的企业存在；第二个孩子则应该大力支持，放心让他去做，去赚钱，还是我们家族的好成员；第三个孩子我们就让他离开家族，也不能再分享所有权力，或者要他变成第二种，在家族规定的大原则之下创造自己的事业。"

主从架构是组织变革的关键策略和对策，施振荣将其与电脑发展联系在一起予以阐述。"主从架构"，就是将散置于每个人办公桌上的个人电脑，与不同功能的服务器，连接成一个完整的网络，每一台个人电脑都是独立运作的"主"，网络上随时提供最佳资源给各工作站的服务器的"从"，密切而弹性地结合在一起。从发展背景来看，人类组织的演进与电脑正好不谋而合。它的成本低、效率高、弹性大。一个主从架构下的成员，最基本的原则是：自己能做的，自己完成；自己不能做的，找伙伴帮忙，而且随时准备支持伙伴。

宏碁在全球的事业单位都是与当地企业合伙，决策中心是各事业单位的股东大会，总部只能通过股东大会影响决策。在这个管理架构中，各事业单位既是独立决策运作的"主"，又是互相支持，作为其他事业的"从"。

施振荣指出，比较合适采取主从架构的企业，是没有旧组织包袱的新企业及老公司的新部门，后者可以先独立门户进行试验，再按部就班地推展至整个公司。要从大主机架构骤然改成主从架构，会产生管理混乱，且无法运作的情形。企业经营者必须要能随时保持开放的基本心态。当时空环境产生变化，该丢掉特权的时候就要勇于丢弃。如果不能看开，仍然不愿放弃特权，结果就只有被环境所淘汰。

主从架构比传统组织有效率的另一个原因，是主从架构不拘泥于原有的组织层级。在主从架构当中，第一层"主"所投资的第二、第三层"主"，无须通过上一层"主"，便可直接和任何"主"进行互动。而且，第二、第三层的"主"，可以有机会升级成第一层的"主"。

对于这一道理，施振荣解释说："假如我们和祖父辈的人交朋友，难道非得先通过父亲，再经由祖父，然后才能和那位祖父辈的朋友往来？"

（四）唯才是举，公心私情

正向思考：为公司、为自己、为下一代，创业者应该把公司交给下一代。

反向思考：不管为公司、下一代还是自己，创业者都应把公司交给专业经理人。

思考逻辑：为同仁贡献多年，理应给予发展空间；为下一代好，不该让他们承担上一代管理的痛苦；为确保自己的利益，就该选择最好的人才来经营公司。

为使宏碁不至于陷入华人家族企业普遍面临的家族传承危机，施振荣选择了"传贤不传子"，这对很多面临家族代际传承的华人家族企业来说，是个典范。

对多数中国人而言，第一代辛苦创业，无非就是帮下一代创造更优裕的环境；更何况为公司劳苦了大半辈子，把自己的公司交给外人，岂不是很不划算？

但施振荣认为，不管为同仁、孩子还是为他自己，都应该把公司交给专业经理人。同仁为公司贡献多年，本身又具备足够的能力，如果不给他们发展空间，那是很不公平的。对他自己的孩子而言，要他进公司去面对那么多资深、专业能力比他强的长辈，还要管理他们，将会遭遇很大困难，对他也不公平。对施振荣自己而言，他要让公司生生不息，确保自己的投资利益，当然要选择最好的人才来经营公司，选择对自己最有利可图的交棒方式，才是真划算。

施振荣建议，如果企业主打算让自己的孩子接棒，就要尽早给予训练，尽量授权，千万不要到孩子50多岁了还没办法交棒；如果决定交给专业经理人，也是要及早下定决心，培育合适的人选。再者，要在公司赚钱且可以承担风险的时候去让接班人接受锻炼，积累经验，才能有效培养接班人的能力。

(五)时时授权、天天交棒

正向思考：交棒事关重大，要慎选适当时机再把棒子交出去。

反向思考：交棒事关重大，天天都要交棒。

思考逻辑：没有随时授权、培养人才，哪来接棒的人。

由于决定不让儿子继承企业，施振荣在专业CEO的培养方面不遗余力。

首先，宏碁拥有一群台湾科技业最出色的领导人，包括第一代员工，如宏碁电脑信息产品事业群总经理林宪铭、明基总经理李耀、宏碁国际总经理卢宏镒，日后加盟宏碁的宏碁科技总经理王振堂、美国宏碁总经理庄人川、欧洲宏碁总经理吕理达、德国总经理陈心正，在宏碁集团平均服务年资超过14年。而且宏碁也拥有较为先进的员工培训和领导力提升的机制，但最重要的方式是塑造授权的环境，让管理者自我学习与成长，以及让主管与同僚之间进行经验与意见的交流。

其次，要塑造员工学习的环境，最重要的是为员工缴学费，而为了让公司付出学费之后，真正让同仁达到学习的效果。宏碁采取两种长期做法：第一，建立负责任的企业文化，因为喜欢推卸责任的人，自省与学习能力必然不佳，学费就变成浪费。第二，要让员工真心愿意贡献所学，必先让其贡献有所回报，"利益共同体"便在此时产生效益。

最后，宏碁集团提升管理者的一项重要制度是培养"替死鬼"。宏碁提拔管理者最重要的考虑，就是这个管理者升迁之后有没有接替其职位的人（即所谓的"替死鬼"），若没有的话就取消其候选人的资格。这就激励管理者就必须积极培养部属。

三、败中学胜快捷径，历史对手好案例

正向思考：一朝被蛇咬，十年怕井绳。

反向思考：研究如何被蛇咬，下回与蛇斗。

思考逻辑：对于已经发生的挫败，应该认栽，但不能对未来认命，既然知道还会再发生，就要及早为将来准备。

施振荣认为，不管企业发生任何情况的亏损，过程中都有许多补救的机会，严重的亏损，总是因为一错再错或是纠结各种不同的错误，才会积重难返。因此，管理者应随时自我检讨，从过去的错误中学到应有的教训。

在宏碁历年的购并投资中成果有喜有忧。购并洛杉矶 SI 公司堪称宏碁历史上最严重的失误：投资 50 万美元，结果亏损 2 000 万美元。

1988 年，洛杉矶一位专业经营售后服务的人发展出一套加盟体系的构想，计划训练一大批家庭主妇与主夫，让他们做售后服务，在全美国建立服务网。宏碁于 1989 年以 50 万美元购并这家公司。之后，宏碁委托那位专业人士负责经营，他采取积极扩张行动，公司规模猛增，然而，内部制度建设却未能跟上，致使账务混乱，财务状况不佳。由于完全授权，宏碁美国总部无法就近管理，资金不断投入，经营却没有起色。这段时间，有问题的产品已经卖

到世界各地。尽管施振荣在危机处理方面进行了最大的努力，但 SI 最后仍不得不以结束营业收场，亏损金额超过原始投资的 40 倍。这个教训再次加强了宏碁领导者对"投资必须慎于始"的认知。后来宏碁在欧洲与中国大陆拓展业务时，都谨记要先把内部管理问题妥善解决后再图扩张。

失败的教训使宏碁对危机管理有了更深入的认识。施振荣指出，建立企业预防与应对危机的能力有三个关键：第一，必须具有危机意识；第二，建立危机管理能力；第三，还要时时提高警觉，随时改正小错误，避免酿成大危机。

宏碁避免偶然危机的重要方法之一仍是"授权"。施振荣的反向思维在这里再一次发挥了作用。习惯正向思考的人会认为，放权让部属办事，无异于增加出错的概率，怎么可能降低危机的发生？但是，不让出一点差错，亲身体会，就不会提高警觉，如此一来，出大错的概率就增高了。

第三节　未来不演王安剧，宏碁法则化知行

王安生于江苏昆山，1940 年毕业于国立交通大学电机工程专业，于 1948 年获麻省理工学院应用物理学博士学位。1956 年，他将自己发明的磁芯记忆体的专利权卖给国际商用机器（IBM）公司，获利 40 万美元。后来，他将这 40 万美元全部用于支持研究工作。1964 年，他推出最新的用电晶体制造的桌上电脑，并由此开始了王安电脑公司成功的历程。

王安公司在其后的 20 年中，因为不断有新的创造和推陈出新之举，事业蒸蒸日上。对科研工作的大量投入，使公司产品日新月异，迅速占领了市场。在 20 世纪 60 年代中期，王安想与 IBM 公司一争雌雄，导致公司业务扩张过快。公司实力难以承受这么大的压力，只能四处借贷，最终负债累累。1967 年，公司在债权银行的压力下，只能发行 250 万美元的股票来偿还债务。令

人意想不到的是，这竟然成为王安公司飞黄腾达的起点。原来，由于公司业绩很好，深受大众信赖，公司股票以每股 12.5 美元上市，当天收盘的股价竟高达 40.5 美元。一日之间，王安成为拥有账面财富达 5 000 万美元的超级富豪。

至 1986 年前后，王安公司达到了鼎盛时期，年收入达 30 亿美元，在美国《幸福》杂志所排列的 500 家大企业中名列 146 位，在世界各地雇用了 3 万多名员工。1986 年 7 月 4 日纽约自由女神 100 周年纪念仪式中，王安被选为全美最杰出的 12 位移民之一，接受了里根总统颁发的"自由奖章"。1988 年，王安再获殊荣，被列入美国发明家名人堂。

然而，正如王安公司神奇的崛起一般，它又以惊人的速度衰败了。在 20 世纪 80 年代末期，王安公司由于一连串的重大失误，由兴盛走向衰退。至 1992 年 6 月 30 日，王安公司的年终盈利降至 19 亿美元，比过去 4 年总收入额下降了 16.6 亿美元。同时，王安公司的市场价值也从 56 亿美元跌至不足 1 亿美元。1992 年员工数量也减至 8 000 人。

王安公司先后经历了 3 位总裁。首先是王安本人，青年乃至中年的王安，雄心勃勃，有胆有识。他作为一个高科技人才，有常人难以比拟的创造性。而这种独到的创新能力对电脑这个日新月异的行业来恰恰是必不可少的。创业初始阶段的王安公司也因此以惊人的速度崛起了。但晚年的王安，不但失去了敏锐的判断力，而且故步自封，刚愎自用，成为事业发展的障碍，王安公司也因此失去了电脑行业中领先的地位，开始走向衰落。更为严重的是，他任人唯亲，盲目地让大儿子接替自己。这第二任总裁才识平庸，毫无特长，不但不能弥补过去的失误，而且使公司雪上加霜，江河日下。这时，公司的第三位总裁爱德华·米勒出现了，但他对电脑行业一窍不通，这是其致命缺陷。虽然债务处理方面的特长帮助王安公司成功地减少了债务，但是，电脑企业兴盛的根本应是开发产品，增加收入，而这并非爱德华之所长。最终他也没有成为王安公司的"救世主"。

同在计算机行业中占有一席之地，但与宏碁的长期持续发展能力相比，曾经取得过骄人业绩的王安公司，其衰败速度之快，令人唏嘘不已。将王安和施振荣的经营理念和领导能力进行对比，高下立见。

一、任人唯亲或唯贤，王安宏碁谜自解

在某种程度上，王安公司的失败与王安之子的不善经营有直接关系。王安晚年刚愎自用，失去了青年时期所具备的企业家精神，造成公司的诸多失误。平庸的王安之子不具备集团领导人的胜任力，不仅不能扭转其父造成的不利局面，反而使集团雪上加霜，走向黑暗的深渊。

企业创始人将公司交给自己的孩子，是华人家族企业的一贯做法，这也潜在地导致了中国企业缺少持续发展的能力。

同为计算机行业的巨头，施振荣的反向思维和开放心态为宏碁的长远发展奠定了良好基础。合理授权、享受大权旁落、"传贤不传子"等商业经营理念非一般华人企业家敢想敢为。也正是由于施振荣能突破人性的制约和思维的束缚，才有了宏碁集团数十年来的持续壮大。

二、遇难方显英雄色，正事反看天地阔

"向上跌倒"——利用低谷树立向上的动力，是哈佛大学著名的心理学教授埃科尔在其著作《快乐竞争力》中所阐述的7大积极心理学法则之一。埃科尔指出，危机或逆境过后的每个心理地图都有三条心理路径：第一条路径，围绕着你现在的位置打转；第二条路径，把你引向更消极的结果；第三条路径，可以使我们在经历失败或挫折后更强大，更能干。而第三条路径的能力正是那些被失败打倒的人和从失败中奋起的人之间的不同之处。

然而，从失败到成功的路径并不总是那么容易被发现。在危机期间，人们可能会陷入痛苦的现状，而忘了还有另一条路。重大的失败和挫折可能会向人们灌输一种习得性无助，即相信行动是没有用的。但问题是，当人们从

心理地图中消除了向上的选择时，便消除了寻找向上选择的动机，从而最终削弱了处理挑战的能力。

危机是可以成为成功的催化剂。业绩不佳能刺激企业寻求组织变革与企业再造，找到缩减成本的创新方式。那些在挫折面前选择麻痹的领导者错失了这一伟大的机会。无助感不仅使他们自己的表现变差，而且也会降低员工的幸福感，损害公司的利益。而那些勇于迎接挑战，变得更有活力，从失败中受到激励的领导者，则收获了所有令人惊异的成果。

王安公司对一系列的失败与挫折缺少觉察与感知，亦不能从中汲取教训，推动组织变革，使其一败再败，最终造成了无可挽回的局面。而施振荣恰恰相反，他在高层管理团队的认知系统中就植入了失败的哲学。"研究如何被蛇咬，下回与蛇斗。""对于已经发生的挫败，应该认栽，但不能对未来认命，既然知道还会再发生，就要及早为将来准备。"通过从失败中提炼经验，不断完善宏碁集团的危机管理体系，在困境中找到了"第三条路径"，施振荣成功践行了埃科尔"向上跌倒"的法则，取得了傲人的业绩。

【思考题】

1. 借助相关信息检索手段并三角互证阅读企业（家）传记资料，对王安电脑和宏碁集团的创立、发展及兴衰过程进行对比，归纳、总结和提炼领导者领导风格与组织绩效之间的关系及其影响因素。

2. 反胜正宏碁思维在诸多领域具有普适性，结合个人学习及工作实际，精选一个案例，与同学分享并检验这一思维的有效性。

3. 将施振荣创立宏碁集团与任正非创办华为相比，分析两者之间的相似之处与不同之处，提炼理论意义和实践价值。

【阅读文献】

1. 施振荣. 再造宏碁[M]. 北京：中信出版社，2005.

2. 罗宾斯. 组织行为学[M]. 北京：中国人民大学出版社，2005.

3. 吉尔特·霍夫斯泰德，格特·扬·霍夫斯泰德. 文化与组织：心理软件的力量[M]. 北京：中国人民大学出版社，2010.

4. 肖恩·埃科尔. 快乐竞争力[M]. 北京：中国人民大学出版社，2012.

5. 钱君德. 突破困难的方法（上）[J]. 计算机周刊，2000(9).

6. 林世芳. 施振荣三改宏碁[J]. IT 时代周刊，2004(7).

7. 世纪人. 宏碁经验——企业再造的过程[J]. 珠江经济，2003(1-2).

8. 叶一剑. 中国大陆的"施振荣"在哪里？[J]. 企业观察家，2011(2).

9. 雷涛. 施振荣：把"大权旁落"当成享受[J]. 东方企业文化，2005(11).

10. Schein E H. Organizational culture and leadership[M]. San Francisco：Jossey-Bass，1985.

第八章

技术先进市场无情，铱星陨落血泪献身

【导入问题】

1. 最先进的技术是否一定带来最大的经济收益？

2. 导致铱星昙花一现命运最主要的因素有哪些？

3. 如何处理好需求创造与技术创新之间的关系？

2000年3月17日，曾经被誉为"给全球个人移动卫星通信产业带来革命性变化"的美国铱星公司向纽约破产法庭提出了破产清算申请，宣告公司正式破产。该公司在太空投放的价值数十亿美元的几十颗卫星也在两年内逐渐脱离轨道，在茫茫宇宙中燃烧殆尽。

铱星是世界上第一个投入使用的大型低轨卫星移动通信系统，也是世界上第一个以最先进的星上处理与星间链路技术投入使用的LEO（低地球轨道）系统。如此先进技术系统的诞生，有其特殊的经济和市场背景。20世纪80年代中后期，随着世界经济与社会生活的发展，人们对移动通信的需求也呈现日益增强的势头。毫无疑问，随着通信科技的发展，在移动通信的市场中，必将出现卫星移动通信系统、地面移动通信系统和同温层平台移动通信系统（HAPS）三分天下的局面。

卫星移动通信过去一直是由地球静止轨道（GEO）实现的，其业务主要由国际移动卫星组织（即 INMAR-SAT，原国际海事卫星组织）所经营和提供。由于人们对移动通信的要求越来越高，基于 GEO 的 INMAR-SAT 全球移动卫星通信系统也越来越不适应竞争的要求，并且明显地暴露出它的以下缺陷：

（1）终端笨重：不能提供基于手持机实现的个人移动通信业务；

（2）价格昂贵：仅用户语音终端就达 3 000 美元至数万美元不等，而空间段费用也达每分钟 3～7 美元；

（3）容量不足：最新的第三代 INMAR-SAT 全球移动卫星通信系统，一个大点波束内仅可提供 300～400 路话音信道；

（4）频谱利用率低；

（5）通信时延大，回声抑制费用高。

在这种形势下，卫星通信的原始方式——LEO 卫星通信重新引起了人们的注意。铱星卫星移动通信系统计划就是在这种 LEO 卫星通信重新升温的背景下问世的。

第一节　柏林格奇思妙想，高尔文批准立项

值得注意的是，铱星系统更直接的起源或许应追溯到摩托罗拉前 CEO 柏林格遇到的一个难题。1985 年夏天，他和夫人凯伦在加勒比的一个小岛度假，凯伦在美国开了一家房地产经纪公司，她一边度假，一边心里还惦记着公司里的生意。结果在小岛上电话没有信号，凯伦说："像你这样的聪明人为什么无法使我无论在哪儿都能用电话联系任何人呢？"柏林格便开始琢磨着如何打造一个无论何时、无论何地都能打通电话的全球移动通信系统。

当时的摩托罗拉，是一家工程师主导型的公司，柏林格本人就是一个工程师。1987 年，他和里奥珀德、彼得森提出了一个天才般的构想：用 77 颗环

绕地球的低轨卫星构成一个覆盖全球的卫星通信网。这个系统以元素周期表上原子序数为 77 的铱元素（Ir）来命名。后来铱星计划改为 66 颗运行卫星和 6 颗在轨备份星构成，但铱星名称沿用了下来。

要知道在 1985 年，全球第一个手机才面世。而正是这三位工程师的大胆构想使摩托罗拉成为这一卫星通信概念的发明者和承建者，并间接地引发了一场通信方式的变革。

对摩托罗拉来说，拿出几十亿美元出来承建铱星系统风险是很大的，但摩托罗拉公司创始人高尔文家族十分支持伯林格的计划。在董事会里，时任总裁罗伯特·高尔文和他的儿子寻呼部总经理小高尔文（后来成为他的继任人）力排众议，通过了铱星计划。

1990 年，摩托罗拉在纽约、伦敦、墨尔本、东京四地举行新闻发布会，正式向全世界公布了铱系统的建设运营计划。铱星计划的仓促启动，正是高尔文家族看到了其中蕴藏着革命全球通信产业的无限商机。并且，在 1991 年铱星公司成立之时，传统的移动电话还不普及，价格不菲，移动电话基站的覆盖面也极其有限，铱星公司提出的"通信无死角"目标确实让人怦然心动。张红（2004）认为，与传统卫星通信相比，铱星系统有两个明显优势：

• 一是由于卫星运行轨道低，克服了高轨道卫星信号较弱的缺点，易于实现全球个人卫星移动通信；

• 二是覆盖面广，由于采用多颗卫星进行项场式传输方式，使地球两极地区也被纳入它的势力范围，因而能为全球任何一个地方提供无缝隙的移动通信。

第二节　铱星本有好胎相，孕育不良难产房

铱星不仅技术过硬，诞生之初的市场前景也不可限量，但从计划的提出

到产品的问世，以及配套设施和设备的准备，在瞬息万变的市场背景下，相对静态的铱星，活生生地把自己变成了一副乞丐模样。

一、铱星神话招群盲，闭门造车育不良

可以说铱星系统的问世创造了一个 20 世纪末的科技神话：它可以使任何人在任何地点，任何时间与任何人采取任何方式通信(李秀菊，2011)。1996年，第一颗铱星上天。1997 年 6 月，铱星公司股票正式上市，就受到投资者的大肆追捧。1998 年 5 月，最后一颗卫星升空，铱星计划宣告完成。11 月 1日，铱星邀请戈尔(美国历史上最懂科技的副总统)成为铱星的第一位用户，他将第一个电话打给了美国地理学会主席，此人是电话的发明人贝尔的曾孙。谁也不能否认铱星的高科技含量，在美国科技产业颇有影响的《大众科学》1998 年 12 月号刊的一篇年度 100 项最佳科技成果的文章中，描述了获得电子技术大奖的"铱星电话系统"。铱星手机也曾被数百名中国院士评为 1998 年世界十大科技成就之一。也正是由于这一点才使摩托罗拉公司自 1987 年就对此笃信不疑，为铱星计划投入巨资。于是，铱星公司预言，1999 年使用铱星电话的用户将达到 50 万户，到 2002 年达到 500 万户。但 1998 年，据美国电子产品市场信息公司统计，当年全球普通移动电话的销售量已达到 1.63 亿部，比 1997 年增加了 51％。

显然，历时 11 年之久的"铱星计划"闭门造车，缺乏严谨的市场调研，完全低估了地面移动通信技术这一竞争对手的发展潜力和发展速度，未预料到此时的移动通信市场如日中天，地面蜂窝网日益完善，接入成功率显著提高，全球领先的通信厂商争相进入移动通信市场，各种移动电话产品体积越来越小巧，通信费用越来越低。据统计，在 1987 年铱星计划提出时，蜂窝电话全球普及率还不到 10％，相较之下，铱星的服务确实先进。但蜂窝电话发展极其迅速，1992 年普及率超过 25％。等到 1998 年 11 月，铱星公司正式投入商业运营，传统的移动电话已成为廉价的大众化商品而大踏步进入了寻常百姓

家，地面蜂窝网已在很大程度上占据了移动通信市场(李秀菊，2001)。

在研发过程中，铱星公司的我行我素，不求变化，错过了若干个转折机会。1994年，同样看好卫星通信系统发展前景的Teledesic公司向美国联邦通信委员会(Federal Communications Commisson，FCC)提交了建立宽带移动通信网；次年，FCC正式批准了Teledesic的计划，宽带移动通信参与市场竞争成为事实。到了1997年，互联网已是家喻户晓，宽带驱动已成为时代的发展潮流，但铱星计划却未做变通，将卫星陆续送上天空。曹细玉(2001)认为，铱星的失败正如乔治·华盛顿大学太空政策研究所约翰·诺斯顿所说，在错误的时间、错误的市场，投入了错误的产品。也有人比喻说，铱星公司做了一个美丽的长梦，醒来时却发现梦中的客户已经被普通移动电话公司拉走了。

二、设备设施拖后腿，曲高和寡陨落命

除了移动通信市场的急剧变化外，铱星手机的服务与技术性能还尚缺火候，却为了急于收回投资便快速投入市场也严重影响了其销售情况。生产铱星手机的公司有两家，一家是美国摩托罗拉公司，另一家是日本东京的京瓷(Kyocera)公司。但后者因技术不过关而导致通话失败率很高，故没能及时投入商业生产。摩托罗拉的手机也存在产量不足、销售渠道不畅等问题。该公司的工厂一般每天生产100部铱星手机，发货时通常首先运往分布在全球的12个铱星信关站，然后再交给各国的合伙商和业务提供商，因而到用户手中需耗费时日。据报道，一个英国用户在铱星系统运营之初就订购了一部铱星手机，但却等了足足半年的时间才到货，手机交货迟缓使铱星公司损失了不少用户。其次，铱星手机体积大。摩托罗拉公司的铱星双模式手机重约454克，京瓷公司的铱星单模式和双模式手机均重400克，它们比重量不到100克的GSM手机笨重得多。最后，铱星手机结构复杂，使用不方便。在漫游全球时，为了与当地蜂窝电话网络相连，双模式手机要更换适合当地区域传输标准的通话卡。例如一位欧洲用户到美国和日本作商务旅行，需买3个通话

卡才能与这 3 个地区的传输技术标准相匹配。另外，铱星系统的数据传输速率仅有 2.4kbit/s，因此除通话外，现只能传送简短的电子邮件或慢速传真，无法满足目前互联网的需求。而 GSM 系统数据传输速率在 2000 年可达到 64kbit/s，适应了当时人们无线上网的需要，使铱星相形见绌。因此，虽然铱星公司的技术本身既成熟又先进，但是相对于目前客户的需求而言，却有许多缺陷。

再加之通信费用不菲使更多的人望而却步。摩托罗拉公司从 1987 年就开始策划"铱星系统"，到 1998 年历时 11 年，耗资 50 多亿美元，旨在突破现有基于地面的移动通信的局限，通过太空向任何地区、任何人提供语言、数据、传真及寻呼信息。铱星的高成本注定了高价格，它所瞄准的用户群是"高层次的国际商务旅行者"，被认为是一群"付费不看账单的人"，以及从事边远地区特殊作业的人。因此，它的价格自然不是普通消费者能承受得起的。铱星移动电话的一次性投资不仅比普通手机贵 10 多倍，而且使用时的收费标准也很高（见表 8-1）。

表 8-1　铱星移动电话的相关费用及价格

项　　目	价格/元	项目	价格/（元/分钟）
手机费（裸机双模）	28 620	每月基本通话费	250
手机费（裸机单模）	25 300	国际通话费	27.4
入网费	1 000	铱星手机主叫铱星手机	14.6
SIM 卡费	200	地面电话呼叫铱星手机	14
通话保证金	300	铱星手机呼叫海事卫星终端	60
频率占用费	50	中国国内（大陆）通话费	9.8

资料来源：陶伟：《铱星移动电话——寻常人难以接受的新科技》，载《家用电器》，1999(11)。

广大个人用户所需要的是在普通地区通话质量好，费用低，便于携带的无线电话，这就决定了铱星手机仅能为少数人服务。而铱星公司所锁定的"高层次国际商务旅行者"这一顾客群绝大部分的活动范围处于普通移动电话已经十分发达的区域，铱星系统笨重的手机外形，畸高的掉话率和屏蔽下较差的通话质量和他们的要求相差甚远。李秀菊（2001）认为，铱星公司的产品定位与实际需求错位，以为只要技术先进，人们便愿意为"一个号码通全球"而付出高价，但是当这种先进的技术偏离了人们的需求时，谁会愿意享受这种"高科技"呢？

另外，铱星手机不仅价格高，而且各个地方的零售价还相差极大。例如，Eurasia公司的售价每部约为8 000美元，而法国TDCom公司的零售价为5 132美元（包括2个蓄电池和1个电池充电器）。

因此，理想与现实总是存在差距的。铱星公司的产品推出后，市场运作情况很差。直到1999年3月底，铱星总共只有1.029 4万个用户，五个月的销售总收入为145万美元，亏损5.05亿美元。在铱星公司的计划里，要想实现赢利至少需要65万个用户，仅中国用户就达10万，事实上全球也只有5.15万个用户。

就在几个月后，由66颗铱星编织出的科技神话，被无情的市场击了个粉碎。铱星股票价格曾从发行时的每股20美元升到70美元，然而，这个系统仅仅投入运营6个月之后，市场危机、财务危机便纷至沓来。1999年5月，该公司就宣布，1999年第一季度公司销售收入为145万美元，亏损5.05亿美元。与此同时，该公司背负着近30亿美元的债务，每月光是利息就达4 000多万美元。当年5月14日，铱星公司宣布，它难以按期偿还将于月底到期的8亿美元债务，并已聘请唐纳森勒夫金詹雷特证券公司帮助重新安排债务。消息公布后，投资者对铱星公司的发展前景产生了怀疑，铱星公司的股票价格也从一年前的每股60多美元跌到21日的约10美元。由于公司举步维艰，原公司总裁爱德华·斯塔亚诺于当年4月被迫辞职。1999年8月，铱星公司由于无法按期偿还巨额债务，向特拉华州的联邦破产法院申请破产保护，希望通过此举来重组债务，使公司重现生机。但终于在2000年3月17日，无力回天的铱星公司放弃了一切尝试，由纽约曼哈顿一家破产法院正式宣布铱星公司结束破产保护，进入清算程序。至此，摩托罗拉苦心经营的科技神话破灭了。

第三节　技术先进产品王，用户青睐看销量

铱星公司的破产给我们带来这样的一个问题：企业（特别是高科技企业）的发展应是技术驱动，还是市场驱动。技术在企业中的地位固然重要，但技术并不能替代市场。铱星代表了未来通信发展的方向，但仅凭技术的优势并不能保证市场的胜利。它的失败验证了"木桶理论"，即水桶能盛多少水，并不取决于最长的那块木板，而是取决于最短的那块木板。铱星的技术研发是木桶的长板，市场便是短板，技术领先与市场需求之间没有有效平衡导致铱星战略管理上的失败，使得铱星手机被迫在竞争中退出市场。马勇（2000）认为，市场的驱动应该始终是任何产业或创意的价值核心。

如今，企业面对着越来越复杂的市场环境，如何根据外部环境的变化和企业特有的状况合理地做出新产品的战略规划，是企业面临的最大挑战之一。

美国全国工业会议对新产品的开发失败的原因进行过分类，大致包括：（1）市场分析不当；（2）产品本身不好；（3）成本超过预期值；（4）投放时机不当；（5）竞争的阻碍；（6）销售力量，分销与促销组织的问题。

此外，美国著名市场学家卡特勒总结新产品开发失败的原因主要有：（1）高层管理者对自己欣赏的设想不顾一切地投入力量开发；（2）不善于对新产品的开发过程进行组织和实施有效的管理；（3）没有对新产品市场的规模进行认真的调研和预测；（4）缺乏完备有效的产品设计，设计未达到开发目标的要求；（5）对新产品市场竞争的激烈程度估计不足。

仔细推究"铱星计划"失败的原因，不难发现，铱星仅凭技术领先、产品差异化战略并不能保证它在竞争中遥遥领先，而对上市时机、市场前景的错误判断和产品定位失误为它的最终失败埋下了伏笔。

铱星手机的研发周期过长，错过了最佳上市时期。同时，对市场前景的

预测又过于乐观。无线移动通信，代表未来的通信发展方向，其市场潜力巨大，因而也聚集着众多竞争者，在模拟移动通信的基础上，欧洲大型企业联合发展 GSM 系统，美国则集中发展 CDMA 系统，而且均是使用光纤宽频技术，其性能随 IT 技术的不断发展，越来越强。铱星公司完全没有料到，经过10 多年的迅猛发展，竞争对手早已在很大程度上占据了移动通信市场，但为了急于收回投资，忽略了随着时间推移可能导致的技术更新和市场变化，铱星公司仍不合时宜地推出自己的产品，从而陷入重重困难之中。以至于受压迫的"铱星"项目不得不退出市场竞争。

产品定位与实际需求错位。用 66 颗卫星打造出来的高科技产品在上市前就被定位为"贵族科技"。铱星手机价格每部高达 25 300 元以上，加上高昂的通话费用（国内每分钟 9.8 元，国际每分钟 27.4 元），使得通信公司运营最基础的前提——用户发展数目远低于它的预想。在开业的前两个季度，铱星在全球只发展了 1 万用户，而根据铱星方面的预计初期仅在中国市场就要做到10 万用户，这使得铱星公司前两个季度的亏损即达 10 亿美元。尽管铱星手机后来降低了收费，但仍未能扭转颓势。到铱星公司宣布破产保护时为止，铱星公司的客户还只有 5 万多个，而该公司要实现盈利至少需要 65 万个用户。铱星项目的决策动机告诉人们："铱星手机不是面向普通百姓的东西"（马勇，2000）。因此，即使是像铱星这样的伟大创意，如果它只是给少数人"享受"的未来科技，缺乏大规模的市场需求也难有强大的生命力。

可见，战略决策是一个复杂的认知过程，决策者不仅需要涉及有关自我和环境的信息，还要仔细衡量各种可供选择的信息。可以说"信息决策"是战略决策中的重中之重。而通过 SWOT 分析法制定战略规划，列出企业的优势、劣势、机会、威胁，使复杂的信息明朗化，使企业决策者能够清楚地认识企业所处的情况并加以分析，提高了决策准确性。

铱星的陨落，对政府科技主管部门和企业技术创新部门的现实借鉴和指导意义。

首先应当肯定铱星系统在技术上具有极高的创新性。在偏远地区或地面网被毁情况下，铱星系统有无与伦比的优越性。在 1999 年 8 月 18 日土耳其发生大地震后，铱星公司马上为灾区送去了 25 部摩托罗拉公司生产的 9500 型铱星手机，这些手机交由土耳其军方救援队使用，话费全免。

另外，美国军方 1999 年也用铱星系统进行过多次试验，结果比较满意。宗树(1999)指出，这不仅能为铱星系统开辟新的广阔市场，而且军用试验对商用系统的发展很有用，有助于提高整个系统的性能。特别是对于东南亚、南太平洋等很难建设地面网络的岛屿众多的地区，全球的野外勘探和考察人员，民航飞机和远洋舰船，紧急搜索和救援等，都需要一种不受地域或天气限制的全球移动通信手段，因此在这些地方和部门卫星移动通信是最佳手段。

铱星在这方面则具有明显的优势：一是卫星运行轨道低，信号较好；二是覆盖面广。宗树(1999)认为，相较之下，国际移动卫星通信要受到纬度和传输时延等因素的限制，并且终端只能达到便携式的水平。

由此可见，铱星本应有良好的生存空间，但在技术创新走向市场的过程中没能走出低谷。铱星的失败再次证实了仅凭技术的优势并不能保证市场的胜利。技术创新是一个系统工程，需要一系列与之配套的目标市场战略、市场定位战略与产品、价格、渠道、促销战略等。只有进行有效的战略管理，才能促进技术创新的成功。

同时，政府适当引导。政府引导高科技企业的发展走上正确的轨道，利用政府的强大资源，如人力资源、物力资源和财力资源，对高科技企业的发展适当扶持与提供信息服务。

【思考题】

1. 铱星虽然技术先进，但由于用户数量有限，最终破产倒闭，这种铱星怪象在高科技行业中很是普遍，请列举 2～3 例。

2. 铱星计划失败的原因有很多，请按照个体、群体和组织三个层级及彼此之间的交互作用关系层级来进行归类，并提炼有效预防铱星怪象的干预策略。

3. 为摩托罗拉创立、发展及衰亡的历史画一全景图，并试着解构关键事件与其兴衰成败之间的关系。

【阅读文献】

1. 米广. 铱星计划进展顺利[J]. 中国航天，1995(8)。

2. 俞盈帆. 铱星公司申请破产保护的教训与启示[J]. 国际太空，1999(11).

3. 曹细玉，覃艳华. 陨落的铱星带给我国高新技术投资的思考[J]. 华东经济管理，2001(1).

4. 沙水清. MBA案例增加了一个新成员："铱星"陨落告诉我们什么？[J]. 上海管理科学，2000(3).

5. 张红. 沟通会无限——《铱星的陨落》案例分析[J]. 江苏商论，2004(11).

6. 王琪琼. 高科技企业一定会成功吗——美国铱星公司破产事件分析[J]. 经济管理，2000(7).

第九章 ◀

解构组织成长基因，香港科大经典范本

【导入问题】

1."十年树木，百年树人。"大学的历史是否就等于大学的质量和声誉？

2.创新型国家建设，人才培养是关键，而创新型人才的培养，研究型大学的质量又是关键，然而当前我国研究型大学质量普遍不高，主要的制约因素有哪些？

3.香港科技大学平地而起，一飞冲天的成长历程对于教育事业单位的发展路径和企业经营管理等方面用好用足特定领域的后发优势都有哪些借鉴意义？

十年能干成什么？当中国内地的很多著名大学，诸如北京大学、清华大学都以成为世界一流大学作为志向，但依然"路漫漫其修远兮"时，成立于1991 年的香港科技大学（简称"香港科大"）——这所建校仅 20 余年的年轻大学，却创造了令人震惊的奇迹：QS 世界大学排名（2012），香港科大排在了拥有百年历史的清华大学和北京大学前面；2012 年 QS 亚洲大学排名（2012），香港科大超越香港大学，一跃成为亚洲第一学府；香港科大以商学院的教育及成就最为著名，其 MBA 课程被评为世界第 6 位，EMBA 课程为世界第 1

位；英国《金融时报》公布的2013年全球工商管理硕士课程排名榜中，香港科技大学排名第8位。[①]

在"创建世界一流大学"已成为国内大学流行语，大学精神、大学之道的研究成为热门"显学"的今天，香港科大的成功确实值得我们深思，它的成功表明一所年轻的、没有太多历史和文化积淀的学校照样可以后来居上，青胜于蓝。而这正是国内大学急切追求的"跨越式发展"[②]的目标。

香港科大创建并腾飞的关键，可以用两个词语来概括，那就是激情与理性。激情是指投身香港科大创建与发展的怀揣着激情与理想的那一群人，而理性则是指香港科大完善的制度与理念。

第一节　功成不忘华族人，志同道合中国心

香港科大创校元勋之一——创校副校长孔宪铎总结香港科大的创校经验，说香港科大之所以在短短的时间内能取得如此公认的成就，首先就是因为有一群志同道合的人[③]。创校校长吴家玮则称这批人为"头脑清醒的理想主义者、不惧辛劳的开垦者"[④]。

香港科大创校初期，来港建立院系的资深同事们，大部分来自台湾地区。他们早年去美国留学，继而在美国定居，成了家，养了孩子，建立了事业和地位。到了五十岁左右，置身学术专业高峰，踏上了人生的收获期，生活优裕稳定、丰富多彩[⑤]。正当中国大陆和香港的知识分子赶着向外跑的时候，

---

① http://www.ust.hk/chi/about/ranking.htm.2013/3/13.
② "跨越式发展"是指一定历史条件下落后者对先行者走过的某个发展阶段的超常规的赶超行为。
③ 孔宪铎：《我的科大十年》，增订版，北京，北京大学出版社，2004。
④ 吴家玮：《同创香港科技大学——初创时期的故事和人物志》，北京，清华大学出版社，2007。
⑤ 吴家玮：《同创香港科技大学——初创时期的故事和人物志》，北京，清华大学出版社，2007。

这些已经在国外取得了相当成就和地位的教授们却放弃了海外稳定的生活，拖家带口来到香港。其中，创校校长吴家玮，在美国住了33年，当时已是旧金山州立大学的校长；资深教授钱致榕，曾在世界著名物理杂志上发表论文三百余篇，当时在约翰·霍普金斯大学执教；学术副校长孔宪铎，在英、加两国居住了近30年，当时在马里兰大学已做到研究中心主任，还代理一所新成立分校的副校长；才气横溢的学术副校长张立纲，在IBM的Watson Laboratory工作了三十年，是半导体物理的顶尖人物，也是罕见的"五料院士"①；工商管理学院创院院长陈玉树，三十六岁就当上了洛杉矶的南加州大学的讲座教授，是一位出色的金融学（财务学）专家；等等。当他们受邀来共创香港科大时，或不假思索，或深思熟虑，但最终都选择了义无反顾、毅然决然地投身这项伟大而又艰巨的事业。吴家玮称这批同创者为"开荒牛"，这是个实在而又有意蕴和嚼头的称呼②。

　　要知道，20世纪80年代末90年代初的香港，教授的薪俸远不如美国③，这些人须减薪回归；离开家乡数十载，业已人地生疏④，能否适应香港的环境还未可知；当时香港仅有两所大学，创办香港科大的时机是否已经成熟，许多人是持保留态度的。这样一群年近半百的"老人"，为何要冒着这么大的风险与不确定因素在功成名就之时来到九龙清水湾⑤？知名社会学家丁学良分析说，"五十而知天命"，"这时候他们更能够知道自己此生能干什么，不能够干什么，能够干成什么，最想干什么"。其实，纵使原因万千，或许更重要

---

① 五料院士指：美国科学院、美国工程院、中国科学院、中国台湾"中研院"和中国香港科技院。在全球华人中仅有三位"五料院士"，张立纲、朱经武、冯元桢。

② 李振军文，谢友国编著：《送你一座玫瑰园：香港科技大学》，长沙，湖南人民出版社，2006。

③ 孔宪铎：《我的科大十年》，增订版，北京，北京大学出版社，2004。

④ 吴家玮：《同创香港科技大学——初创时期的故事和人物志》，北京，清华大学出版社，2007。

⑤ 1986年，科大还在选择校址的时候，先后比较了港岛上屯门、粉岭、马鞍山等好些地方，最后选择了清水湾。重要的一个理由就是：它美。（谢友国：《送你一座玫瑰园：香港科技大学》，长沙，湖南人民出版社，2006。）

的因素，还在于这群人抚摸胸口，青春和梦想尚在的创业冲动，以及周游列国之后长养心间的自信，当然，生在中国、回馈母邦的愿望和外在机缘巧合也占很大的分量。从中国文化走向西方文化，中西结合、功成名就之后，再回到中国来创办一所自己理想的大学，是够理想主义的了[1]。

一颗不惧艰难的心、迎接挑战的心、强烈的事业心，最为可贵的是一颗中国心[2]，他们付出了心血、用尽了精力，在激情与理想的驱使下，同创了香港科大，开辟了新土。也正是这群人所构成的"领导团队"、所打造的"创业团队"，规定并带动了香港科大过去、现在以至未来的发展。

第二节 三维胜任构序美，聚贤纳才互竞励

基于人才的三维胜任特征模型和创业团队建设理论的观点可以为香港科大的成功提供理论依据。三维胜任特征模型认为，人才的选择应同时满足岗位胜任[3]、团队胜任[4]、组织发展与文化胜任[5]这三方面的胜任。

在岗位胜任上，香港科大创建之初就明确规定要招聘一流的人才。大学的灵魂是大师和一流的学者，所有大学的成功均得之于此。吴家玮常常将这样一句话挂在嘴边："一流的人，带来的是一流的人。二流的人，带来的是三流的人。三流的人，带来的人上不了流。在科技和企业管理这些进展神速、

---

[1] 李振军文，谢友国编著：《送你一座玫瑰园：香港科技大学》，长沙，湖南人民出版社，2006。

[2] 吴家玮：《同创香港科技大学——初创时期的故事和人物志》，北京，清华大学出版社，2007。

[3] 岗位胜任指个体顺利履行岗位职责所需的个体能力、素质和思维模式的综合表征。

[4] 团队胜任指团队内部某一成员在圆满履行其岗位职责的同时，能对团队内部其他成员工作绩效和整个团队绩效的提升能起到应有的协同增益作用。

[5] 组织发展与文化胜任指个体职业生涯规划、学习意识和学习能力、个性特质发展等与所在组织在发展方向和步调上，以及组织的基本特征及组织业已形成的特有文化特质保持动态的一致性。

飞跃时空的学术领域里，不赶一流，就上不了流。"①香港科大没有因为自己刚刚创立就降低人才的选拔和录用标准，严苛的人才标准为香港科大聚集了一大批高端核心人才，产生了群聚效应②，形成了具有吸引和聚集一流教授的环境与生态③，从而奠定了香港科大的科研水平和办学质量。同时，在领导岗位人选的确定上，香港科大选择了不仅具有较高的学术科研水平，同时还曾担任过行政管理岗位的人来担当。

在团队胜任方面，一个新创大学的战略选择和执行，决定于整个高管团队的特质、行为和经验以及团队成员一起合作的程度和质量④。创业团队能够有效突破单个创业者在能力、经验、资源等方面所受到的限制，通过团队成员的优势互补，来为新创组织的成功奠定基础⑤。但团队成员能否做到优势互补，很大程度上还取决于创业团队成员的选择和组合。在香港科大的创业团队中，吴家玮和钱致榕同质性较强，使他们能够进行工作上的默契配合，吴家玮曾说，"太多方面，我们两人的看法一致。经常一个人话没说完，另一个就完全会意，能够接下去说。难免对的时候一齐对，错的时候一齐错。⑥"但一个团队不能全都是同质性强的个体，也需要有优势上的互补。孔宪铎与吴家玮就常常考虑不同：孔比较着重"人"的因素，吴则比较着重"法"的因素⑦。有人说吴反映了香港科大的阳刚，孔反映了香港科大的阴柔，两者互补。孔阴柔的一面，曾给了吴不少帮助。吴家玮在他的回忆录《同创香港科技大

① 吴家玮：《同创香港科技大学——初创时期的故事和人物志》，北京，清华大学出版社，2007。
② 群聚效应（Critical mass）是一个社会动力学的名词，用来描述在一个社会系统里，某件事情的存在已达至一个足够的动量，使它能够自我维持，并为往后的成长提供动力。以一个大城市作一个简单例子：若有一个人停下来抬头往天望，没有人会理会他，但假若当街上抬头向天望的群众增加至5～7人，这时，其他人可能亦会好奇地加入，看看他们到底在做什么。
③ 李振军文，谢友国编著：《送你一座玫瑰园：香港科技大学》，长沙，湖南人民出版社，2006。
④ 刘燕，吴道友：《创业团队研究的理论视角及其进展》，载《人类工效学》，2008(1)。
⑤ 石磊：《论创业团队构成多元化的选择模式与标准》，载《外国经济与管理》，2008(4)。
⑥ 吴家玮：《同创香港科技大学——初创时期的故事和人物志》，北京，清华大学出版社，2007。
⑦ 吴家玮：《同创香港科技大学——初创时期的故事和人物志》，北京，清华大学出版社，2007。

学——初创时期的故事和人物志》一书中提到，"老孔开会时很少讲话，甚至不大参加讨论，但是小心察言观色，注意身体语言，推敲心理。若钟士元与我在某一事项上争论得过分激烈，他会及时推我一把，让我适可而止。……教资会里开会时，也是如此。为了摆事实、讲道理，或者替香港科大争经费、讨公平，我会过分啰唆。到了某一地步，结局已经分明，多讲也不管用；只要老孔在场，又会暗暗推我一把，让我照顾到对方的面子。"[①]此外，在全校管理教师队伍的构成上，香港科大也做到了多元化和集百家之长，香港科大从校长到教师，70%来自美国，10%来自加拿大，8%来自英国，3%来自澳大利亚。他们1/3出生在中国香港，1/4出生在中国内地，1/6出生在中国台湾，都是华人世界的精英[②]。

最后是组织发展和文化胜任。以资深教授钱致榕为例，从20世纪70年代开始，钱致榕就经常回国，为学术界的改革开放出力，并大力推动中美学术交流合作。南京大学的美国中心就是由他发起和建立的。他是非常希望能够尽己所能为中国的教育贡献力量的。还有其他的很多开创香港科大的教授们，他们在世界级的研究型大学里做得好、升得快，还经常找到一点"余暇"来参加华人运动。他们有志办学，觉得美国的研究型大学虽强，还有不少改进余地。但鉴于美国的玻璃天花板[③]太厚，不如回国尝试一下，发挥从实际经验取来的心得。香港科大创校最需要的就是他们这样的人。

"开荒牛"和"理想主义者"，这意味着实在与不惧艰辛及战略眼光与信念，香港科大的基业正是奠定在这样一群人的这两种精神之上[④]。

---

①　吴家玮：《同创香港科技大学——初创时期的故事和人物志》，北京，清华大学出版社，2007。

②　孔宪铎：《我的科大十年》，增订版，北京，北京大学出版社，2004。

③　玻璃天花板（glass ceiling）是指在公司企业和机关团体中，限制某些人口群体（如女性、少数族裔）晋升到高级经理及决策阶层的障碍。

④　李振军、谢友国：《送你一座玫瑰园：香港科技大学》，长沙，湖南人民出版社，2006。

第三节　教授治校正知行，优化制度夯根基

这样一群可爱可敬的教授，他们愿意放弃海外很好的工作、生活条件和社会地位，毅然回港。爱国热情当有之，创业激情当有之，但绝不仅止于此。人才之所以能进得来，留得住，干得好，依靠的是香港科大奇迹的第二个根基——制度。香港科大的制度建设，被香港廉政公署称赞为"制度最好，也最齐全，执法最严，也最公平"①。

香港科大制度的精髓可以用"一本手册、三句格言"②来概括。一本手册指的是香港科大的《教员手册》③。孔宪铎教授在他的两本著作《我的科大十年》和《东西象牙塔》中，都浓墨重彩地推荐了这本《教员手册》。这本手册分为13篇、34章、88条，共324页。大事小事，样样俱全。若还有一些突发情况未被载入，手册的最后也专门辟了一章来说明如何处理这样的紧急事件。而且，它是即时变更的，并非死规矩。举例来说，在Substantiation（实任制）这一章中，有一款条文是专为工学院有些教授而设的：Excellence in knowledge transfer substantiation and promotion criteria。这里特别说明，你在科研上的贡献，不止限于发表文章，有实用价值的成就，即使不能成文发表，也算是你科研的业绩。在Academic Regulation（学术规则）中，有一条特别言明用英语授课，这在目前中国的大学中是少有的。还有一条是student course evaluation，学生在每学期终了之前，要给每一门课的老师打分，这个在美国

①　杨东平：《〈我的科大十年〉解读一个新大学的传奇》，http://edu.sina.com.cn/l/2004-11-01/89885.html，南方周末，2018-04-08。

②　谢友国：《送你一座玫瑰园：香港科技大学》，长沙，湖南人民出版社，2006。

③　香港科大的手册其实不止一本，还有《教员手册》《教学手册》《人事政策与规章》《学术计划报告》等，它们共同规范了教员的言行，维护了教员的权益。

应用很广泛的做法，也是香港科大首次引用到香港的。

三句格言分别是：（1）一流的人，带来的是一流的人。二流的人，带来的是三流的人。三流的人，带来的人上不了流。这决定了什么样的人能够"进得来"。（2）延聘一流人才，并使他们快乐。这决定了为什么人才能"留得住"。"对全校来说，教师人数很大，一位教师的招纳看来好像不是那么重要；可是对每一位教师个人而言，选择去哪所学校会决定他以及他家人的一生。因此学校必须诚心诚意尽可能为他们创造最好的工作和生活条件。①"（3）求质求精不求量。这决定了为什么人才能"干得好"。香港科大一直致力于把有限的资源用在少数学科以及专业上，并且这些专业要处于国际领先地位。香港科大在创校初期在选择专业时，定了三个标准：是否对香港的经济、文化和社会发展起促进作用，对中国有贡献；是否能找到、请得起该学科或者是专业的一流学者来带头；是否找得到足够的经费，养得起这么一组科研人员②。吴家玮在回忆录中也写道："科大创办伊始学校不大、经费不多，科大的领导者们决定集中资源，做能做得最好的事。听说教资会和研究资助局想集中资源支持一些世界级的科研，他们就看准校内最有实力的科研项目，进行'重点出击'，预做准备"③。

一本手册、三句格言，是香港科大制度和理念的精华。但手册和格言是表面的，任何学校都可模仿或照搬，若看不到其内在的精神和其外化的生态，则只会成为"淮北之橘"。

科大的制度设计主要是以美国模式为范本，由于创校初期所指定的"小而精"的发展战略，因此香港科大创业者们找了两所在美国的大学中不算一流，

---

① 廖方、胡晓琼：《如何角色定位：教育国际化下的企业与高校——香港科技大学荣休校长吴家玮教授访谈》，载《新资本》，2007(4)。

② 李朝庭：《他山之石可攻玉——从香港科大的崛起看南科大的教改之路》，载《广东科技》，2011(19)。

③ 吴家玮：《同创香港科技大学——初创时期的故事和人物志》，北京，清华大学出版社，2007。

能排得上前 50～60 名，但进不了前 25 名的马里兰大学和加州大学的制度作为参考样本，设计出香港科大体制的基本架构①，既有沿用美国大学的制度，也有结合香港和香港科大具体情况的创新，更有管理者们为确保制度落地而做的细化和改进。香港科大的制度特色有很多，在许多关于香港科大成功原因与启示的文献中也有涉及，在此就不逐一而论，仅选取几个有代表性的介绍如下。

在香港科大创建之前，香港大学实行的是"校长负责制"。条例明文规定：校长既是最高的行政"执行官"（Chief Executive Officer，CEO），也是最高的学术领导人（Chief Academic Officer，CAO）。连学术委员会这个学术决策机构，主席一职也由校长担任；这点与美国大学不同。

美国是一个先天对权力过分集中抱有极端的怀疑情结的国家。政府体制施行三权分立，务求平衡互制。这种传统延伸到学界，就尽可能让行政与学术分家。校长是行政部门的 CEO。即使他是 CAO，也不让他担任学术委员会的主席。经常还会看到学术委员会里，校长是独一无二的行政人员。香港科大把美国"教授治校"的精神引了进来，同时又兼顾了英国"校长负责制"的传统。最初的学术委员会成员共 55 人，包括（1）行政人员 14 人，也就是校长、副校长、院长、主要学术支持服务单位的负责人；（2）系主任 19 人；（3）"阳春教授"19 人；（4）学生代表 3 人。虽则学术委员会的成员还是不像美国大学那么清一色都是非管理人员，行政人员却势孤力弱，碰到争端性较强的学术事务，根本做不到独断独行。吴家玮讲述过这一"教授治校"制度的作用，"我离任后，一度发生过'两校合并'的争端。全校教职员、学生和校友奋起抗争、展开护校运动，那外来的、由上而下的合并主张，最终被教师们在学术委员会里否决。侧眼旁观，规范化了的'教授治校'制度，让教师们动用合法权利，

①　王晶晶：《来自世界后发型大学的成功启示——以香港科技大学和新加坡南洋理工大学为例》，载《宁波大学学报（教育科学版）》，2009，31(3)。

当真在关键时刻发挥了力度和作用。"①

香港科大在教师的升迁和任免制度上，有三个不能动摇的基本原则。一是教学和研究必须并重。二是学术评核必须以"教授治校"为本。三是"永久职"的要求和评核过程必须严谨。②

首先是教学和研究并重。在教学评估方面，一般世界级大学的做法是：写明要求和准则，在教课内容和教师表现这两方面画上底线，做出观察，并让学生参与评核，两方面都须超越底线才给过关。此外运用不同措施来激励和奖励教师，让他们各显神通，做好教学工作③。香港科大沿用了国外这一先进做法，从一开始就订立了"学生评核教学表现"的制度。这种学生评核老师的做法，在香港非常出格。此外，香港科大还对这一制度加以改进，他们认为单让学生评核是不足够、不可靠的；还需加上同行评估。系里的资深教授可以去课室旁听，副校长可以去巡堂，亲身体验某些教师的表现。在讨论教师升迁之际，学生评核、同行评估、副校长巡堂这些都可以作为考虑因素。在研究成绩的考核方面，则依循国际准则。

其次是学术评核以"教授治校"为本。教和研两方面，教授们是专家，行政管理人员绝非权威。"教授治校"实现于教师评核制度的方法是：由校、院、系三级"教授小组"负责聘任和晋升的评核。初步是在学系里进行，与其他大学不同的是，为确保教师能充分发表意见，系主任不参加教授小组，但是带头发展该系的系主任责任又特别重大，讲话需有一定分量，因此又要求他分别写出个人看法。两份独立报告同时交送院级，尽量求取平衡。接着由跨系组成的院级教授小组复审。成员是副教授和正教授，因为是跨出自己领域来参与评核他人，需要有比较广阔的知识面、成熟的思维和丰富的经验。评核过程与系级大同小异，要求教授小组与院长分别缮写报告。最后是校级，由

---

① 吴家玮：《同创香港科技大学——初创时期的故事和人物志》，北京，清华大学出版社，2007。
② 吴家玮：《同创香港科技大学——初创时期的故事和人物志》，北京，清华大学出版社，2007。
③ 吴家玮：《同创香港科技大学——初创时期的故事和人物志》，北京，清华大学出版社，2007。

跨院组成的教授小组进行终审，成员都是正教授。小组和学术副校长分别缮写报告。过程中必定邀请校外学者参与评议。①

最后是"永久职"的要求和评核。在很多国家里，永久职体制已成传统，几乎所有教师一到就属永久聘用。社会对教师给予了一定的保障，也难免会成为少数在工作上放松、以逸待劳者的屏障。对此，香港科大运用一期三年的合同，两个三年期后决定是否颁予永久职，评核要求高，过程特别严谨。要想成为香港科大教授，拥有终身教职，必须通过"三级一界"的学术评审制度。"三级"就是"系、院、校"三级评审，"一界"就是要送到七位以上外界评审人手上进行学术鉴定。这"一界"非常重要，丁学良称之为"生死界"②。舆论评价科大的这一制度为打破了铁饭碗，为香港带来了铁饭碗传统的末日。

香港科大的制度是以美国等同类型研究型大学的制度为蓝本的。这些世界一流大学的制度都非常完善，本可以拿来现用。但是香港科大不这样做，而是坚持要通过全体教员的详细讨论，即便讨论的结果与蓝本相差无几。吴家玮教授的解释让人真正触摸到了这套制度的灵魂，他说："更重要的是，放弃半辈子在国外建立的教研生涯和优越生活、来到香港胼手胝足共创大业的同事们，在制定学术规章上，必须拥有发言权——哪怕最后通过的完全可以事先预料。"正是这种对教员权利理性的近乎本能的尊重，才赋予了这套制度鲜活的生命，而不流于纸头。正是这种民主法治的精神，使这套制度赢得了全体教员的拥护和尊重。孔宪铎教授说："香港政府的廉政公署和我们的姊妹院校都对我们的严守规章，或是称赞，或是模拟。"

制度制定好了，也的确实现了"教授治校"的原则，但是执行起来，能否保证详尽公平，还要看校长把不把它当成一回事、尊不尊重教授们的意见、愿不愿意仔细严谨地了解每一案情。院长、系主任和正教授都是大学的关键

---

① 吴家玮：《同创香港科技大学——初创时期的故事和人物志》，北京，清华大学出版社，2007。
② 汪润珊，傅文第，孙悦：《香港科技大学高水平师资队伍建设的特点与启示》，载《教育探索》，2011(3)。

人物,他们的聘任和留任把握了大学的命运。校长和学术副校长在这套既是脑力密集又是劳力密集的任务上,绝不能任意放松,绝不能因循了事,更千万不能犯规徇私。吴家玮曾说,"其实任何机构都是一样:碰上不懂管理原则、不愿自我抑制,或者把事情看得过分轻松、不肯费神、不愿交心的领导人,说什么都没用。"①因此,作为最高层的管理者,吴家玮与孔宪铎等人经常会一同考虑教师的评核和升迁、教授的薪酬等问题,讨论得十分周到,断定得非常严谨。

第四节 他山之石可攻玉,兴学善政皆范本

香港科技大学朱天教授在接受内地媒体访谈时曾说:"假如把知识当作产品的话,知识的生产无非涉及三方面的资源:人才,经济资源,以及往往为人们所被忽视的制度环境,包括学术规范。"②由此可见,成就一所世界一流大学的关键在于人才、资源和制度。

首先,资源很重要。内地一些省级政府已经意识到,要采取香港科大发展的模式——在一个短时间内,集中力量办好一两所大学,带动其他大学发展。内地要办好一两所学校,就要由政府出面,并引导好社会资源。像香港科大有很多资源来自社会机构。

其次,在吸引人才方面,要注意人才的国际化和多元化。办学要吸引、容纳各方面的人才,正如丁学良教授的一句名言,"人要来自五湖四海,派要

---

① 吴家玮:《同创香港科技大学——初创时期的故事和人物志》,北京,清华大学出版社,2007。
② 引自:21世纪经济报道《"香港科大现象"及其启示》,http://edu.sina.com.cn/l/2004-09-23/ba86142.shtml,2013-3-23。

出于三教九流"①。不仅要引进有留学背景的人，而且还要注意有在国外教学、管理和研究经验的人才。像香港科大早年的一些领导人才，前任校长吴家玮在美国做过研究，当过教授，当过校长，做过行政职务。这批人才很重要。曾任香港科大经济发展研究中心副主任的李稻葵说过，"光是在海外留过学，顶多能搞好学问；一定要是教过学生、在海外工作过的人，他们知道招聘教员怎么讨价还价、怎么评审教授，大学是怎么运作的。这批人才恐怕是目前中国内地大学最急缺的"。

　　最后，也是最重要的，就是制度。资源的问题、人才的问题，归根结底都是制度的问题。试问，没有好的制度，怎能获得好的资源，怎能吸引好的人才？在制度上，一定要贯彻"教授治校"的思想，而不是让行政人员、更不能是政府官员独断；在教授聘请、晋升方面，要实行"分权"管理，要有基层人参与，因为普通教授最了解真实情况；一些重要的议程，要按国际标准，把国外的专家请来参与。内地近几年来培养了大批人才留学海外，但问题是为什么这些人学成后选择留在国外，或者去到文化和风土不甚相符的香港，却偏偏没有选择回到自己土生土长的内地。问题的根源就在于内地的制度环境。朱天指出，"就目前内地大学的制度环境来看，不是说你教学研究做得越好，评价就越高，它并不总是鼓励你做学问做研究。"由于没有好的学术规范和学术制度，很多内地院校，把在国外刊物上发表文章看得很重要。在国外刊物上发表文章并不见得对国家的贡献就大，特别是在经济学等社会科学方面，外国人所关心的东西，跟我们中国人所关心的东西不完全一样。但国外文章发表制度合理，比如匿名评审制度，刊物的好坏与文章的好坏正相关，但在内地，在社会科学方面还缺乏匿名评审制度，真学问跟假学问的差别很难区分。因此，高端人才很难有回国做研究、发文章的动力。换句话说，回

---

　　① 引自：21世纪经济报道《"香港科大现象"及其启示》，http://edu.sina.com.cn/l/2004-09-23/ba86142，shtml，2013-3-23。

去对个人的学术研究就是一个损失。因此，内地要办一流大学，建立一个好的制度是关键。

【思考题】

1. 高校作为知识精英汇聚的组织，有别于企业和其他公共部门，简要分析高校的组织特征及其对应的最为有效的社会治理模式。

2. 香港科技大学从创立到成为学界翘楚，仅用了短短十余年的时间，影响因素很多，请分别从创始人领导风格、关键成员选拔策略及环境支持等因素及彼此之间交互作用关系角度分析。

3. 请以你熟悉的大学为例，分析其管理现状及对应的社会治理逻辑，并参照香港科技大学的成功经验，为其提出对应的优化对策。

【阅读文献】

1. 李芳，王剑锋. 高校"非教师序列人员"管理比较研究——以芝加哥大学与国内 A 大学为例[J]. 高校教育管理，2013(11).

2. 刘洪一，刘佳. 走向国际化的高等教育：香港、深圳高等教育通观研究[M]. 北京：北京大学出版社，2004.

3. 包月红，唐安国. 从大学文化角度解析香港科技大学的成功[J]. 设计艺术研究，2006，25(3).

4. 安心，高瑞. 大学学术副校长的角色和特征——以香港科技大学为例[J]. 研究生教育研究，2010(4).

5. 吴家玮. 同创香港科技大学：初创时期的故事和人物志[M]. 北京：清华大学出版社，2007.

6. 孔宪铎. 我的科大十年(增订版)[M]. 北京：北京大学出版社，2004.

7. 孔宪铎. 我的科大十年(续集)[M]. 北京：北京大学出版社，2011.

8. 齐锡生. 香港科大还有什么好说的[M]. 深圳：海天出版社，2014.

9. 牛欣欣，洪成文. 香港科技大学的成功崛起——"小而精"特色战略的实施[J]. 比较教育研究，2011(11).

10. 周详. 现代大学行政治理模式的创新与实践——以香港科技大学为例[J]. 高等工程教育研究，2017(3).

第十章 ▶
西楚霸王唯我独尊，高祖刘邦聚智增慧

【导入问题】

　　1. 楚汉相争中，刘邦以弱克强击败了强大的项羽后一统天下，建立的大汉王朝还延续了四百余年。刘邦不仅成功创业，而且从创业家成功转型基业长青的企业家，请问主要的原因有哪些？

　　2. 项羽和刘邦的家庭出生和成长经历有何本质不同？传记背景上的差异是如何影响他们各自独特的心智模式的形成和发展的？

　　3. 简要描述项羽和刘邦在创业团队建设与管理有效性上的差异及其影响因素。

　　4. 楚汉相争为我们在领导者的选拔和培养，以及组织管理有效性的提升等方面提供了哪些值得借鉴的经验和教训？

　　对于项羽和刘邦，司马迁可谓"扬项抑刘"，他在《史记》中，不仅用"本纪"将项羽作为帝王①来记载，还浓彩重墨地记录了项羽一生的所行所果。项羽31岁匆匆自刎而去，司马迁用了11 114字来为其扬名立传；而对于项羽的

---

　　① 项羽虽然事实上已一统天下，但至少他在心智上没有这么认为，所以用"本纪"为其作传稍显勉强。

主要竞争对手，生命长度正好是项羽两倍的大汉王朝的开国皇帝汉高祖刘邦，司马迁也仅多用了 488 字①！对于决定两人成败的楚汉相争，司马迁更是用笔细腻，分别占了《项羽本纪》几近三分之二和《高祖本纪》超过三分之一的篇幅（见表 10-1）。

表 10-1　司马迁所著《史记》中的《项羽本纪》和《高祖本纪》的主要数据比较

对比项目	项羽	刘邦
生死年代	公元前 232—前 202 年（31 岁）	公元前 256—前 195 年（62 岁）
本纪字数	11 114 字	11 602 字
楚汉相争	7 163 字（64.5%）	4 464 字（38.5%）

对于英雄项羽一生的所行所果，太史公在《项羽本纪》中的评价言简意赅、恰到好处。在司马迁看来，项羽是创业的高手，看清了形势，抓住了机会，白手起家，与其他五诸侯联合，仅用了三年时间就推翻了秦帝国，成为名副其实的西楚控股集团的董事长，虽然不够善终，但已是前无古人了。对于项羽之所以难成大事，司马迁认为原因有四个：一是项羽目光短浅，没有建都在具有地缘优势的关中地区而建都在可以随时显摆自己功成名就的老家彭城。二是自恃功高，不从义帝"先入定关中者王之"之约，驱逐义帝自立为王。三是缺乏必要的反省意识。只会埋怨他分封的诸侯们不听话，纷纷背叛自己，从不反求诸己思考这是什么原因造成的，给了封地的不满意，没给封地的更不满意，纷纷众叛亲离。四是不学习历史，不从历史中借鉴管理智慧，单线思维，把自己强大的杀戮能力的作用估计得过高，认为武力就是天下，武力就是一切，自困樊篱而不自知。因为如上四点，结果仅用了五年时间，就将曾经的辉煌功业败得精光。更为可悲的是，项羽到了穷途末路行将自刎于乌江之际，依然还不明白自己因为什么而败，简直太过分了！临死前还说什么"不是自己不会打仗，而是上天不相助"，简直荒谬到了极点！

---

① 该数字为《高祖本纪》的 11 602 字减去《项羽本纪》的 11 114 字。

对于刘邦之所以能以弱克强战胜项羽而一统中原，《高祖本纪》上有一段刘邦与群臣的对话尤其值得回味：

高祖置酒雒阳南宫。高祖曰："列侯诸将无敢隐朕，皆言其情。吾所以有天下者何？项氏之所以失天下者何？"高起、王陵对曰："陛下慢而侮人，项羽仁而爱人。然陛下使人攻城略地，所降下者因以予之，与天下同利也。项羽妒贤嫉能，有功者害之，贤者疑之，战胜而不予人功，得地而不予人利，此所以失天下也。"高祖曰："公知其一，未知其二。夫运筹策帷帐之中，决胜于千里之外，吾不如子房。镇国家，抚百姓，给馈饷，不绝粮道，吾不如萧何。连百万之军，战必胜，攻必取，吾不如韩信。此三者，皆人杰也，吾能用之，此吾所以取天下也。项羽有一范增而不能用，此其所以为我擒也。"

刘邦和王陵他们的意思很明白，刘邦之所以能得天下，而项羽不能得天下，原因有两个：一是刘邦有一套有效平衡个人之绩与组织之效关系的绩效管理体系。的确如高起、王陵所言，刘邦这个人给人的印象似乎值得称道的地方并不多，但他不仅知道将大汉集团的生存和发展压力自上而下地分解给各位弟兄，同时也知道根据各位弟兄的实际贡献自下而上地给予及时、充分的肯定，这种全员持股的"与天下同利"创业模式使大家感觉为刘邦打工与他们自己创业差不多甚至更强。二是刘邦知道没有完美的个人，但有完美的团队。既然要通过团队的形式来完成组织生存和发展所需但个人完成不了的目标和任务，作为团队的领导者与建设者的刘邦能知己所短并用人所长就显得尤其关键。刘邦自己也说了："大家都知道，'运筹帷幄，决胜千里之外'，我哪赶得上张良？所以重大战略决策我都听他的；'镇国家、抚百姓，给馈饷，不绝粮道，'萧何是最好的行家里手，所以我全权委托他做好后勤补给和后方的社会管理工作。'连百万之军，战必胜，攻必取，'韩信天下无敌，所以所有的大战恶战我都得仰仗他。他们这三个人，都是人间豪杰，我能用好他们，所以我能取天下。项羽身边有一个范增，也算得上是足智多谋之人，但项羽那个牛脾气使他的作用没有得到应有的发挥，不被我击败才怪呢！"

在今天看来，项羽和刘邦都同属创业人员，那为什么项羽一路高开低走，似乎应该成功而没有成功？而刘邦与之相反，低开高走，尽管一路磕磕绊绊，屡败屡战，但还是取得了最后的胜利，成为最后才笑者才能笑到最后的典范，一手建立的大汉集团还延续四百余年，成为迄今为止中国历史上寿命最长的"公司"。对于项羽之所以失败，刘邦之所以成功，已有的研究多从项羽和刘邦的个人素质和性格（陈德光，1991；陈光天，2004；易中天，2006；郝继明，2010；丁波，2012）、战略目标和战略思维（陈裕宽，1994；宋杰，2012）、政治意识（王太阁，1994；霍达，2012）等方面进行了深入的探讨和分析。但这些因素的成因及其彼此之间的因果或相关关系，以及这些可能存在的关系对对今天诸多组织的管理者和领导者，尤其是志在成功的创业者具有诸多的借鉴意义。本书借鉴经典的组织行为与人力资源管理的研究方法，在前人相关研究基础上，采用质性分析的方法，从项羽和刘邦的心智模式及其形成过程的分析切入，试图探寻他们的心智模式、日常的情绪表现、一贯性的行为（奖惩）风格，团队建设与管理的有效性等因素之间及其与创业绩效的关系，为组织管理者，尤其是志在成功的创业者提供相关理论指导。

第一节　遗传环境铸个性，刘邦项羽相对立

尽管知道一个人的过去，并不能完全准确地预测到他的现在和未来。但除了根据一个人的过去来预测他的未来外，目前似乎没有其他更能被人们普遍认同的前因变量，因为"行为固化成习惯、习惯决定个性、个性决定命运"的定律在实践中得到反复验证。而决定命运的个性成因，无外乎先天遗传和后天成长环境，而这两者，项羽和刘邦都存在本质区别，这种本质的区别也就决定了他们各自独特的心智模式。

一、败落贵族楚霸王，滥杀无辜自不彰

项家历代为楚国大将，在楚国享有很高的地位，是楚国的名门望族。公元前 232 年，项羽出生于今江苏宿迁的下相梧桐巷，他的童年自然是在欢歌笑语中开启，这种情形在他八岁的时候再度得到强化和提升，因为他的爷爷项燕作为对秦战争的总司令，在公元前 225 年彻底打败了秦国大将李信率领的二十万大军。

项燕打败秦国大将李信，不仅给楚国人带来了希望，也使项家在楚国的地位更加尊贵荣耀。项燕成为楚国人心中的大英雄，而项氏家族也成为楚国的最后寄托。

每当项羽走上街头，路人都会投以敬佩的目光，大家都赞扬说，这就是大将项燕的孙子，名叫项羽，不要看个子这么高，其实才八九岁，而且听说力气很大，是个将才，将来长大成人，与爷爷项燕一起抵抗秦军，楚国就有希望了。（李清泉，2011）

可是好景不长，当秦始皇得知李信不敌项燕的消息后，他立即赶往王翦的老家频阳，向他"承认自己判断失误，并亲手授予王翦上将军将印，又以下嫁信阳共主、赏赐大量田宅为手段，深结其心。"（张分田，2005）请王翦出山取代李信挂帅，亲率秦国六十万大军再度征伐楚国，于是项燕被杀，楚国灭亡，项羽被迫随其叔父项梁逃亡到远离家乡数百千米外的吴中地区避难，这时项羽才十岁，就有了如此泰极否来的情绪体验，这种极端的情绪体验对项羽后来嗜杀成性的个性养成定有相当的影响。

相关史书上只有项羽爷爷和他的三叔项梁的身影，那项羽的父母亲是谁？要么早亡，要么依然活着但对项羽的人生没有值得记载的影响[①]，所以项羽

①　陈舜臣在《帝国的软肋——大汉王朝四百年》（廖为智译，新星出版社，2008）一书中考证，项羽幼年丧父，由项氏家族共同照顾。但由于他只听项梁的话，所以项羽事实上的监护人就是项梁这个单身汉兼杀人犯。

从小成长在一个有荣耀的家族光环、衣食无忧，阳刚之气十足的家庭中。而自己一切的一切，都随着爷爷项燕被战死而彻底改变了，在项羽的大脑中，存在这样的逻辑：爷爷存，日子好过，受人尊重；爷爷亡，日子虽算不上难过，但活得不够光明正大①。而爷爷的存亡，秦始皇就是主要凶手，这些道理，想必他项梁总会讲给他听，加上他在逃难过程中极有可能亲眼目睹多场冷兵器的血腥杀戮，让他坚信了一个道理，是秦始皇让我项羽不能好好过日子的，我要杀了他。而要杀了他，据他所见所闻，必须要有在万军之中取上将首级的本领，所以他才迫不及待地要学万人敌。

项羽自小就经历的这种极端的情绪体验，他心中对秦始皇和秦王朝的仇恨被周围的人反复强化后，他已然成为一个"极端分子"——"冷血"，不知他人疾苦，喜欢滥杀无辜。在他眼中，满眼都是灾难深重的家仇。于是，当他23岁在会稽远远见到了秦始皇，便发出了"彼可取而代也"的让项梁吓破了胆的豪言壮语。

次年，项羽24岁，随其叔父项梁于江东率八千子弟兵加入反秦起义。从此他就大开杀戒，钜鹿之战初显神威，扬名天下，让其他诸侯吓破了胆：

项羽乃悉引兵渡河，皆沉船，破釜甑，烧庐舍，持三日粮，以示士卒必死，无一还心。于是至则围王离，与秦军遇，九战，绝其甬道，大破之，杀苏角，虏王离。涉间不降楚，自烧杀。当是时，楚兵冠诸侯。诸侯军救巨鹿下者十余壁，莫敢纵兵。及楚击秦，诸将皆从壁上观。楚战士无不一以当十，楚兵呼声动天，诸侯军无不人人惴恐。于是已破秦军，项羽召见诸侯将，入辕门，无不膝行而前，莫敢仰视。项羽由是始为诸侯上将军，诸侯皆属焉。②

---

①　从《项羽本纪》中对项羽与其叔父项梁"避仇于吴中，吴中贤士大夫皆出自项梁下。每吴中有大繇役及丧，项梁常为主办"的记载来看，项梁虽然逃难吴中，但他在当地颇具影响力且有一批高质量门生故旧，由此可以推断项羽他们应该不会为衣食等俗事操心。但因为项家是秦国最大强敌楚国的台柱子，自然是新成立的秦朝政府的重点防范对象，甚至是重点缉拿对象，所以项羽和项梁他们只能按捺住张扬、潇洒、飘逸的性子，隐姓埋名、忍气吞声过着事实上是寄人篱下的日子。

②　《史记·项羽本纪第七》。

　　彭城之战再度彰显了项羽超乎寻常的杀戮能力：

　　汉王部五诸侯兵，凡五十六万人，东伐楚。项王闻之，即令诸将击齐，而自以精兵三万人南从鲁出胡陵。四月，汉皆已入彭城，收其货宝美人，日置酒高会。项王乃西从萧，晨击汉军而东，至彭城，日中，大破汉军。汉军皆走，相随入谷、泗水，杀汉卒十余万人。汉卒皆南走山，楚又追击至灵壁东睢水上。汉军却，为楚所挤，多杀，汉卒十余万人皆入睢水，睢水为之不流。①

　　可惜的是，项羽不仅杀了很多该杀的人，还杀了很多不该杀或可以不杀的人：公元前 209 年 9 月，项羽杀会稽郡守并府中数十百人。公元前 208 年 4 月，击杀自称楚王的景驹和将军秦嘉。公元前 207 年 11 月，假借楚王"宋义与齐谋反楚，楚王阴令羽诛之"的诏令而诛杀援赵上将军宋义。公元前 206 年 11 月，在新安城南坑杀秦将章邯部二十万降卒。同年 12 月，引兵西屠咸阳，杀秦降王子婴，烧秦宫室，火三月不灭；收其货宝妇女而东。公元前 205 年 10 月，杀义帝、韩王成、藏荼。公元前 205 年 1 月，讨伐田荣，坑田荣降卒若干。公元前 204 年 5 月，杀纪信、烹周苛，并杀枞公。公元前 203 年 10 月，本想将已投降彭越的外黄 15 岁以上男子全部坑杀，幸得一能言善辩的 13 岁小孩提醒，项羽才收起了屠刀。项羽就是嗜血成性的杀人狂，这种变态的心智模式就是在生命的最后关头也依然有十足的表现，并引以为豪。

二、平民刘邦自胜强，化敌为友扬己长

　　与不满 10 岁就被迫关进深宫内宅进行圈养，整日训教家仇族恨的项羽相比起来，刘邦的日子就轻松、洒脱得多，快乐的童年很长很长，三十多岁了也没个正式对象，"喜欢美酒和美人，更喜欢结交四方朋友，四里八乡的壮士豪杰都跟他有不浅的交情，这之中既有读过书的乡绅，也有浑身腥污的市井

---

　　① 《史记·项羽本纪第七》。

贩子"（白小龙，2011），因此刘邦交友甚广，社会化程度极高，自然熟悉社会生活，了解人民心理。可以想见，一个三十多岁的大男人整天还像一个孩子一样自由自在，这不仅让年幼的孩子们，也会让那些心中充满童心的孩子他爹他爷们羡慕不已，所以人气肯定是旺上加旺，否则他就不会轻松当上泗上亭亭长了①。

刘邦的社会化程度高，熟悉社会生活，了解人民心理，可从他的日常行为表现可以管窥一斑。《高祖本纪》上说他天生就喜欢与人而不是与事打交道。加上他快乐单生汉的日子比普通人长了很多，可以想见，在他十多岁到三十多岁还是一人吃饱、全家不饿的时候，没有娶妻生子的想听他聊聊如何才能像他这样过得恬静自然、随心所欲，已经成家立业的想找他聊聊以化解一下心中的苦闷，由此他一开始就是能为他人带来快乐的人。他到什么地方喝酒，都有人跟着去，或顺便向他倾诉倾诉，或想听他讲讲外边的世界②，于是他常去喝酒的地方只要他一去，销售额就会翻几倍，酒店老板很受感动，每到年终都自毁销账的形式来答谢他。

刘邦的家境决定了他没受过什么正规的文化教育，但他的悟性极高，相传张良得黄石老人真传《太公兵法》，他多次向其他人讲授《太公兵法》上的理论时，没有人能听明白，但当他带着一百多人准备去投景驹时，半路上遇到了刘邦，试着向刘邦讲授，刘邦不仅听得明白，而且还称赞讲得很好，随后还经常采纳张良的策略。张良很感慨，说刘邦是天生奇才，于是临时改变了主意，不投景驹，改投刘邦了。③

刘邦不仅悟性极高，而且豁达大度、从谏如流。因为出生微寒，又没有

---

① 根据白小龙（2011）的考证，（刘邦）主观上积极，又有很好的"群众基础"，他顺利地被村中长者们推荐位泗水亭长的"预备干部"，经过"县里领导"一段时间的考核，刘邦正式成为"泗水"亭长。

② 从刘邦作为泗水亭长的工作职责和秦帝国建立以来一直徭役不断的情况来看，他极有可能沛县为数不多的多次去过京城的人，因此定会有很多故事可讲。

③ 《史记·留侯世家第二十五》。

读过多少书，童少时期遭了不少白眼，做了多年的基层干部，薪水微薄，经常送徭役去咸阳，很知人民疾苦，因此他知道，要立足于世，知己所短，用人所长方有出路。可以说，刘邦一生之所以成功，主要源自其聚智增慧的成功。仅以楚汉相争几年间为例：公元前206年10月，刘邦等人先入咸阳，秦王子婴投降，听张良、樊哙等人建议而免遭杀身之祸。同年8月，刘邦被项羽半贬半封到了南郑，部属将士人心涣散，逃跑的逃跑人不少。韩信劝说刘邦用好用足手下东归的思念之心。于是依照韩信之计，卒定三秦。与项羽荥阳对峙期间，用陈平计策离间范增，使项羽失去左膀右臂。继而用纪信计策骗过项羽得以逃脱。从袁生之计打破战略相持僵局，争取了楚汉相争的主动权。在楚汉相争战略大反攻之际，北路军统帅韩信居功自傲、待价而沽，刘邦强压怒火从张良之计。划鸿沟为界后，听从张良、陈平建议追击项羽，并在垓下聚歼项羽所部，终于完成了一统天下的大任，大汉王朝正式建立。

如果说高祖成于博采众长、聚智增慧，在楚汉相争中更是借此胜出，那平定天下从刘敬和张良的进言，从洛阳迁都关中、听从太公家令定君臣尊卑之序、从陈平建议合理处置韩信，没有引起太大的杀戮、从田肯建议慎设齐王等，可以说，《高祖本纪》在某种程度上就是刘邦虚心纳谏，自己从不知到知，从知之甚少到知之甚多，自己所领导的创业团队也从吃了上顿无下顿的风云飘摇期，再到寄人篱下混口饱饭，再到自立门户并逐渐壮大，最终一统天下的个人编年史。

著名的心理学家兼传记作家 Erik Erikson 基于大量观察认为，危机对人的性格有很大改变，而性格影响行为，行为也影响性格[①]。项羽贵族出生，从小就被圈养起来进行填鸭式的复仇教育[②]，成就了一台冷血的杀人机器——

---

① 见许倬云《从历史看任务——以刘邦和朱元璋为例》，转引自唐晋：《领导干部大讲堂（史鉴卷）》，北京，国家行政学院出版社，2008。

② 从《项羽本纪》中"项籍少时，学书不成，去学剑，又不成。项梁怒之。籍曰：'书足以记名姓而已。剑一人敌，不足学，学万人敌。'于是项梁乃教籍兵法，籍大喜，略知其意，又不肯竟学。"的记载并当时楚国已亡，项羽和项梁为躲避仇家在外逃难的现实来看，项羽学书、学剑、学兵法的主要目的应是为爷爷项燕报仇。

项羽的心智是只管自己痛快，从来不解，也不愿解他人疾苦，是一个心智模式极为自我的人。而刘邦贫民出生，在狂野荒郊接受放养式的快乐教育，社会化程度极高，社会适应能力极强，自小本身就很疾苦①，感同身受，顺理成章就知人疾苦，是一个心智模式有他人疾苦的人。

第二节　喜怒代言胸宽窄，善赐映射志高低

　　要研究行为主体个性特征，其日常情绪表现可作为窗口性指标来考察，而其一贯性的行为风格则可视为其个性的具体表征。为对项羽和刘邦的日常情绪表现和一贯性的行为风格进行比较，我们对《高祖本纪》和《项羽本纪》中以项羽和刘邦作为行为主体的"喜""怒""善""赐"四个方面场景的次数进行了统计，并对其内容进行编码，结果见表10-2。之所以选用这四个关键词来进行编码，原因有两个：一是"喜""怒"是最为常见的相互对立的两种情绪表现形式，如果一个人喜多怒少，那他的个性多为积极阳光的；与之相反，如果一个人怒多喜少，那他的个性至少是不够积极阳光的；而行为主体以自然的口头语言形式肯定他人积极的建议、建设性的谋略等有价值的贡献的"善"、行为主体因为某种原因及时、充分地以合适的方式给价值贡献者价值贡献肯定的"赐"则可以视为行为主体一贯性行为风格的具体表征。二是这四个关键字在《项羽本纪》和《高祖本纪》中都属于高频词，依方便取样原则，它们作为关键词来进行编码，具有典型性和代表性。

---

　　①　许倬云（2008）认为，刘邦自小的经历决定了他长大后，在乎的是朋友，不是亲戚；他重视友谊，重视打天下的伙伴，而不重视亲情。

表 10-2　《项羽本纪》和《高祖本纪》中项羽和刘邦的日常情绪表现和一贯性行为风格场次比较

方面	《项羽本纪》中以项羽为行为主体	《高祖本纪》中以刘邦为行为主体
"喜"场	1 场	6 场
"怒"场	8 场	2 场
"善"场	0 场	4 场
"赐"场	3 场	3 场

从表 10-2 中可以看出，《项羽本纪》和《高祖本纪》中分别描述以项羽为行为主体的"喜"为 1 场，刘邦为 6 场；项羽"怒"8 场，刘邦 2 场；项羽"善"1 场没有，刘邦 4 场；项羽和刘邦的"赐"均为 3 场。依据上述原则，刘邦日常的情绪表现是喜多怒少，而项羽是怒多喜少，所以刘邦个性比项羽阳光，刘邦是自己快乐也能给他人带来快乐的人，而项羽则不然。进一步对项羽和刘邦的"喜""怒""善""赐"具体内涵进行深入分析，也充分印证了这点并有诸多有价值的发现。

一、喜怒无常急功利，霸王恃力友成敌

《项羽本纪》中描写项羽的"喜"仅有 1 场，那就是他到了启蒙时期，他的叔叔先教他读书，他说读书能记名姓就可以了。教他学剑，他说剑的杀伤力太有限，不值得花太多精力。他的叔叔很不高兴，于是就教他学习兵法，他短暂地高兴了一阵，浅尝辄止后又深入不下去了。

但与"喜"相对应的"怒"，项羽可谓高产，在《项羽本纪》中，直接用"怒"来描述项羽的极端情绪表现就有 8 场，且每怒之后必有毁己灭人的破坏性行为表现，如果加上他怒杀宋义夺兵权、不辨是非气走范增、烹杀向他建议定都关中地区不听就骂他是戴着帽子的猴子的韩生等场景，则更多了。从某种程度上来说，《项羽本纪》就是以项羽怒而灭人、怒而毁己为主线，讲述他是如何兴起继而如何毁灭的个人传记。《项羽本纪》中直接描述项羽"怒"的 8 个场景，"大怒"和"怒"各有 4 场。

"四大怒"分别为：一是领兵西进到函谷关，见有兵把守不让进，还听说沛公已攻破咸阳，大怒，于是就派当阳君攻打函谷关。二是刘邦手下的左司马曹无伤欲讨好项王而将刘邦的底牌向项王告密，他一开始就勃然大怒。当即决定向刘邦开战。三是他听说汉军已经平定了三秦，兼并了关中，旗挥东进，齐国，赵国还背叛了自己，非常生气。于是任用以前的吴县令郑昌为韩王，抵挡汉军。四是在广武与刘邦对峙期间，汉军神射手楼烦接连射死了他手下的三员楚将，惹得项羽大发雷霆，于是决定自己亲自披挂上阵与之决一雌雄。

"四怒"分别为：一怒是荥阳对峙期间，刘邦侥幸逃脱后，项羽攻下荥阳后向留守的周苛和枞公劝降不成而怒。于是就将周苛煮了，把枞公杀了。二怒还是在与刘邦荥阳对峙期间，双方相持不下，项羽突然想到了攻心战，架了口大锅，扬言要把手里的人质刘邦的父亲给煮了，刘邦软硬不吃，项王很愤怒，就真的想把刘邦的父亲给杀了。三怒是在广武与刘邦隔壑而对时，刘邦一口气数落了他的十大罪状，项王怒不可遏，于是就准备决战。四怒是攻打外黄多日才攻下，他很不高兴，城破后准备把全城十五岁以上的男子全部活埋来化解自己的怒气。

细品如上蒙太奇式的历史片段，不难发现，项羽不论是"大怒"还是"怒"的情绪表现后必有破坏性的行为表现。"大怒"而击关、击破沛公军、距汉、持戟挑战，"怒"而烹周苛并杀枞公、欲杀之、欲一战、欲坑之。丝毫没有一点怀柔和统战的政治手段。如此一来，他的朋友就越来越少，敌人就越来越多，自己就越来越弱小，竞争对手就越来越强大，每一次大怒或小怒过后，他只能独自品尝毁己灭人、化友为敌的苦果了！

二、乐己悦人谋远虑，高祖聚智知缓急

《高祖本纪》中有六个地方描述了刘邦的"喜"：一是司马迁在开篇对他的介绍，说他仁厚爱人，喜欢施舍，心胸豁达。二是有人告诉他乘着酒兴斩杀

的白蛇，据一老妇人说是白帝之子，而他是赤帝之子，他听完后好事偷着乐。三是他在芒山、砀山避难，行踪不定，但吕后总能找到他，他感到很奇怪，问其原因，吕后说他所在的地方，上空常有一团云气，顺着云气就能找到他。他听了很高兴。四是他进入咸阳后废除秦朝苛政，并与关中父老约法三章，老百姓很高兴，争先恐后自带吃喝来慰军。五是他婉谢了秦人自费慰军的善举后，秦人感觉这个家伙不错，唯恐他不做秦王。六是陈豨造反，他亲临前线视察后，看到了陈豨分兵布阵的无能，认为攻破他并不是难事。

综上所述，项羽"喜"学兵法后虎头蛇尾，典型的喜形于色、急功近利。而刘邦的六"喜"中，三"喜"为自喜，两"喜"为他喜，一喜为太史公所评，但不管是自喜、他喜或评喜，都是喜由心生，自己快乐，也能给他人带来快乐，与项羽的浅薄短视、自得其乐形成鲜明的对比。

刘邦同样也发怒，只是他的怒与项羽不问是非的破坏性的怒火不同，他所发的怒要么深谋远虑，要么恩威并施，都具有建设性。《高祖本纪》中有两个地方描述了高祖的"怒"：一是高祖八年，他远征韩王信凯旋回到长安，见由萧何负责建造的未央宫极为奢华，发了一通似贬实褒的建设性脾气：萧丞相营作未央宫，立东阙、北阙、前殿、武库、太仓。高祖还，见宫阙壮甚，怒，谓萧何曰："天下匈匈苦战数岁，成败未可知，是何治宫室过度也？"二是他领兵攻打陈豨的部将赵利时，士兵们在城上辱骂他，他很不高兴，后城攻破，他把骂过自己的人都找出来斩了，没骂的就不追究了——这与项羽动不动就屠城和全体坑杀的海派风格有着本质性的区别！

由此可见，项羽的一生是充满怒气和仇杀、滥杀的一生，他这种仇杀和滥杀的个性特质，决定了他在乱世年代必定是昙花一现的一生，所以项羽的失败具有必然性。而刘邦少怒，偶怒也是恩威并施、神谋远虑，极具建设性。所以这两个对手的差距和分野，从日常的情绪表现就可看出端倪和格局了。

三、霸王任性我独尊，高祖谦卑散财利

如上对项羽和刘邦的日常情绪表现进行了对比分析，接下来对两人在"善"和"赐"两个维度上的一贯性的行为表现进行对比分析。《道德经》第六十六章上说：江海所以能够成为百川河流所汇往的地方，乃是由于它善于处在低下的地方，所以能够成为百川之王。因此，圣人要领导人民，必须用言辞对人民表示谦下（"言下之"），要想领导人民，必须把自己的利益放在他们的后面。所谓"言下之"，就是对他人有价值的贡献，就一定要说好，对应本文的"善"维度；而"以身后之"就是不吝钱财，对有价值贡献者行为给予及时、充分的肯定，对应本书的"赐"维度。

按此标准，项羽不仅不能"言下之"，更不能"以身后之"，所以项羽在一贯性行为表现是一个唯我独尊的人，因为在《项羽本纪》中没有一个地方记录项羽曾经在某年某月某日对他人有价值的贡献口头上发出过一声"善"的声音，虽有他作为行为主体的三次赏赐描述，但其内容和实质都乏善可陈了：其中两次发生在鸿门宴上，先赏樊哙一杯酒喝然后又赏樊哙一块猪肘子。第三次是在乌江边将自己骑了五年的乌骓马送与乌江亭亭长项羽的这种唯我独尊的行为表现，周恩来曾用"一言堂、一家之长、一意孤行、一筹莫展、一曲挽歌和一败涂地"来评价（陈延庆，2010），可谓恰到好处。

与项羽唯我独尊的一贯性的行为风格相比，刘邦虽算不上圣人，但他却能虚其怀、善纳谏，不仅如此，他还不吝钱财，赏赐极为大方，总体上够得上"言下之"并能"以身后之"的标准。《高祖本纪》中对他有 4 场"善"的描述，其中有 2 场当即赏赐积极价值贡献者黄金五百斤：一是有关君臣尊卑重于父子之位的。刘邦刚做皇帝的时候，每五天都要去朝拜父亲一次，后来有一天，当他去朝拜他的父亲的时候，发现他父亲抱着扫帚倒着往后走，他惊问其故，他父亲说："皇帝是万民之主，怎么能因为我而乱了天下的规矩呢！"于是刘邦就尊奉他的父亲为太上皇。此合理化建议出自太公家令，刘邦为此特地奖给

他五百斤黄金表示感谢。二是关于用人要谨慎的。刘邦依陈平之计伪游云梦泽诱骗韩信出关迎接，并趁机拘捕了意欲谋反作乱的韩信。大赦天下之际，田肯前来朝贺，在对全国的山川地理进行详尽分析后，建言高祖对齐王人选需要倍加谨慎，刘邦听后觉得醍醐灌顶，马上赏黄金五百斤表示感谢。

《高祖本纪》中记载的刘邦另外两次"言下之"对应的"善"：一是沛县父老依照刘邦他们射入城内的帛书共杀秦沛县县令后迎刘邦进城，希望刘邦能继任沛县县令领导他们起兵反秦，但刘邦认为此事并非小事，领导人很重要，并很谦虚地表达了自己才薄能浅，希望能另选贤能。二是西进咸阳途中，久攻宛城不下，南阳郡守的门客陈恢前来主动投诚，表达了自绝后患并拥其前去，刘邦听后马上说好，当即封宛城郡守为殷侯，封陈恢千户，此后沛公就一路高歌直挺咸阳了。

天下熙熙，皆为利来，天下攘攘，皆为利往，此乃人性也。项羽自恃其能，认为天下无敌，从不认为他人有什么可取之长，不解人性，更不会慷慨赏赐他人，这样的结局就是朋友变成敌人，自己越来越弱小，敌人越来越强大。陈平从项羽部下跳槽到刘邦那里后，对项羽的评价可谓入木三分，他说项羽这个人举止高雅，但不解人性，不解民情，吝惜钱财爵邑，所以难以团结一切可以团结的人。而刘邦则与之相反，对人性洞若观火，且舍得大手花钱，反正当初自己也没有什么钱，所以就不吝惜钱财，这样反能团结一些值得团结的人。项羽如此吝惜钱财的行为风格，确实应该向刘邦老大哥好好学习，因为刘邦三"赐"中，还有一赐给了一个什么都没做的医生五十两黄金①跟这样的老板打工，确实比自己创业还强，何苦再去受那份累呢？真所谓"财散人聚、财聚人散"，但这聚散之差的后面，行为主体心智模式及对应日常情绪表现和一贯性的行为风格，就是最为重要的前因变量或调节变量了。

---

① 《史记·陈丞相世家第二十六》。

第三节 绩效无边全动力，清正同一齐步行

项羽和刘邦的故事已经过去了二千二百多年，但他们的故事在昨天、在今天，在明天，还在一遍又一遍地重演。他们两个，不论是人杰还是鬼雄，揭竿而起的创业动机、他们各自的人生目标，他们在创业团队建设与管理上所持的心智模式、创业团队成员功能和作用的发挥，等等因素以及彼此之间或因果、或中介、或调节的关系最终决定了他们的胜败，探究这些变量之间的关系，对于当今各级各类组织管理者和领导者，尤其是志在成功的创业者更具借鉴意义。

陈惠湘（2006）在其《突破拐点》一书中对创业家和企业家的异同进行了极为精当的分析，他认为："创业家与企业家的共同之处，是他们都必须具有很好的商业天赋，要能够抓住机会，要会赚钱。如果不会赚钱，那么既当不了创业家，更当不了企业家。而创业家与企业家的一个根本性的不同之处在于，企业家具备一种创建和完善组织的领袖能力，他能够在恰当的时候，从团队、制度、组织、文化等一些角度，对企业进行必要的改造。而创业家则欠缺这样的能力。他可能是一个单打独斗的侠客，尽管有一群人跟着他，但他难以让这一群跟随者有高效的发挥。创业家能够抓住最初的机会，能够赚到钱，但是之后，当赚钱需要一种组织能力，需要一种集体能力的时候，创业家就赚不到钱了。因为他只有个人能力，他不愿意或者也不知道怎样去改进他的企业，然后这家企业的集体能力就很弱，就基本约等于作为创业家的董事长、总经理的个人能力。"

按照如上标准去衡量项羽和刘邦，项羽最多只能算得上是一个创业家，而刘邦则算得上是一个名副其实的企业家了。项羽失败的教训和刘邦成功的经验同样值得我们借鉴。

一、绩效不一亲叛离，自困樊篱灭项羽

综合相关史料[①]分析，项羽随项梁揭竿而起的动机是报家仇族恨而非拯救苍生于水火之中，否则无法解释他是如此急不可耐地要赶往咸阳，且一路还滥杀无辜若干，目的就是要尽早亲自诛杀始皇家族。刘邦受楚怀王之令引兵征西，因为当时秦国的军力还很强，没有人认为这是一件好差事，唯独旧怨添新仇的项羽急不可耐，主动请缨前去，但"怀王左右的老将们极力反对，认为项羽剽悍残暴，是屠城的能手；关中人民，久苦苛政，可以德服；项羽一去，反失人心；唯有刘邦，忠厚长者，可胜宣抚之任；怀王因此不许项羽和刘邦通行"。（张荫麟，2005）项羽被迫无赖，只得以次将的身份随宋义北上救赵，但宋义到了前线就按兵不动，而与自己不共戴天的杀父仇人就在眼前，看到了仇人不动手，哪是项羽的个性？既然你宋义阻挡我痛快杀我家的仇人，我干脆找个借口把你解决了，于是假托怀王之令诛杀宋义，继而破釜沉舟，以一当十，大破秦军主力。章邯率秦军二十万降卒随项羽西去，行至新安，项羽感觉二十万秦军隐约是头悬之剑，一口气把他们全部坑杀了，随后项羽到了咸阳，遂将自己的旧怨新恨一起抛洒出来，对咸阳进行了屠城，诛杀已经投降了的秦王子婴，甚至恨屋及乌，烧了阿房宫，把值钱的东西抢出来运到彭城去。

到这个时候，项羽的人生目标总算实现了，过去二十多年，他一直在等待这一天的到来。恰在这个时候，谋士韩生向项羽进言就别回老家去了，既来之，则安之，就建都在具有地缘优势的关中地区好好称帝吧——韩生[②]的

---

① 笔者认为，论据有三个：一是楚王为熊姓而非项姓，项羽不满十岁，楚国就为秦国所灭；二是从项羽的成长经历来看，楚国在项羽中的记忆远远没有他的爷爷项燕和三叔项梁那么刻骨铭心；三是他对待傀儡政权楚怀王义帝的态度，完全没有任何的礼仪和尊长意识，更无复兴楚国的真实举动。

② 此名有待进一步考证，柏杨（2009）等人称此人为"蔡生"；李清泉（2011）等人称此人为"韩生"；吕思勉（2010）等人引用司马迁著《史记·项羽本纪第七》中的原文，认为此人为人名为何，史书上并无明确记载，称为"说者"。

错误，在于他并不知道项羽人生奋斗的目标就是诛杀仇人，他丝毫没有思想准备，从内心里并没有拯救天下苍生于水火之中的创业目标，否则他就不会如此滥杀无辜了。加上项羽贵族出生，过惯了好日子，看到咸阳处处破败不堪，同时心里还想着回去老家去从童少时期对自己冷眼的那帮人那里找回一点自尊(项王见秦宫室皆以烧残破，又心怀思欲东归)，他哪听得进去，既然你韩生不识好歹阻碍我回家找自尊，还骂我是猴子，油锅给煮了!

客观说，项羽是难得的创业天才。他个子大、力气大、志向大、胆子大、做事干净利索、决策果断。有临敌的大智慧、有多次威震江湖的硬仗经历，并且名气很大——破釜沉舟、置之死地而后生，杀苏角，虏王离，以一当十，威震诸侯。彭城之战以三万西楚铁骑大破刘邦率领的五十六万大军，要不是狂风突起，最大竞争对手刘邦当即成了刀下之鬼——如此言简意赅，三言两语，一个在万军之中取上将首级的杰出创业人才形象就跃然纸上。

可惜的是，项羽能抓住机会，但此后他在"创建和完善组织的领袖能力"上却有致命的缺陷。项羽因为勇猛堪称天下第一，并从武力征服中找到了足够的快感和成就感，所以他想当然地认为武力就是天下、武力能解决一切问题。裂土封侯之际"引兵西屠咸阳，杀秦降王子婴，烧秦宫室，火三月不灭；收其货宝妇女而东"。与刘邦荥阳对峙期间，认为僵持下去不是办法，还害苦了天下百姓，于是向刘邦发出的单挑结束战争的环保请求。即使到了他穷途末路时刻，也依然对自己的杀戮能力十分自恋，说什么他起兵八年来，打了七十多仗，攻无不克，战无不胜，从来没有吃过败仗，而今天一败到底，混得如此灰头土脸的，乃是天意，并非自己不会打仗，并要向身后仅剩下的二十八骑现场求证。于是一番左冲右突，仅以两骑的代价，斩汉将、都尉各一，杀数十百人。喘气之余赶忙问随从。自我感觉美极了! 于是就开始了他的谢幕之旅——先将自己的爱马送与乌江亭长。继而带领剩下的随从手持兵器与汉军短兵相接。又杀汉军数百人，身上受伤十余处。最后累了，见到了昔日朋友，决定以头谢友，悲壮地自刎而去。

　　历来专业能力超群者多缺少洞察全局的清醒，机巧应变的手腕！项羽就是其中的典型代表。按照专业人才自得其乐、管理人才帮助他人快乐和领导人才引领大众创造新的快乐的心智模式及对应的岗位职责，自封西楚霸王后的项羽当属领导人才，但项羽从未在意识上对此进行过反省，依然醉心于自己作为专业人才的那种特殊的感觉。裂土封侯之际，有人建议他建都在具有地缘优势的关中地区。他根本听不进去，说什么自己混得已经不错了，如果不回老家显摆一下，那人生还有什么意义呢？甚至还不惜对自己良药苦口的建言者下毒手。项羽的这种人性的弱点或多次被张良、陈平等人巧妙利用，或自己本身就能自发地发挥强大的作用——诸多同盟伙伴，甚至亚父范增的不辞而别就是很好的明证，伴随着项羽身边的有识有能者渐行渐远，西楚控股被人彻底肢解的日子已就来临了。项羽自困樊篱而不自知[①]——这大抵也是诸多专业能力超强者晋升为管理者或领导者后常犯的毛病——依然醉心于自己特别的专业能力，并想当然地以解决专业问题的思路和方法去解决管理问题和领导问题——结果往往是折损了一个优秀人才，搞垮搞烂了一家单位。

　　综上所述，在项羽身上，只有杀人报仇的个人目标而没有拯救天下苍生于水火之中的创业目标，所以他的目标体系并不统一，同时他想当然地认为武力能解决一切问题，这种自困樊篱而不自知的线性思维，直接导致了他在团队建设与管理上必然是化友为敌，所以项羽走向毁灭只是时间问题了！无怪乎王立群（2008）感叹，项羽是人臣之才，却错居人主之位；是可用之人，而不是用人之人。

---

　　① 项羽自困樊篱的直接表现就是政治幼稚，王立群（2008）将项羽的政治幼稚系统归纳为三个方面：一是在相当长的一段时间内不知道刘邦是他真正的政治对手；二是诛杀义帝为刘邦登基扫清了一个障碍，同时又成为刘邦讨伐项羽的借口，使自己在政治上陷于被动；三是迷信武力，不懂得军事是实现政治目的的一种手段，军事并非目的。

二、目标同一英雄归，众筹共创开汉业

项羽揭竿而起的创业目标就是血洗家仇，这个目标是个人目标，所以项羽的创业目标不仅层次极低，而且与拯救天下苍生于水火之中的组织目标并不统一。而刘邦不仅志存高远，而且且创业目标与个人目标也实现了高度统一。刘邦四十八岁开始半推半就地揭竿而起创业的原因，更多来自对基层人民疾苦的感同身受及其对秦暴政的不满，并感觉到这种暴政将造成人人自危，希望能适时改变之，给基层民众应有的休养生息机会和足够的安全感和控制感。四十八岁的年龄，已近知天命的年龄，面对沛县父老的厚爱，他掷地有声："天下方扰，诸侯并起，今置将不善，一败涂地。吾非敢自爱，恐能薄，不能完父兄子弟。此大事，原更相推择可者。"此话清楚明白，不是我刘邦不愿意当这个头，只是这个头要对各位父老全家的身家性命和前途负责。我的能力有限，还望各位能认真考虑考虑，这与项羽假借楚怀王的旨意杀死宋义抢夺上将军的帅印、咄咄逼人对待楚怀王并置之死地而快之形成了鲜明的对比。刘邦一开始就以拯救天下苍生于水火之中为创业目标与希望自己有朝一日能像秦始皇那样风光的个人目标实现了高度的统一。

为了实现自己的人生目标，项羽自恃其力。但冷兵器时代所需的杀戮能力，刘邦基本没有，所以他只能依靠团队的力量了。从《高祖本纪》上相关记载来看，刘邦在创业前已有了足够的社会资本积累，所以他的创业，乃厚积薄发、水到渠成。在沛县县衙，级别比他高的萧何、曹参等人也认为刘邦是一个很值得交往的朋友。当他们两人接到秦沛县县令准备起义呼应陈胜吴广等人自保时，两人同时向他推荐了刘邦，于是决定派樊哙前往砀山请刘邦。

诸郡县皆多杀其长吏以应陈涉。沛令恐，欲以沛应涉。掾、主吏萧何、曹参乃曰："君为秦吏，今欲背之，率沛子弟，恐不听。原君召诸亡在外者，可得数百人，因劫众，众不敢不听。"乃令樊哙召刘季。刘季之众已数十百人矣。

可是刘邦还没有回来，沛令就后悔了，并准备关门打狗，想诛杀萧何和曹参，关键时刻刘邦的社会资本的力量显现出来了，不仅"萧、曹恐，逾城保刘季"，而且"父老乃率子弟共杀沛令，开城门迎刘季，欲以为沛令"。字里行间，证明刘邦不仅深得萧何、曹参这样的政府官员喜爱，在普通老百姓，诸如樊哙、周勃这些英雄豪杰中也有相当的口碑和影响力，所以才有了此一呼百应的效果，创业前所积累的雄厚的社会资本由此可见一斑。

更为重要的是，刘邦还"豁达大度，从谏如流"。不论是与他一起从沛县出来的创业元老，还是中途加入创业团队的谋臣良将，甚至是普通百姓，只要有一技之长和良谋贡献，他都能做到有善必赏，且非常及时大方，能屈能伸，聚智增慧。他担任泗水亭长多年，有机会充分深解他人疾苦，因此能泰然处理好各种复杂人际关系，能审时度势，善于处理他所遇到的一切问题：在力量不甚强大时投奔项梁，又能与骄横的项羽一道共同与秦军作战，同时又能招揽天下英雄，壮大自己，终于率先经武关攻入关中，接受秦王子婴的投降。先入关者为王，刘邦理应为关中王，入关后与关中父老约法三章，赢得民心。然而，项羽仗着自己强大的军事力量，将关中封给三个降将，令刘邦到地处偏僻的汉中称王。在萧何、周勃、灌婴、樊哙等人的劝谏下，刘邦忍辱负重，屈就汉王，在关键时刻体现了他的豁达大度。在楚汉相争中，刘邦若是只依靠萧何、曹参、樊哙等人所统率的部队，莫说最终能否大败项羽，就连在荥阳的相持局面也难以形成。若不是韩信东渡黄河，俘虏韩王信、魏王豹；井陉口大破赵军，虏赵王歇；于潍水大败楚军，杀死龙且，俘虏田广，刘邦能够大败项羽吗？若不是陈平献离间计，疏楚君臣，亚父范增能在关键时刻离开项羽集团吗？若不是黥布叛楚归汉，与韩信、彭越共同协助刘邦将项羽所率领的楚军围于垓下，项羽能于乌江自刎而死吗？然而，这些人才都曾为项羽集团服务过，韩信、陈平曾是项羽属下的"都尉"，黥布曾是"楚军五大将"之一，被分封为九江王。他们归汉，无不因为刘邦重视人才，知人善任，敢于信任别人，知道以他人之长补己之短的重要性，即使有时看起来有些勉强，还算能兼听则明，克制自己，在事实上团结了一切可以团结的人，包括可能的敌人，善于使用政治手段解决各种内政外交问题。再加之，刘邦赏赐功臣出手大方，不吝爵位，因此，刘邦核心团队可谓是人才云集，结构齐全而合理，既有萧何式的相才、张良式的国师之才、韩信式的帅才、"绛灌"式的将才，又有郦食其、陆贾、随何、叔孙通等外交和礼教之才，可谓海纳百川，蔚为壮观。

综上所述，项羽只有个人复仇目标而没有真正的创业目标，所以此前的史家对项羽的人生志向的解读或许存在误会，而刘邦拯救天下苍生于水火之中的创业目标一开始就极为清晰，且与其个人的人生目标实现了完美的统一。此外，项羽因为心中只有复仇，所以他的心智模式就是如何快速杀人并杀更多人为其自得其乐的心智模式，而刘邦则不然，他的心智模式助人为乐和引领人们创造新的快乐而乐，两者在心智模式上的差距决定了他们团队建设管理及其有效性上的差别。因此，楚汉相争双方实力此消彼长的背后，其实是两大阵营主帅刘邦和项羽人生志向、心智模式、路径选择、资源整合、团队建设与管理等方面的综合对决，而这些因素能否在行为上得以体现及体现的程度，又受制于各自的成长环境和早期工作经历。楚汉相争时期，项、刘两大阵营实力此消彼长。相对而言，刘邦集团核心人才流动率小，较为稳定，萧何、曹参、张良、樊哙等跟随他沛县起义的主要成员人一直辅佐刘邦称帝天下，在楚汉相争过程中，又有项羽集团的高级将领黥布、周殷，普通员工韩信、陈平、叔孙通，以及各路诸侯等归属刘邦，除塞王司马欣、翟王董翳、魏王豹在刘邦彭城战败，齐王田广烹郦生而逃，刘邦集团逐渐扩大，可谓是人才云集。项羽集团在同刘邦的军事相持阶段开始向下坡路滑。除了高级将领和普通员工归汉之外，武将龙且于潍水战败而死，亚父范增因项羽猜忌多疑不辞而别，这都给项羽带来了不小的损失。表 10-3、图 10-1 为楚汉相争的公元前 206 到公元前 202 年双方主要文臣武将流动情况。

表 10-3　楚汉相争期间(公元前 206—前 202)刘邦集团和项羽集团主要文臣武将流动情况

		公元前 206 年	公元前 205 年	公元前 204 年	公元前 203 年	公元前 202 年	进退累计
刘邦集团	进入	韩信(楚)、司马欣(塞王)、董翳(翟王)、王陵、申阳(河南王)	魏豹(魏王)、陈平(楚)、叔孙通(楚)、彭越、韩王信(韩王)	黥布(九江王)、田广(齐王)	无	周殷	+8 人
	退出	无	司马欣(塞王)、董翳(翟王)、魏豹(魏王)	无	田广(齐王)、郦食其	无	
	净值	+5 人	+2 人	+2 人	−2 人	+1 人	
项羽集团	进入	无	司马欣(塞王)、董翳(翟王)、魏豹(魏王)	无	无	无	−8 人
	退出	韩信、司马欣(塞王)、董翳(翟王)、申阳(河南王)	陈平、叔孙通	黥布(九江王)、田广(齐王)、范增	龙且	周殷	
	净值	−4 人	+1 人	−3 人	−1 人	−1 人	
刘一项		+9 人	+1 人	+5 人	−1 人	+2 人	16 人

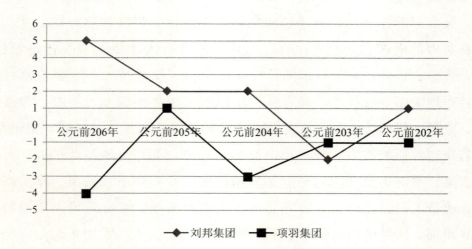

图 10-1　楚汉相争(公元前 206—前 202)双方高级人才流动趋势

从表 10-3 和图 10-1 中可以看出，楚汉相争的实质是人才的竞争，双方实力此消彼长，具体表现为关键人才进退的流动，所以得人才者得天下，在楚汉相争中体现得尤为彻底。而领导者或创业者要有效吸引人才并让人才发挥出应有的作用，是否具有一体感的个人目标和组织目标，创业者对待人才的心智模式等，都是极为重要的影响因素。

第四节　心智转型迈卓越，聚智增慧创伟业

"创业型公司依靠个人能力，成长型公司依靠伙伴能力，成熟型公司依靠组织能力，'人—从—众'是企业进步的必然规律。突破自恋是中国企业创业领导人面对的第一个拐点。创业家要成为企业家，首要任务就是要从摆脱自恋、打造团队能力开始，这关系到他们的企业能够到达的高度。"（陈惠湘，2006）

按照这样的标准去衡量项羽和刘邦，项羽集团只是一家创业型公司，而刘邦集团可以称得上成熟性公司。而项羽集团之所以止步不前，创业者项羽先生过度自恋，缺乏团队建设与管理能力是他所领导的项羽集团一直不能达到应有高度的原因。创业型公司要成长为成长型公司，并进而成为成熟性公司，要求"企业领导人必须完成由演员到导演、由导演到制片人的自我超越。"（陈惠湘，2006）但很可惜的是，不是每个演员都能成为导演并最终成为制片人的，在项羽的脑际里，恐怕就只有演员的位置，导演和制片人最基本的概念和逻辑恐怕都没有。"创业家把企业视为自己的孩子，企业家把自己当作企业的过客"。（陈惠湘，2006）所以企业领导者要实现从创业家向企业家的成功跨越，"建立强烈的组织使命感和科学态度，摆脱急功近利的思想，是创业家成为企业家的惊险一跃"。"项羽没有想到要跳，而刘邦不自觉中就跳了！因为项羽创业的唯一甚至最终目的就是为了复仇，而刘邦则有超越个人目标的

组织使命，所以刘邦成功而项羽失败了！组织使命感的缺失是所有创业家最终无法成为企业家的根本原因。"（陈惠湘，2006）

项羽集团和刘邦集团的楚汉相争，刘邦集团以弱克强，最终战胜了强大的项羽后一统天下，而项羽集团随着项羽在乌江自刎后很快就土崩瓦解了。这一胜一败的后面，从组织行为学与人力资源管理的理论视角看，有着丰富的理论价值和实践指导意义。

首先，家庭出生对成长经历有重要影响并与成长经历一起决定了行为主体心智模式，而行为主体的心智模式又对家庭出生与成长经历之间的关系起到调节作用。

家庭出生可具体操作化为贵族和平民两个极端，成长经历是指对行为主体心智模式、情绪表现和行为风格的形成和发展具有重要影响作用的人生关键事件。包括极端情绪体验，接受的教育和在某些方面特有的技能等。心智模式是指行为主体决策时的价值取向，可具体量化为从个体效益最大化到组织效益最大化两个极端。项羽贵族出生，很小时候就有泰极否来的极端情绪体验，接受的是复仇的应试教育，难以理解他人疾苦，所以他的心智模式是个体效益最大化的。而刘邦贫民出生，从小接受的是快乐教育，童年无限期延长，有丰富的基层工作经验，善解他人疾苦，所以他的心智模式是组织效益最大化的。项羽个体效益最大化的心智模式强化了他滥杀无辜的人生经历，而刘邦组织效益最大化的心智模式成就了他屡屡化敌为友的人生经历。

其次，行为主体的心智模式与其情绪表现和行为风格具有相关关系，三者共同决定了团队绩效，同时情绪表现和行为风格分别对心智模式与团队绩效之间的关系具有调节作用。

团队绩效就是团队建设与管理的有效性，它可二分为团队建设有效性和团队管理有效性，前者是后者的前提和基础，但前者并不等于后者。所谓团队建设的有效性，是指团队成员在结构上和功能上与组织任务所需保持动态的一致性程度。而团队管理的有效性，是指团队成员工作积极性、主动性和创造性得以激发和保护的程度，可用高级人才流动率和高级人才价值贡献频率来作为主要测度指标。情绪表现是指行为主体喜怒等极端情绪出现的频率。行为风格本研究中具体指行为主体对有关组织绩效提升的价值贡献肯定的及时性和充分性。

如前所述，项羽的心智模式是个体效益最大化的，其情绪表现是喜少怒多，总体上是消极的和阴暗的，而刘邦的心智模式是组织效益最大化的，其情绪表现是喜多怒少，总体上是积极的和阳光的。关于项羽和刘邦的行为风格，曾经为项羽和刘邦都打过工的韩信和陈平的评价最为真实可信。韩信说项羽下属立下战功，该加封晋爵时，把刻好的大印放在手里玩磨得失去了棱角，依然舍不得给人。① 陈平对项羽的评价也很类似，说项羽该论功行赏、授爵封邑时，显得很抠门，财聚人散。② 典型的对他人功劳肯定不及时、不充分的行为风格；而刘邦正好相反，很慷慨、很大方，很及时、财散人聚。③

项羽和刘邦不同的心智模式、情绪表现和行为风格共同决定了他们创业团队建设与管理的有效性。从表 10-3 中可以看出，楚汉相争第一年（公元前206 年），韩信等五人离开项羽投奔刘邦，在项羽处名不见经传、不受重用的韩信，到刘邦处后摇身一变成为统领三军的大元帅，"连百万之师，战必胜，攻必取"，项羽最终死于自己曾经的部下之手。公元前 205 年，陈平和叔孙通离开项羽投奔刘邦，在最关键时刻刘邦用了陈平的离间计分化了项羽阵营，疏离了项羽与钟离眜的关系，范增托病告退，项羽团队至此缺少与张良能对敌的运筹帷幄之人，此后的项羽团队俨然也是无头苍蝇。公元前 203 年，韩信杀死龙且，项羽团队断其一臂，无头苍蝇被折翅。公元前 202 年，周殷前线起义，项羽双臂尽失。这一演进历程来看，项羽团队的结构和功能与任务需要越来越不匹配，而刘邦团队的结构性协同和时序性协同得到了最大程度

---

① 《史记·淮阴侯列传第三十二》。
② 《史记·陈丞相世家第二十六》。
③ 《史记·陈丞相世家第二十六》。

的发挥，同时刘邦团队成员工作积极性、主动性和创造性也得到了最大程度的激发和保护，而项羽团队正好相反，所以，楚汉相争双方的成败，其实就是项羽和刘邦在创业团队建设与管理上的成败。而项羽和刘邦在创业团队建设与管理上的成败，取决于他们不同的心智模式、行为风格和情绪表现，而这些，都与他们的家庭出生和成长经历有着密切的关系。如上这些分析可用图 10-2 表示。

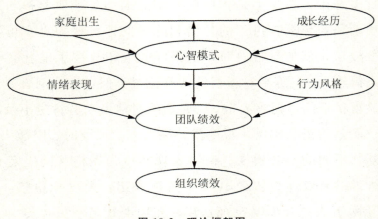

图 10-2　理论框架图

结论，组织领导者需志存高远、自破樊篱、全局思维、主动升级、聚智增慧、组织推进，引领组织迈卓越。

刘邦能够扫平群雄一统天下，其豁达大度、从谏如流的个人特质是至关重要的原因。所谓豁达大度，就是器度开阔，胸怀大志，心有全局，这从刘邦不事产业、纵观秦皇、常徭咸阳、屈就汉王、不念旧恶、不吝爵位、称帝天下、规模弘远、生死骨肉等方面足以证明。而对刘邦从谏如流，按照黄中业的归纳，典型例子有十个：一是郦食其谏刘邦攻取陈留；二是陈恢谏刘邦计得宛郡；三是樊哙、张良谏刘邦还军霸上；四是萧何谏刘邦拜韩信为统兵大将；五是董公谏刘邦为义帝发丧；六是刘邦吐哺纳张良之谏；七是张良、陈平谏刘邦立韩信为齐王；八是张良、陈平谏刘邦与楚军决战；九是娄敬谏刘邦定都关中；十是叔孙通劝谏刘邦不可改立太子。（黄中业，2011）由此看来，刘邦不仅志存高远，还善于聚智增慧，他的组织建设能力确实非同寻常，他的成功有其必然性，无怪乎他自己也说，他能成功，一是靠科学的绩效管理体系，二是通过科学的绩效管理体系来激发和保护精英骨干的智慧，使团队之力发挥到了极致①。

管理体系需要通过制度来固化和落实，而支撑制度后面的是主政者核心价值原则的体现。汉初新政伊始，诸多功臣因为历史原因，有不少是起义人员，或本身就反对或背叛过刘邦，见萧何、曹参等二十余人已经得到应有的价值贡献肯定，而自己的是奖是罚、是封是诛的总结性评价迟迟没有下来，人心不稳，意欲谋反，刘邦从张良之计"仓促"封人所共知他最恨但功劳也很大的雍齿为什方侯以稳定人心②。许倬云（2006）认为，这一举动表面上看来是张良玩弄的小小权术，但是权术后面隐含的意义是，你要报酬人家功劳的时候，不能只顾及私人的感情，不能只顾及自己的爱好和喜恶。所以这虽是一个计谋，但是计谋后面是赏罚分明，一个公正的原则。这个原则在汉朝四百余年的历史中有大半时间是落实得相当好的。刘邦的成功及其借此所建立的大汉所坚持的公平原则，与项羽以尊楚为盟主，随同自己救赵入关作为衡量"有功""无功"，的"定标准以我为尊"的无原则错封和失封形成强烈的对比。"由于分封不均，引起普遍不满。齐国贵族田荣率先起兵反楚，天下再度出现

---

① "刘邦之下人才济济。由南阳往西前追时，他派郦食其和陆贾先到秦，进行对秦朝要人之收买工作。有才干的人，在刘邦之下都有充分发挥自己专长的机会"（陈舜臣，2008）。

② 上已封大功臣二十余人，其余日夜争功不决，未得行封。上在雒阳南宫，从复道望见诸将往往相与坐沙中语。上曰："此何语？"留侯曰："陛下不知乎？此谋反耳。"上曰："天下属安定，何故反乎？"留侯曰："陛下起布衣，以此属取天下，今陛下为天子，而所封皆萧、曹故人所亲爱，而所诛者皆生平所仇怨。今军吏计功，以天下不足遍封，此属畏陛下不能尽封，恐又见疑平生过失及诛，故即相聚谋反耳。"上乃忧曰："为之奈何？"留侯曰："上平生所憎，群臣所共知，谁最甚者？"上曰："雍齿与我故，数尝窘辱我。我欲杀之，为其功多，故不忍。"留侯曰："今急先封雍齿以示群臣，群臣见雍齿封，则人人自坚矣。"于是上乃置酒，封雍齿为什方侯，而急趣丞相、御史定功行封。群臣罢酒，皆喜曰："雍齿尚为侯，我属无患矣。"

诸侯混乱局面"，刘邦才得以在混乱中壮大自己，加上他本人知人善任，采取正确的战略战术，最终将项羽击败而一统中原。①

与刘邦的成功经验相比起来，项羽留给我的教训也很值得借鉴。与开篇中司马迁对项羽之所以成不了大事的四点原因相对应，有四个问题值得深入探究：一是项羽为什么不听韩生的建议建都在具有地缘优势的关中地区而要建都在老家彭城？二是项羽为什么如此胆大包天不从义帝"先入定关中者王之"之约，还公然驱逐义帝并派人途中将其杀害？三是项羽为什么不反求诸己分析他分封的诸侯们得了实惠还纷纷背叛？四是项羽为什么不从历史中去汲取应有的管理智慧？②

首先，项羽缺乏清晰的价值使命和深远的战略目标。如前所述，项羽揭竿而起的创业目标是个人效益最大化而非组织效益最大化，他屠城咸阳，杀秦王子婴，烧阿房宫后，他报家仇的人生目标已然实现。下一步做什么？如何做？项羽并不清晰，甚至没有想过，项羽自封为霸王，证明他的志向是做割据一方的霸主而非一统天下的皇帝。既然要做霸主，中国历史上没有异地做霸主的先例可循，所以他自然要建都在他的老家彭城了。而义帝不仅身在他自封的封地内，而且在离他的都城彭城（今江苏徐州）不远盱眙（今江苏盱眙

---

① 《简明中国历史读本》(2012)。

② 项羽和刘邦作为彻底摧毁秦王朝的两支强大军事力量的首领，由于近因效应的原因，他们理应对秦王朝为什么速灭的原因有更为深切的感受并引以为戒，而两者对此的引鉴正好相反——赵鼎新(2006)认为，秦朝之所以速亡，原因就是秦国在统一中国之后对它囊括天下的组织能力的有效性以及它在全民战争时期发展出来的一套严酷的统治手段过于自信。同时，由于有着在长期战争中逐渐练就而成的超乎强大的科层体制和军事力量，其他社会力量于是就失去了对帝国政府权力的制衡能力。结果，秦帝国从未建立起一套能够成为至少是国家与社会精英群体合作基础的统治性意识形态——项羽灭秦国而重蹈覆辙。赵鼎新(2006)还认为，虽然汉帝国所建立的是与秦帝国非常相似的中央集权的科层制国家，但始建于高祖刘邦、大成于汉武帝所建立的汉帝国则将其统治的合法性奠定于儒家学说以及国家政权与儒士之间的政治联盟之上，而不是像秦帝国那样将其统治权力建立在纯粹的强制力量的基础之上，结果就是秦帝国在建立十几年之后就迅速崩溃和覆亡了，而汉帝国存续的时间却长久得多，并且，起于高祖刘邦，终成于汉武帝统治时期形成的"儒法国家"政治模式在中国历史上一直绵延到1911年辛亥革命时才寿终正寝。

县），对项羽来说不仅是心理上的，而且也是事实上的障碍，于是找个理由驱逐义帝离开彭城就是顺理成章之事了。

其次，项羽接受的是高分低能的应试教育。项羽虽然家境殷实，贵族出生，但他的成长经历决定了他从小受到的教育是如何杀人、如何快速杀人的应试教育。由于自小缺乏像刘邦那样广泛的社会实践活动，更缺少系统的历史人文的历练和教育，这就导致他对自我、对人性的认识都极端片面偏执，所以在旁人看来非常重要的事情，诸如建都关中，从秦速亡中汲取历史教训和管理智慧等，完全不能进入项羽的认知视野，所以他就不知道如何有效管理好他曾经的创业合作伙伴了，由此他分封的诸侯们就纷纷背叛了他，并最终将他置于死地。

刘邦和项羽的区别，因为志向各异，心智不同，所以日常情绪表现和一贯性的行为方式也不同，这些因素共同决定了创业团队成员的构成及其效用的发挥，并进而决定了他们的成败兴衰。台湾的柏杨先生对此进行了幽默诙谐的评述（柏杨，2009）：大将韩信、智囊张良、后勤总司令萧何是刘邦建立西汉王朝的三大台柱子。韩信是故楚王国的一个穷苦的流浪汉，张良是故韩王国贵族的后裔，萧何是故秦王朝县政府的低级官员。假如不是时代动乱，他们只能淹没在人海之中。韩信曾当过项羽禁卫军的低级军官，为项羽当过卫兵，屡次向项羽献计献策，项羽都未采纳。唯英雄才能识英雄，项羽只是一员勇敢的将领，不是政治家，所以他不能了解韩信，犹如小学生不能了解大学生的课程一样。项羽不但与韩信失之交臂，对他唯一的智囊，被尊称为"亚父"的范增，也不能容忍，终于把范增逐出军营。只有刘邦具备当时所有领袖们都没有的才能，他在底层社会中培养出来的高度智慧和宽宏度量，使三个杰出的人物为他效力①，最终使他成为中国历史上第一位平民出身的伟

---

①　当然，除此三人在战略谋划上的贡献外，具体到四年的楚汉战争，被项羽封为九江王的黥布倒戈［该事件是刘邦战略上的一个重大胜利，同时也是项羽战略上的一个重大失败（王立群，2008）］，游击战始祖彭越卓越表现也功不可没。决定项羽和刘邦最后命运的垓下一战，其实就是刘邦等人在正面战场上的积极表现，韩信的千里包抄，彭越敌后成功的游击战争切断了项羽军团的补给基础上完成的。（挑灯看史，2011）

大君主。

　　作为创业者或组织的领导者与管理者，不谋全局则不能谋一域，所以立志需高远，心有全局，而目标与心智的同一性决定了志存高远者必须转换心智、主动升级，自破樊篱，同时还要通过组织能力体系建设来凝聚人才，使自己的能力得到无限的扩大——志存高远、主动升级、自破樊篱、心有全局、组织推进、聚智增慧，引领组织迈卓越！

【思考题】

　　1. 基于第二章相关领导理论及对应的理论诠释，结合本章及相关史料，为刘邦和项羽的领导风格画像。

　　2. 对刘邦集团和项羽集团核心团队相关成员的进入和退出原因进行分析和归纳，总结提炼出领导者领导风格与关键岗位人才进退之间的关系。

　　3. 从"成功的职业生涯规划是让人们在自己最喜欢的领域，去做自己最擅长的事，并力求与更为宏阔的时空存在保持动态一致性"角度，为生活中的"刘邦"和"项羽"的职业生涯规划提供理论指导。

【阅读文献】

　　1. 司马迁. 史记[M]. 北京：中华书局，2006.

　　2. 中国社会科学院历史研究所《简明中国历史读本》编写组. 简明中国历史读本[M]. 北京：中国社会科学出版社，2012.

　　3. 陈惠湘. 突破拐点[M]. 北京：机械工业出版社，2006.

　　4. 白小龙. 草根皇帝刘邦[M]. 重庆：重庆出版集团/重庆出版社，2011.

　　5. [美]许倬云. 从历史看组织[M]. 上海：上海人民出版社，2006.

　　6. 赵鼎新. 东周战争与儒法国家的诞生[M]. 夏江旗，译. 上海：华东师范大学出版社/上海三联书店，2006.

　　7. 唐晋. 领导干部大讲堂·史鉴卷（壹）[M]. 北京：国家行政学院出版

社，2008.

8. ［日］陈舜臣. 帝国的软肋——大汉王朝四百年［M］. 廖为智，译. 北京：新星出版社，2008.

9. 张荫麟. 你应该知道的中国史纲［M］. 北京：九州出版社，2005.

10. 挑灯看史. 历史原来是这样子的——30张表格瞬间读懂中国史［M］. 北京：龙门书局，2011.

11. 柏杨. 中国人史纲——从盘古开天辟地到20世纪初的历史［M］. 太原：山西出版集团、山西人民出版社，2009.

12. 李清泉. 英雄项羽［M］. 南昌：江西人民出版社，2011.

13. 王立群. 读《史记》之项羽［M］. 重庆：重庆出版集团/重庆出版社，2008.

14. 吕思勉. 中国通史［M］. 西安：陕西师范大学出版社，2010.

15. 黄中业. 汉高祖刘邦传（上下册）［M］. 长春：吉林人民出版社，2010.

16. 张分田. 秦始皇传［M］. 北京：人民出版社，2005.

17. 易中天. 易中天品读汉代风云人物［M］. 北京：东方出版社，2006.

18. 陈裕宽. 楚汉相争为何楚败汉胜［J］. 浙江师大学报（社会科学版），1994(1).

19. 霍达. 楚汉相争中道德的力量［J］. 领导文萃，2002(11).

20. 陈光田. 从楚汉战争的失败论项羽的性格弱点［J］. 河南师范大学学报（哲学社会科学版），2004(6).

21. 宋杰. 从地理角度分析项羽失败的战略原因［J］. 史学集刊，2012(1).

22. 丁波. 盖世之气与匹夫之勇——朱熹眼中的项羽［J］. 宁夏社会科学，2012(3).

23. 王太阁. 汉兴楚亡的主因在政治意识［J］. 殷都学刊，1994(2).

24. 韦天富. 论刘邦成功的七个因素[J]. 广西大学学报(哲学社会科学版)，1996(5).

25. 陈德光. 试论刘邦项羽的个人素质对楚汉战争胜负的影响[J]. 江汉大学学报，1991(5).

26. 郝继明. 项羽失败的性格缺陷及警示[J]. 领导科学，2010(10).

第十一章

解谜约瑟管理变革，求问学森思维创新

【导入问题】

1. "李约瑟之谜"是在什么样的背景下提出的？它与"钱学森之问"之间存在什么样的内在逻辑关系？

2. 决定组织创新能力的因素有哪些？这些因素之间存在怎样的交互关系？

3. 学界已对"李约瑟之谜"和"钱学森之问"提出了种种解释，你对这些解释是否满意？如果不满意，你认为还有哪些重要因素被既有研究所遗漏？

发展就是硬道理，强大就是真本事，经济基础决定上层建筑，而经济基础是否雄厚，有赖于以盈利为目的、以创造价值和创造客户为宗旨的一国或地区所属企业的盈利能力和抗风险能力。从全球视野角度，纵观所有产业链上的企业，大体可分为三类：

第一类主要靠掌控行业或产业标准来获取利润，比如英特尔和微软这样的企业，它们分别掌控了所在行业（个人电脑的硬件和软件）的生产和技术标准，这类企业盈利能力和抗风险能力都是最优秀的，属一流企业。这类企业的可持续发展主要依靠大批具有创新精神的研发人才所拥有的群体性的持续创新能力。

第二类主要靠拥有某些独到技术和企业品牌影响力来获取利润，如可口可乐、百事可乐、麦当劳、肯德基、沃尔玛这样的企业。这类企业拥有少量独到的核心技术，如沃尔玛的全球采购和配送系统，可口可乐的神秘小配方。这类企业的盈利能力和抗风险能力与第一类企业有差距，属于二流企业。这类企业的可持续发展主要靠其高素质的经营管理人才和大批高素质的操作人才提供的标准化服务，以及其日积月累的品牌影响力。

第三类主要靠生产或销售某些具体的产品来获取利润，如中国大地上数不胜数的 OEM 企业和满布北京、上海等中心城市街头的无数外国品牌专卖店，这类企业一无核心技术、二无雄厚的运营管理能力，只能零星或带有运气性地挣点血汗钱，被行家戏称为"box-moving industry（搬箱子产业）"，属于三流或不入流的企业。这类企业在全球经济景气时尚有艰难生存空间，而一旦全球经济表现低迷，则会快速死去，这类企业大多没有发展的可持续性，可能的苟延残喘只能依靠廉价劳动力的血汗和他们无可奈何的青春。

基于如上分析，决定中国经济基础的中国企业，从创造价值的盈利能力和抗风险能力角度看，总体上还属于三流或不入流水平。尽管 2010 年第二季度我国的 GDP 总量已经超过了日本而跃居世界第二（这里暂且不说 GDP 的计算方法是否存在问题，也不用去计较中国大地一向饮鸩止渴式的 GDP 盲目追求所带来的伤天害理），但中国经济质量并没有本质的改变，几年前聚官、产、学、研于一身的日本著名经济学家唐津一在其力作《中国能否赶超日本——日本人眼中的中日差距》一书中所言至今依然令人振聋发聩：

中国经济虽然总量名列世界前茅，但是经济比重不高，质量也中等偏下，与世界大国相比，经济效率相差 100 年，经济结构和经济水平的差距也同样，而且绝对速度相差 15 倍。特别是拿 2001 年 GDP 和 GNP 在世界上的比重来看为 4%（2017 年为 14.84%），和 1960 年差不多，排名也没有怎么变化（2017 年中国人均 GDP 排名全世界第 70 名）。还有，以 2000 年为例，中国人均 GDP 与美国的差距扩大了 793 美元，和日本更是扩大了 914 美元（2017 年日本的人均 GDP 是 34 486.45 美元，中国为 9 481.88 美元，前者是后者的 3.64 倍）。

由此可见，改革开放以来，尽管我国的经济总量有了相当的进步，但经济结构和经济水平总体上依然还在三流或不入流的水平，加上我国的独生子女相继进入就业市场、产业升级和普通高等教育和职业教育教学改革严重滞后等诸多因素，我国大多数企业此前赖以生存和发展的廉价劳动力的低成本因素正在迅速消失，我国企业的健康运营全面告危，"民工荒"和"高水平、高素质"职业经理人一直整体性缺少或数量严重不足就是明证。在这样的背景下，建设创新型国家成为历史性的必然选择，其宗旨和目的无非要把我国的经济结构和经济水平从三流和不入流水平提升到二流甚至一流水平。但就笔者目之所及，目前我们的诸多看似积极主动的做法，其实并未触及问题的本质和核心，这也是"李约瑟之谜"和"钱学森之问"很苦恼的问题。

第一节　约瑟迷华著巨史，学森忧国发惊问

在今天看来，李约瑟可谓少年得志，他 31 岁时就出版了 3 卷本《化学胚胎学》，从此在生物化学界崭露头角，一举成名。后又相继出版了《生物化学形态学》《胚胎学史》等专著，而被誉为胚胎学的奠基人之一，成为 20 世纪 30 年代英国著名的生物化学家和具有哲学思想的科学史家。而且作为一个英国人，他感到无比自豪，因为在他看来，当时的英国不仅经济实力雄居世界前列，技术也遥遥领先于世界其他国家和地区，还是工业革命的发源地。为此他爱屋及乌，想当然地认为当时的先进技术都为欧洲所发明，且多为英国人所发明。

当时李约瑟有三个中国留学生，其中一位的父亲正好是北京大学的科技史教授。由于自小的耳濡目染，她对中国科技史非常熟悉。每当李约瑟自负

地向她夸耀某项技术是欧洲人发明的时候，这位女生就会告诉他该项技术是由中国人发明的，且还清楚明白地指出在哪本书中有所记载。刚开始时李约瑟并不相信，但多次如此，李约瑟就开始认真起来，于是他查阅了相关文献，发现他们所讨论的很多技术发明确实早已记载在中国古代的某本文献中，于是他对中国科技曾经的辉煌产生了浓厚的兴趣。由此，他不仅从身边聪颖、智慧的中国学者身上认识了中国，了解了中国科学文化背景、中国语言文字传统，而且对中国灿烂辉煌的科学与文明及其历史产生了浓厚的兴趣，同时，使他深感震惊的是，辉煌的历史、聪颖的国民，缘何造就出一个疲惫不堪的泱泱大国？于是，他开始学习中文，伺机来华探个究竟。

第二次世界大战爆发后，李约瑟几经周折才于 1942 年 11 月受英国文化委员会和英国皇家学会之命，在英国生产部的支持下，启程赴华，出任英国驻华使馆科学参赞、驻华科学考察团团长和英国文化协会驻华代表，援助战时中国的科学与教育机构。

李约瑟在中国待了近 4 年的时间，他亲自驾车，以中英科学合作馆馆长的身份，在未被日军占领的大后方，进行了 11 次"远征"，踏遍大后方的 10 个省，行程 3 万多千米。期间，他参观访问了 300 多个文化教育和科学研究机构，详细考察中国各大学与研究所的教学、科研、图书与仪器设备，寻访和研究中国历代的文化遗迹与文献典籍，接触到上千位学术界人士，结识了数以百计的中国数学家、物理学家、化学家、工程学家、医学家、天文学家、史学家、考古学家、语言学家、经济学家、思想史家、社会学家。诸如竺可桢、李俨、钱宝琮、钱临照、刘仙洲、郭沫若、傅斯年、李济、陶孟和、王亚南等名流学者，包括当时中共驻重庆办事处的周恩来、林伯渠等中国共产党领导人。他与这些中国学者和政治家，围绕中国的历史、文化、社会、地理、政治、经济等诸多重大问题进行广泛交流，特别是对中国古代历史文化、科学发展和经济社会等一系列学术问题进行深入探讨。

李约瑟于 1946 年春离开中国前往法国巴黎，出任联合国教科文组织自然科学部主任，1948 年返回剑桥。随后，他在中国助手王铃博士和鲁桂珍博士等人的先后协助下，开始撰写他闻名世界的著作《中国科学技术史》。

根据目前已有文献考证，被后人称之为"李约瑟之谜"或"李约瑟难题"的话题是在 1944 年 4 月和 10 月，李约瑟两次应抗战西迁到贵州湄潭办学的浙江大学校长竺可桢先生的邀请，为该校学生所作的学术报告中首次提及，其内容经后来不断补充修正，目前得到普遍公认的是如下两个彼此关联的问题：一是为什么在前现代社会中国的科学技术非常发达？二是为什么在现代社会中国又成为技术落后的国家，而没有继续维持原来的领先地位？这是历史上一个巨大的转变，当然也就激发了很多人去思考为什么会有这样的转变。对这个问题的回答，对于中国人来说意义尤为重大，因为中国的知识分子一向以振兴国家为己任，虽然历史已经成为过去，但这段历史背后的因由对于预测中国未来的复兴一定有所启示，值得人们去深入发掘。

"李约瑟之谜"一提出，就立即引起了各方学者的普遍关注，他们分别从各自的学术立场就其成因进行了的艰苦探求，并试图提出自己的解决方案。很可惜的是，60 多年过去了，在中国的科技界，"李约瑟之谜"不但无解，甚至还有明显的恶化趋势。

话说 2005 年，时任国务院总理温家宝同志在看望著名物理学家钱学森时，钱老曾发出这样的感慨：回过头来看，这么多年培养的学生，还没有哪一个的学术成就能跟民国时期培养的大师相比！钱学森认为："现在中国没有完全发展起来，一个重要原因是没有一所大学能够按照培养科学技术发明创造人才的模式去办学，没有自己独特的创新的东西，老是'冒'不出杰出人才。"这就是著名的"钱学森之问"。

时光转到 2009 年 10 月 31 日，钱学森在北京逝世，享年 98 岁。11 天后的 2009 年 11 月 11 日，安徽高校的沈正赋等 11 位教授联合《新安晚报》给时任教育部部长袁贵仁及全国教育界发出一封公开信后，"钱学森之问"才真正成为舆论关注的焦点。

细品"李约瑟之谜"和"钱学森之问"，两者在内涵和本质上并无实质差异。"李约瑟之谜"说的是近代中国的科技应该发达而没有发达，"钱学森之问"说的是新中国应该培养出创新型人才而没有培养出来。因此，"李约瑟之谜"的谜底也就是"钱学森之问"的答案。

第二节　百花齐放各假设，百家争鸣无定论

李约瑟从科学方法的角度对"李约瑟之谜"进行了解释，他认为：一是中国没有具备宜于科学成长的自然观；二是中国人太讲究实用，很多发现滞留在了经验阶段；三是中国的科举制度扼杀了人们对自然规律探索的兴趣，思想被束缚在古书和名利上，"学而优则仕"成了读书人的第一追求。李约瑟还特别提出了中国人不懂得用数字进行管理，他对中国儒家学术传统只注重道德而不注重定量经济管理提出了尖锐的批评。很显然，李约瑟的上述看法有一定的道理，但后世的学者们对他的解释并不满意，相继对"李约瑟之谜"的谜底进行了不懈的探索，目前主要有如下几种观点。

一是韦伯（Max Weber）提出的文化决定论。这种观点认为因为儒家文化强调社会的和谐，强调人与自然之间关系的和谐，所以比较保守。因而不能像信奉新教的西方国家那样产生出资本主义和工业革命。因此，文化决定论认为中国落后的原因是由于长期无法摆脱的儒家文化的影响。很显然，文化决定论尽管也许能够解释中国现在为什么落后，但却没办法解释中国过去为什么强盛，更不能解释为什么同处于儒家文化圈的日本等国在科学技术上的迅速崛起。

二是国家竞争假说。该假说认为欧洲之所以强盛是因为欧洲分成很多小国，国家与国家之间存在着竞争，为了让国家强盛，各个国家就会努力去倡导科学技术。而中国是大一统的国家，不存在这种竞争，由于长期缺乏竞争

的压力，因而不会有进步。这种观点只是一种想当然的思辨，缺乏应有的实证依据，不足为信。

三是专利保护说。该假说认为中国在 14 世纪之所以没有爆发工业革命，是因为当时没有建立一套有效保护创新、调动人的积极性的产权制度。在诺斯看来，产权的有效界定和保护能够最大限度地激励人们的发明创造热情，它是解析近代西方国家科技进步与经济发展的关键。这种观点过分强化了人们的功利性目标，可能对李约瑟之谜有一定的解释力，但绝对不是主要的影响因素。

四是 Elvin(1973)提出的高水平陷阱假说。该假说认为，中国之所以在工业革命前 1 000 多年里领先世界，而后又被欧洲所赶超，是因为中国受到人口众多、资源匮乏的限制。由于中国人口众多，就必须全力发展农业技术，以至于到欧洲工业革命时，中国的农耕技术，包括复种、灌溉、密植、耕种工具的改良等，远远领先欧洲。但是，农业技术的改进所带来的收益完全被新一轮的人口增长所吞噬，而人口的增长又进一步带动农业技术的改进，如此往复，中国在较高的农业水平上维持了巨大的人口。相反，中国工业的发展却受到了有限资源的约束。这种观点认为中国一直以来因为人口众多而忙于生计而无暇顾及其他，显然对李约瑟之谜的解释有些牵强附会。

五是林毅夫(1992)从激励机制的角度，认为在 14 世纪之前中国的技术创新率比欧洲高，是因为早期的技术发明源自于实践经验，这种技术发明与人口的多少密切相关。中国人比较多，在长期的工作中偶然发明新技术的概率就大。14 世纪以后技术的发明主要是从科学和实验中得到的，而实验性的发明都是需要专门从事科学研究的科学家来进行。中国的激励制度使知识分子无心从事科研，而是将时间和精力都放在科举考试上了。因此，中国的学者没有时间也没有精力进行科学和实验知识的积累，中国的科学研究缺乏人力资本。林毅夫的观点对中国曾经的落后可能有一定的解释力，但绝对不能有效解释新中国成立以来一直培养不出拔尖人才的钱学森之问。

此外，对李约瑟之谜，还有诸多解释，试图从政治、体制、经济、思想、文化、哲学等角度，试图破解此谜，比如唐君毅（2006）认为，中国文化精神由于缺乏主客分离的意识，这与科学精神所要求的个人精神与客观事物分离基本原则相悖离，所以中国不能产生近代科学。张建华（2005）认为，中国的小农经济本质上是排斥科学的。还有人认为中国由盛及衰乃是循环论之必然，本身并无什么玄妙之因。限于篇幅，在此不一而足。

第三节　管理变革解约谜，思维创新答森问

如上种种观点，破解"李约瑟之谜"尚不能自圆其说，回答"钱学森之问"更显苍白无力，因为改革开放 40 年来，在"科学技术是第一生产力"的大旗下，不论国家和社会的科技投入，还是人才培养的数量，以及所谓的"顶尖水平"的标志性成果上，我国都已经取得了长足进步，但效果与我们期望的相距甚远。原因何在？此前的原因很少从个体并组织行为角度去进行分析，笔者认为，正是因为对个体并组织行为体系性、文化性的忽视，所以才有了昨日的"李约瑟之谜"和今日的"钱学森之问"，如果不从根本上有真实行动去立即"痛改前非"，那等待我们的将又是一个让人痛心疾首的"某某某之某"。

一、敬畏历史重传承，以效定绩促共成

从绩效管理体系的角度看，一直以来中国人总体上缺乏历史敬畏感，所以普遍缺乏开放的传承意识和精诚团结意识，这样的民众意识是难以诞生并有效推行科学的绩效管理体系的。这种情况近年来在政府部门、科研部门、企业的生产单位不仅没有丝毫改变，而且还有日渐恶化的趋势。

所谓绩效管理就是个人、局部、短期、静态之绩与组织、全局、长期、动态之效及两者之间关系的管理。由于受人类自我本性和有限理性的影响，

只要是人都必会从自我安全、自我保护和自我发展的角度去对周围的一切去进行观察、思考、决策并采取相应的行动，这是人类的本性，东西方应该没有什么本质的差别。所以从组织有效管理的角度看，绩效管理就要试图平衡个人之绩与组织之效之间的关系。很显然，个体行为对组织目标的自我遵从度就是组织管理有效性的最终决定因素。

那么，如何有效提高个体行为对组织目标的自我遵从度呢？途径有两条：

一是通过特殊历史事件来塑形，比如梵蒂冈大教堂、圣母百花大教堂的修建都经历了 200 余年的时间，很多家庭前后十余代人都倾其一生来做这么一件事，他们没有理由不做精做细，他们没有理由不精诚合作，而一旦完成，他们的后代不会不虔诚地仰慕它，这种历史性事件不仅有效培养了组织公民的历史敬畏感，还培养了他们之间开放的传承意识和精诚团结意识。而中国历史上始终没有出现过类似的历史性事件来对国民的日常行为进行过必需的行塑。

二是个人的自觉反省。与第一种途径相比较起来，这种情况只能算是偶然现象了。中国上下五千年，真正对历史有敬畏感的人是少之又少，李世民可能算其中的典型代表，所以才有了一个至今依然让人们怀念的贞观之治。刘邦、赵匡胤稍逊，他们身后数十年都可谓中国较为开明也较有创造性的时期。而秦、元、明、清四代的开国元勋，与上述三者相比起来，对历史的敬畏感就少了许多，所以他们对民族的创新精神的激发和保护，远远赶不上前面李、刘、赵三位开国元勋。

由此看来，从绩效管理体系的角度看，中国人总体上缺乏历史敬畏感，所以普遍缺乏开放的传承意识和精诚团结意识，这样的民众意识是难以诞生并有效推行科学的绩效管理体系的，这种情况近年来在政府部门、科研部门、企业的生产单位不仅没有丝毫改变，而且还有日渐恶化的趋势，限于篇幅，笔者在此不一一列举。

二、复兴道墨强创新，光大儒法求同一

在组织治理体系的选择上，自秦汉以来受儒法体系的治国理念的选择的影响，中国的组织治理体系总体上不仅不支持创新人才的成长，甚至还"阴诛显戮"个体的创造性。

根据赵鼎新观点[①]，我国沿袭至今的儒法国家治理体系，指的是在西汉时期逐渐形成的一种以帝国儒学思想作为官方统治意识形态和合法性基础，同时运用法家手段对国家进行实质性管理的国家模式，这种管理模式渗透在如今中国的各个组织的各个角落。

黄仁宇认为，儒家的统治者在立法时确定男人的地位高于女人，年长的高于幼辈，并且有常识地位之人高于无知之人，他们自以为凡此都与自然法规吻合。有一段长时期，这系统所产生的秩序及稳定，还曾赢得外间的赞赏。直到19世纪初西方的商业利益挟着实力在中国沿海各处立足，才在相形之下使儒家体制的弱点彻底暴露。它自恃为十全十美的理想，毕竟假设多于实际。况且它以满足民间最低的期望为目的，而不及最高的标准，看来乃是组织简单、交通低下的政体，既缺乏弹性，也欠实力。当这些弱点暴露之际，其缺乏效率之处，尚可视作非道德。

对于法家，赵鼎新归纳总结了其改革的基本方法和"成功"之处就在于"胡萝卜加大棒"的策略，它给臣民的好处与现代意义上的建立在"社会契约"基础上的公民权绝对不能相等同。秦国的法律以刑法为核心，意在控制民众、鼓励打仗勇敢者和严厉整饬即使是很微小的"违法"行为，而不是给民众什么权力（这就是为什么陈胜吴广会被逼造反的主要原因之一）。即使在秦国和战国时期的其他各国有着一定的"言论自由"，那也是因为思想控制技术在当时的

———————————

① 赵鼎新著，夏江旗译：《东周战争与儒法国家的诞生》，上海，华东师范大学出版社/上海三联书屋，2006。

中国尚未被发明出来。这种"自由"绝没有法律上的意义。

细品如上黄和赵对儒家和法家精髓的解读，结合当今我国的大学、科研机构等创新组织的管理体系，对身处其中的大学教师、科研人员的管理，无一不烙上了深深的儒法印迹，比如很多大学评聘职称，不看能力、不看水平、主要看等待的时间有多长，这是典型的儒家烙印。大多数学校和科研院所，每年都要对研究人员进行考核，不合格者便要降级处理，这其实是用操作性人才的管理模式来管理创新人才。这样不重实效，只重形式的考评体系，不仅不支持创新人才成长，甚至还"阴诛显戮"个体的创造性，为了生存，大多只能按照考核要求去拼凑，或者把一篇不错的作品分拆成无数小块分几年来发表，这也是神圣的科学研究领域公开的秘密。

三、使命责任不偏废，规律模式两相宜

在高等教育人才培养模式的选择和具体的操作实施上，需要更多懂教育规律，又有组织使命感和民族兴亡责任感的教育管理者脱颖而出！

建设创新型国家，人才培养是关键。人才乃教育体系的产品，产品质量要好，原材料、加工过程和加工工艺都不能出问题。如果其中任何一个环节出了问题，都会将优质的原材料加工成次品或次优品，迄今为止，没有任何人怀疑过中国学生素质的事实，由此可谨慎推断我国目前的教育体系，特别是高等教育的人才培养模式和具体的操作实施，正在扮演着"优质原材料杀手"的重要角色。究其原因，就是一些不懂教育规律，又没有组织使命感和民族兴亡责任感的人长期占据要害位置，（教研）室霸、系霸、校霸、学霸现象俯首皆是，这些人往往为了自己的一己之利，将学生的健康成长视若草芥，将组织的使命、国家的兴衰成败完全抛诸脑后。这些各式各样的"霸"通过各种手段营造出各式各样的"黑幕统治"，将诸多本来有望成为创新人才的青年才俊一一屠杀殆尽或使之变成木讷的呆子。这样的实证例子很多，限于篇幅，在此不一一列举。

【思考题】

1. 查阅李约瑟的中国学生名录，收集相关史料，以李约瑟和他的中国学生及"李约瑟之谜"的提出为主题，综合采用三角互证法，作文一篇。

2. 读一本钱学森的传记，列出对钱学森人生有重大影响的关键人物，并提炼钱学森与他们之间的交互关系及这些关键人物对钱学森的影响。

3. 到你所在学校或你所熟悉的学校去调研，分析当前的学生培养方案中有哪些因素影响了学生创新能力的发展，并提出有针对性的干预对策。

【阅读文献】

1. ［英］李约瑟. 中国科学技术史［M］. 上海：上海古籍出版社，1990.

2. ［英］李约瑟. 东西方的科学与社会［M］∥刘钝，王扬宗. 中国科学与科学革命：李约瑟难题及其相关问题研究论著选. 沈阳：辽宁教育出版社，2002.

3. 程广云. 泛李约瑟问题：无穷穷举——驳"李约瑟问题"终结论［J］. 社会科学辑刊，2011(1).

4. 奚启新. 钱学森传［M］. 北京：人民出版社，2011.

结束语

培根有言：站在岸上看船舶在海上簸荡是一件乐事；站在一座堡垒的窗前看下面的战争和它的种种经过是一件乐事；但是没有一件乐事能与站在真理的高峰目睹下面谷中的错误、漂泊、迷雾和风雨相比拟的。

李约瑟因为自豪和自负而对中国科技史发生了浓厚兴趣，提出了"李约瑟难题"。钱学森因为心有民族振兴和国家的未来而感叹人才难以为继，所以不经意间提出了"钱学森之问"。这一谜一问，引起了国人诸多注意，但具体有效行动，好像不仅不扎实，甚至也缺乏深入系统的考虑，因此笔者有了撰写此文的冲动，并快笔成行。

作为研究型大学教师，我每日所见所闻、所思所想，无时不使我处于迷茫和慌乱之中，也曾多次感受到了"道家对世俗的权威无好感，认为'圣人不死，大盗不止'，崇信宇宙间的一元组织，愿意回归原始的简朴，抵抗各种侵害自由的措施，不管其为威迫或是利诱"（黄仁宇）的"存在的即是合理的"（黑格尔）。但当我每天走进北京师范大学校园时，特别是看到我的学生们那一双双求知的眼睛时，我又有了"我不下地狱谁下地狱"的慷慨激昂，因而有了如上一些自己的感想，因为题名为"成因"，所以对策就只能是已言尽在不言中了。

是为文，希望若干年后不再重现鲁迅先生所愤怒的那种国人麻木地、甚至有些幸灾乐祸地观看日本人屠杀自己的同胞那样的场景，而是以"崭新"的姿态去迎接又一个新的类似"李约瑟之谜"和"钱学森之问"的"某某某之某"的问题。